EVROPA

Die internationalen Finanzmärkte sind das wichtigste Symbol und zugleich das zentrale Instrument der Globalisierung. Namen wie Klaus Esser, Firmen wie Enron und Begriffe wie Derivate und Hedge Funds haben deutlich gemacht, dass die Finanzmärkte extreme Risikopotentiale enthalten, die die Stabilität von Währungen gefährden und die Verarmung ganzer Nationen zur Folge haben.

Durch eine von der ökonomischen Realität losgelöste Spekulationskultur ist eine Casinowirtschaft entstanden, die auch für Geldwäscher ideale Betätigungsmöglichkeiten bietet. Die Anschläge vom 11. September 2001 zeigen die dramatische Dimension der Bedrohung. Bis heute unerklärliche auffällige Spekulationen in deren zeitlichem Umfeld sind zwar nur Indiz für die Nutzung der Finanzmärkte zu kriminellen Zwecken, der amerikanische Finanzminister hat gleichwohl beschlossen, die Kontrolle über Hedge Funds zu verschärfen, da diese auch von Terroristen zur Geldwäsche missbraucht werden können. Ein äußerst beunruhigender Befund, wird Geldwäsche doch auch als das »Herzstück« der Organisierten Kriminalität angesehen.

Wolfgang Hetzer, geboren 1951, Dr. jur., seit vielen Jahren praktisch und publizistisch mit Fragen der nationalen und internationalen Sicherheits- und Kriminalpolitik beschäftigt. Als Referatsleiter im Bundeskanzleramt zuständig für die Aufsicht über den BND in den Bereichen Organisierte Kriminalität, Geldwäsche, Nicht-Verbreitung von Massenvernichtungswaffen und strategische Telekommunikationsüberwachung. Seit 2002 Leiter der Abteilung »Intelligence: Strategic Assessment & Analysis« im Europäischen Amt für Betrugsbekämpfung (OLAF) in Brüssel.

WOLFGANG HETZER

Tatort Finanzmarkt

Geldwäsche zwischen Kriminalität,
Wirtschaft und Politik

EUROPÄISCHE VERLAGSANSTALT

Das Gedicht von Erich Kästner »Wie lese ich den Handelsteil«
(Werke, Bd. 1) erscheint mit freundlicher Genehmigung.
© Carl Hanser Verlag, München Wien 1998 und Thomas Kästner

Informationen zu unseren Verlagsprogrammen finden Sie im Internet
unter www.europaeische-verlagsanstalt.de

Bibliografische Information Der Deutschen Bibliothek
Die Deutsche Bibliothek verzeichnet diese Publikation in der
Deutschen Nationalbibliografie; detaillierte bibliografische Daten
sind im Internet über http://dnb.ddb.de abrufbar.

© Europäische Verlagsanstalt | Sabine Groenewold Verlage, Hamburg 2003
Umschlaggestaltung: projekt ® | Walter Hellmann, Hamburg
Foto: © photonica | Howard Bjornson
Signet: Dorothee Wallner nach Caspar Neher »Europa« (1945)
Herstellung: Das Herstellungsbüro, Hamburg
Satz: H & G Herstellung, Hamburg
Druck und Bindung: Druckerei Himmer, Augsburg
Alle Rechte vorbehalten
Printed in Germany
ISBN 3-434-50569-5

Inhalt

»Was die Weltwirtschaft angeht,
so ist sie verflochten.«

Kurt Tucholsky

»Wenn Sie ein Problem verstehen wollen,
dann beobachten Sie, wo das Geld hinfließt.«

John Le Carré

Die Metzger lieben die Lämmer

Angriff aus Mallorca

Kennen Sie Florian Homm? Nein? Der Großneffe des Ihnen sicherlich bekannten Josef Neckermann ist kaum zu übersehen. Nicht nur ambitionierte Schwiegermütter würden den Mittvierziger als »stattlichen« Mann bezeichnen. Er wirkt auch aus anderen Gründen anziehend: herrschaftliches Haus im Norden von Mallorca, Gartenanlage, Orangenplantage, Swimming-Pool. Trotzdem: So richtig bekannt ist Herr Homm in Deutschland (noch) nicht. In manchen Kreisen ist er dagegen (schon) berüchtigt.

Was Herr Homm macht? Es liegt nahe, dass er viele Stunden am Tag und in der Nacht hart arbeitet, um sich und sein Habitat zu erhalten. Wie sollte man anders in den Besitz größerer Geldbeträge gelangen, wenn nicht durch qualifizierte Arbeit: der von Millionen Menschen tagein, tagaus begangene Königsweg zum Reichtum. Dann wäre es allerdings keine Bildungslücke, dass Sie Herrn Homm nicht kennen. Es wäre aber auch nicht erklärbar, warum er berüchtigt sein soll. Nun: Immerhin soll Herr Homm im Jahre 2002 den namhaften deutschen Autovermieter Sixt »unter Beschuss« genommen haben. Diese martialische Begabung hat er nicht zum ersten Mal unter Beweis gestellt. Vorher war der Heidelberger Finanzdienstleister MLP in das Visier von Herrn Homm geraten. Dann hat er den Abzug betätigt. Dabei ist kein großer Knall entstanden. Das Geschoss bestand aus einer Studie bzw. veröffentlichten Äußerungen, die in einem Büro mit wenigen Mitarbeitern vorbereitet wurden. Für das Büro gibt es auch einen Namen: United Zurich Finance AG.

Was Herr Homm nun tatsächlich getan hat? Ganz einfach: Herr Homm hat in einem Papier die Aktie von MLP auf »Strong Sell« gestellt. Und was das bedeuten soll? Schon wieder ganz einfach: Zu einem Zeitpunkt, als Analysten den Börsenwert der Aktien von MLP noch für kaufens- oder haltenswert hielten, gab Herr Homm der interessierten Öffentlichkeit in Deutschland und in anderen Ländern eine eindeutige Empfehlung: »Rette sich, wer kann!« Im Mai des Jahres 2002 gab es in Gestalt eines ersten kritischen Berichts in dem Magazin »Börse-Online« eine Resonanz. Seitdem war nach dem Empfinden manch eines Beobachters die Aktie angeschlagen, als hätte man ihr die Wachstumsphantasie »herausgeprügelt«.[1]

Anschließend schwenkte Herr Homm die Rohre. Neues Ziel: WCM. D-Day: 18. Juni 2002. An diesem Tag ließ die Zurich Finance AG einen Torpedo los. Sie stellte eine Analyse vor, in der von versteckten Verlusten in der Bilanz dieses börsennotierten Unternehmens und der (angeblich) bevorstehenden Kündigung eines 200-Millionen-Kredits die Rede war. Die Wirkung war verheerend: Am gleichen Tag fiel der Wert der WCM-Aktie um 28 Prozent. Allerdings revidierte die Truppe von Herrn Homm ihre Studie wenige Wochen später und überraschte damit die gesamte Finanzwelt.

Tatsächlich ist Herr Homm gar kein Analyst. Er trifft für einen 20-Millionen-Euro-Hedge-Fund, der auf den Cayman Islands domiziliert, die Anlage-Entscheidungen. Der Fund hat mit »Leerverkäufen« auf MLP und WCM an fallenden Kursen Geld verdient. In der Vorlaufphase hatte Herr Homm dies freilich weit von sich gewiesen und betont, dass weder er selbst noch seine Familie noch Mitarbeiter oder Organe der Zurich Finance AG in irgendeiner Form »Put-Optionen« auf WCM-Aktien besäßen. Zudem habe man weder Leerverkäufe noch »Short Selling« betrieben. Das habe auch für die Papiere der MLP gegolten. Solche Behauptungen ließen Herrn Homm als »Trickser« dastehen.[2] Er selbst räumte ein, bei seinem Geschäftsgebaren alle

»legalen« Tricks angewendet zu haben. Das Geschäftsmodell des früheren Fidelity-Fundmanagers ist schnell beschrieben: Aktien leihen, verkaufen, diskreditieren, kaufen, zurückgeben. Darin liegt das Prinzip des Leerverkaufs. Allerdings war die Phase der Diskreditierung bislang nicht verbreitet. Von den Hedge Funds, deren Zahl in verschiedenen Quellen auf zwischen 6000 und 7000 weltweit beziffert wird, arbeitet jeder zweite nach der »equity long/short Strategie«. Das bedeutet eigentlich nur, dass Fundmanager viel versprechende Aktien kaufen, »long«-Position, und gleichzeitig Aktien verkaufen, die sie für überbewertet halten, »short«. Die Funds leihen sich die Aktien für solche Leerverkäufe von anderen Großanlegern, z.B. Versicherungen, Pensionsfonds, gegen eine Gebühr aus. Wenn die Kurse dann tatsächlich fallen, decken sich die Fundsmanager ein und geben die erworbenen Papiere an den Verleiher zurück. Die Spanne zwischen Verkaufserlös und Kaufpreis ist der Gewinn des Hedge Funds. Das ist an sich nicht ungewöhnlich. Hier kommt es allerdings bereits vor dem Kauf zum Verkauf. Manch ein Betroffener wie MLP führt die dramatischen Kursverluste auf die Umtriebe der »Short Seller« zurück. Andere sehen gar eine Verschwörung von Hedge Funds. Dagegen wird eingewandt, an den wichtigsten Börsen würden nur drei bis fünf Prozent der Papiere »short« gehandelt, zu wenig, um große Wirkungen zu entfalten. Herr Homm behauptet, bei MLP nur eine »Short-Position« von 800 000 Euro gehabt zu haben. Schlussfolgerung: »Short Seller« entfalten nur Wirkung, wenn Großinvestoren ihren Urteilen folgen. Zudem wird geltend gemacht, Hedge Funds hätten eine reinigende Wirkung auf das Marktgeschehen. Wenn panikartige Verkäufe eine Aktie in die Tiefe reißen, dann seien »Short Seller« die ersten, die kaufen, um ihren Gewinn sicherzustellen. Sie bremsten also Kursstürze. Umgekehrt gelte: Wenn hysterische Käufer einen Wert nach oben schnellen ließen, seien die »Short Seller« die Ersten, die Aktien als überbewertet einstuften und die Aufwärtsbewegung durch Leerverkäufe bremsten. Wären also in den hysterischen Zeiten mehr Leerverkäufer tätig gewesen, hätte man die Auswüchse begrenzen können. Das verblüffende Ergebnis: Es hat also in den genannten Fällen (und anderen vergleichbaren) nicht zu viel Spekulation gegeben, sondern zu wenig. »Short Seller« leben davon, dass sie besser voraussehen können als der Durchschnitt. Es geht dann schief, wenn viele »Short Sellers« gegen einen Wert spekulieren, der plötzlich durch die Decke geht. Die Leerverkäufer müssen sich dann schnell eindecken, um ihre Verluste auszugleichen. Das kann die Aufwärtsbewegung der Aktie dramatisch beschleunigen – bis die »Short Sellers« ihre Positionen glattgestellt haben.[3]

Die Hedge Funds dienen nicht vornehmlich, wie der englische Begriff »hedge« (absichern) nahe legt, der Absicherung von Vermögen oder Zahlungsvorgängen. Sie sind vielmehr darauf bedacht, durch aggressive Spekulations- und Zinsdifferenzgeschäfte ihr Sondervermögen schnell zu vermehren. Dazu verkaufen sie Aktien, die sie gar nicht besitzen. Die Banken und Fondsgesellschaften streichen Gebühren ein, weil sie den Hedge Funds genau die Aktien leihen, die diese für im Zweifel destabilisierende Leerverkäufe anfordern, und geben ihnen zudem noch großzügige Kredite. Die äußerst gut bezahlten Hedge Funds Manager verkaufen die geliehenen Wertpapiere »en masse« und setzen damit die Märkte unter Druck. Sinken die Kurse, kaufen sie die Aktien zu »Discount«-Preisen zurück und händigen sie (elektronisch) dem Ausleiher wieder aus. Auf diese Weise kommt an manchen Tagen die Hälfte des Aktienumsatzes an der Londoner Börse zustande.[4]

Die Urteile über Herrn Homm oszillieren zwischen »polemisch«, »witzig«, »falsch« und »gefährlich«. Dem Eindruck mancher Beobachter zufolge pickt sich Herr Homm die Unternehmen heraus, deren Bilanzen schwer zu durchschauen sind und deren Manager nur zögernd wahrheitsgemäße Erklärungen abgeben. Bei seiner Suche nach Zahlen soll er den Eindruck eines Forschers erwecken, der nach den Leichen in den Kellern der Unternehmen sucht. Gleichzeitig sieht man in ihm den »Killer« der WCM-Aktie.

Ein Journalist, der Herrn Homm auf seinem Anwesen auf Mallorca für ein Interview besucht hatte, beobachtete, wie ihm drei (seiner) Schafe hinterhertrotteten, während er durch seinen Garten schlenderte. Diese Gefolgschaft war Herrn Homm offensichtlich sympathisch. »Der Finanzjongleur hat ein Herz für Schafe.«[5]

Bankraub durch Spekulation

Erinnern Sie sich noch an Nick Leeson und an das schwere Erdbeben in der westjapanischen Industriestadt Kobe im Januar 1995 sowie die Entwicklung des japanischen Aktienmarktes am 17. Januar 1995? Sie haben nicht die geringste Vorstellung, was das eine mit dem anderen zu tun haben könnte? Anscheinend hatten Sie seinerzeit keine Wetten auf dem japanischen Aktienmarkt laufen. Sie dürften sich nicht nur darin von Nick Leeson unterscheiden. Am 17. Januar 1995 hatte Leeson wahrscheinlich nur einen Gedanken, als er von der Naturkatastrophe erfuhr: »Der Markt wird ins Bodenlose fallen.« Als Händler der Merchantbank Barings hatte Leeson, der noch im Jahre 1994 als »Tophändler des Jahres« am Terminmarkt von Singapur brillierte, im Januar 1995 Zockerschulden in Höhe von mehr als 200 Millionen USD angesammelt. Die aufgrund seiner Spekulationen entstandenen Verluste waren aber bis dato gut kaschiert. Ein fallender Nikkei würde diese Verluste jedoch weiter dramatisch erhöhen. Die Geschäfte von Leeson hätten sich nur gerechnet, hätte der japanische Aktienindex sich nicht stark bewegt, wäre er nicht unter 19 000 Punkte gefallen und nicht über 20 000 Punkte gestiegen. Der Alptraum wird Realität. Der Nikkei bricht nach Eröffnung des Marktes ein. Die Verluste für Leeson erhöhen sich innerhalb eines Tages um 80 Millionen USD. Was tun? Die Verluste auffliegen lassen oder den Markt zum eigenen Vorteil zwingen nach dem alten Grundsatz »if in trouble, double«? Tatsächlich folgt Leeson dieser alten Händlerweisheit und kauft am 20. Januar 1995 10 000 Future-Kontrakte. So viel hatte er noch nie an einem Tag gekauft. Am 21. Januar 1995 sackte der Index auf 18 000 Punkte ab. Am 27. Januar kauft Leeson 30 000 Kontrakte. Die 19 000 Indexpunkte liegen aber immer noch in weiter Ferne. Leeson konnte die rasante Talfahrt verlangsamen, aber nicht stoppen.

Die Versuche werden immer verzweifelter. In seiner Erklärungsnot gegenüber seinen Vorgesetzten in London und Wirtschaftsprüfern fälscht Leeson Urkunden, manipuliert Abwicklungssysteme, greift zu Buchungstricks. Es hilft nichts. Leeson dreht keine großen Räder mehr. Er ist unter dieselben geraten. Sein letzter Auftritt an der Terminbörse in Singapur findet am 23. Februar 1995 statt. Der japanische Index sackt an diesem Tag unter 18 000 Punkte. Die Höhe der von Leeson zu verantwortenden Verluste beläuft sich allein an diesem Tag auf mehr als 220 Millionen USD. Das ist Weltrekord für einen Händler. Leeson hält 50 Prozent aller Risikopositionen in Singapur. Er ist auf weiter Flur der einzige Käufer. Das Spiel ist aus: Abreise (Flucht) in Begleitung der Ehefrau Lisa in Richtung Malaysia nach Börsenschluss. Die Arbeitgeber von Leeson begreifen erst am nächsten Morgen, dass ihnen ein Zocker und Betrüger zu Diensten war. Leeson hatte seine Positionen nie abgesichert. Er hatte Wetten auf die Kursbewegungen eines Nominalvolumens von ca. 60 Milliarden USD abgeschlossen. Die Barings Bank hat nicht genügend Geld, um den Forderungen der Terminbörse Simex nach Sicherheiten nachzukommen. Sie ist zahlungsunfähig und wird geschlossen. Nach Verkauf aller von Leeson geschlossenen Terminkontrakte steht der Verlust fest: 1,4 Milliarden USD. Das Eigenkapital der Bank lag bei 615 Millionen USD.

Was war passiert? Die traditionsreiche Bank hatte auch nach 1985, dem Jahr des »Big Bang«, als am Londoner Finanzplatz die Revolution durch Deregulierung stattfand, an dem Grundsatz »Überwachung ist gut, Vertrauen ist billiger« festgehalten. Mitte 1992 schickte sie Leeson nach Singapur, um den Handel mit Derivaten aufzubauen. Die Herren aus der Zentrale beachten dabei aber eine weitere alte Regel nicht: »Lass den Händler nie die Abwicklung seiner eigenen Transaktionen übernehmen.« Dieser Grundsatz ist sinnvoll. Die Versuchung, Verluste zu verschleiern und Gewinne zu manipulieren, ist einfach zu groß. Leeson kann aber als Händler und Abwickler zugleich agieren. Sein Auftrag: Aufbau des Arbitragehandels und Ausführung von Kundengeschäften. Eigentlich eine fast risikolose Angelegenheit. Es sind die geringen Preisdifferenzen in den japanischen Derivaten, die parallel an der japanischen Terminbörse in Osaka und in Singapur gehandelt werden, auszunutzen. Leeson soll also Kontrakte dort verkaufen, wo gerade der höhere Preis zu erzielen ist, und gleichzeitig dort kaufen, wo er zum niedrigeren angeboten wird. Der Eigenhandel, die Spekulation mit dem Geld der Bank auf steigende oder fallende Kurse, ist ihm selbst streng untersagt. Und genau das tut Leeson. Aber niemand in London wundert sich darüber, wie sein vermeintlich risikoloses Geschäft derartige Gewinne abwerfen kann. Leeson scheint sich jeden Morgen das Ei des Kolumbus zum Frühstück einzuverleiben: »Kein Risiko, aber hohe Renditen.«

Die Realität ist, wie meistens, trist. Leeson macht so gut wie keine Arbitrage. Er hat ein Geheimkonto (Nr. 88888 – fünfmal die chinesische Glückszahl) eingerichtet, um die Verluste und die nicht genehmigten offenen Positionen zu verbergen. Auf dem Handelsparkett stellt Leeson die besten Kurse. Er kalkuliert so knapp, dass er oft Geld an seine Handelspartner verschenkt. Die Verluste werden auf dem Geheimkonto verbucht. Auf diese Weise avanciert Leeson zum aktivsten Händler. Die Kunden stehen Schlange. In Wahrheit ist er ein sehr schlechter Händler. Schon im ersten Monat seiner Tätigkeit fährt er Verluste in Höhe von 60 000 USD ein. Lediglich Mitte 1993 schafft er es, durch äußerst gewagte Transaktionen einen Gesamtverlust in Höhe von 10 Millionen USD in Gewinne zu verwandeln. Erschöpft und erleichtert gelobt er sich selbst, nie wieder Positionen zu verstecken.

Die guten Vorsätze halten einen Tag. Die Verführungskraft des Kontos 88888 ist zu groß. Seine Bosse glauben indes, dass ihr fleißiger Mitarbeiter für ein Fünftel des Gewinns der Gesamtbank verantwortlich ist. Tatsächlich ist der Gegenposten als Verlust auf dem Geheimkonto gebucht. Um dessen Geheimstatus zu bewahren, müssen Geschäfte frisiert, Gelder umgebucht, Optionen verkauft und Lügen erzählt werden. Leeson entpuppt sich als brillanter Abwicklungskünstler. Die Londoner Chefs sind der Überzeugung, dass die hohen offenen Positionen Kunden gehören, für die Barings lediglich handelt. Sie überweisen fast wöchentlich mehr Geld nach Singapur, um die Sicherheitsleistungen für die Terminbörse zu erfüllen, fragen aber nie nach, für welche Kunden sie eigentlich die Millionen überweisen.

Das Ende ist nicht sehr dramatisch. Ein holländischer Finanzkonzern kauft die Bank für ein Pfund. Die Firma Barings verschwindet im

April 2002 von der Bildfläche. Leeson wird auf dem Flughafen von Frankfurt am Main festgenommen. Das Vereinigte Königreich stellt kein Auslieferungsersuchen. Die Bank von England ist an einer öffentlichen Erörterung der Genese des Falls nicht interessiert. Leeson wird in Singapur zu sechseinhalb Jahren Freiheitsstrafe verurteilt, wovon er vier Jahre verbüßt. Danach kehrt er nach Großbritannien zurück und wird zum gefragten Konferenzredner.[6]

Fragen Sie sich etwa, wie ein einziger Mann, aus einfachsten sozialen Verhältnissen stammend – intellektuell bestenfalls mittelmäßig begabt –, eine ganze Bank ausrauben und gar vernichten konnte?

Die Erklärung liegt nicht in irgendeiner finanztechnischen Virtuosität. Einige Hinweise bietet ein weiterer Fall, der nicht nur als Einzelfall betrachtet werden sollte, weil er möglicherweise die Verkommenheit eines ganzen Systems und die Verrottung der Psyche eines Kollektivs spiegelt.

Hochstapler und Kaufleute

Am 11. April 2003 wird der Bundesbürger Jürgen Harksen zu einer Freiheitsstrafe von sechs Jahren und neun Monaten verurteilt. Der Vorwurf: Anlagebetrug. Das klingt banal. Interessanter ist die eine oder andere – unjuristische – Würdigung des Verhaltens von Herrn Harksen und seiner Opfer. Immerhin wird behauptet, dass seine Vergehen von der Aura einer genialen Eulenspiegelei umgeben seien. Harksens Taten hätten seine Opfer demaskiert, ihre Gier und ihre Einfalt bloßgestellt und der Schadenfreude des Volkes ausgesetzt. Während des Strafverfahrens gegen Herrn Harksen vor der Großen Strafkammer 20 des Hamburger Landgerichts wurde offenkundig, dass der Angeklagte schwerreiche hanseatische Fabrikanten, Freiberufler und Erben mit Witz und Chuzpe um ihre Millionen gebracht hat.

Der »Schelm« habe nicht nur den Gefoppten, sondern allen Menschen, die Augen haben zu sehen und Ohren zu hören, gezeigt, wie sie beschaffen seien: selbstgefällig und unersättlich. Diese Kombination, so empfindet der eine oder andere Beobachter, sei komisch. Und eine Entlarvung befreie immer. Gelächter war deshalb die Begleitmusik im Prozess gegen Jürgen Harksen. Der Angeklagte war geständig. Er hatte wohlhabende Leute beschwatzt, bei ihm zu investieren, und Gewinne von immerhin 1300 Prozent in Aussicht gestellt. Der Anklageschrift zufolge handelte es sich um 70 Geschädigte, die um etwa 64 Millionen DM geprellt worden seien. Natürlich waren das nicht alle. Man darf annehmen, dass viele Geschädigte sich nicht gemeldet haben, weil sie sich schämten, Harksen auf den Leim gegangen zu sein, oder weil sie dem Gaukler kofferweise Schwarzgeld nachgetragen hatten.

Harksen hatte ein »Großinvestment« vorgetäuscht und eine Vielzahl wohlhabender Mitbürger zum Engagement überredet. Eines seiner Opfer, ein erfolgreicher Bauunternehmer, hatte mehr als 20 Millionen DM zur Verfügung gestellt und auf 90fachen Gewinn gehofft. Ein Investment hatte es jedoch nie gegeben. Harksens reale Geschäfte bestanden aus ein paar kleinen Aktiengeschäften mit dürftigen Gewinnen. Es gab eine Reihe von Firmen, die viel hermachten und wenig abwarfen.

Die Frage wird also immer dringender: Wie konnten sich mit allen Wassern gewaschene Geschäftsleute so einwickeln lassen? Einer hatte im Prozess erklärt: »Bei der Aussicht auf 13fachen Gewinn wird der Mensch zum Spieler.«

Harksen schreibt sich selbst keine magischen Kräfte zu: »Ich trug orangene Anzüge, gelbe Socken, hatte eine gelbe Brille auf und fuhr einen roten Ferrari. Ich war eher schillernd. Es war wohl die Gier, die die Leute blind gemacht hat. Das hatte nichts mit mir zu tun.«

Dabei hatte er sich die allerkonservativsten Geschäftsleute als Opfer ausgesucht. Sein Ehrgeiz bestand darin, die stockkonservativen Hanseaten herumzukriegen. Harksen selbst kommt aus schlimmen sozialen Verhältnissen. Der Vater war Alkoholiker, die Mutter psychisch krank. Er besuchte eine Sonderschule, und wegen einer schweren Legasthenie kann er kaum lesen und schreiben. Sein wirtschaftliches

Verständnis wird von seinen Kenntnissen über das Spiel »Monopoly« geprägt. Er sieht keine Probleme, wenn man ihm vorhält, dass er auch befreundete Anleger geprellt habe.

Harksen fragte zu Recht, was das für Freundschaften waren: »Für jede Million, die sie mir gaben, wollten sie 13 Millionen wiederhaben.«

Auf die Frage, ob ihn ein uneingestandenes Bedürfnis nach Rache zu seinem Verhalten motiviert habe, antwortete Harksen: »Vielleicht. Diese geizigen Multimillionäre sehen auf alle herab, die weniger haben als sie. Die sind in ihren Augen bloß Gesocks. Sie sollten mal hören, wie Reiche über Arme reden.«

Diese Leute hätten ihm ihr Geld nachgeworfen, weil sie selbst in permanenter Angst vor der Verarmung gelebt hätten: »Der Reiche steht morgens auf und hat Angst, dass er sein tolles Haus, seinen Mercedes und seine Flugzeuge, auf die er so schrecklich stolz ist, verlieren könnte. Die Vorstellung abzurutschen ist ihm unerträglich. Und nur vor einem graut ihm noch mehr, nämlich dass sein Nachbar, der genauso reich ist, merken könnte, dass er sich irgendwas nicht mehr leisten kann.«

Ein Wirtschaftsprüfer, der ebenfalls auf Harksen hereingefallen war, hatte nach Durchsicht von 70 000 Seiten ein Gutachten gefertigt, in dem Harksen ein weltweites Nettovermögen von 1,184 Milliarden DM bescheinigt wurde. Damit war auch für den Wirtschaftsprüfer ein Platz auf der Anklagebank reserviert. Es ist müßig, über das Talent von Herrn Harksen zu spekulieren. Er muss jedenfalls mit einem Instinkt begabt sein, der es ihm ermöglichte, rechtzeitig das auszudrücken, was seine »Opfer« hören wollten: Zahlen, Summen und das Versprechen auf noch längere Zahlen und noch größere Summen.

Aber: Statt mit Geld überschüttete Harksen seine Mitbürger mit Verheißungen. Er scheint kriminologische Lehrbuchweisheiten in beeindruckender Weise zu bestätigen. Danach sind Bankiers und Geschäftsleute leichte Beute von Wirtschaftsbetrügern, weil sich bei ihnen das normalmenschliche Erwerbsstreben oft zur Gewinnsucht gesteigert habe. Ihre Fixierung aufs Geldmachen treibe diese »Gewinngierigen« in kriminelle Machenschaften hinein und zwinge sie dazu, bei der eigenen Selbstschädigung nach Kräften mitzuhelfen. Oft fände sich bei solchen Opfern sogar eine mehr oder weniger starke latente Disposition zum aktiven Betrüger: Von der Cleverness des Kaufmanns ist es manchmal nur ein kleiner Schritt zur betrügerischen Manipulation des Schwindlers. Der Betrüger ist häufig nur der dunkle Zwilling des Betrogenen.

Der Verteidiger stellte vor diesem Hintergrund die berechtigte Frage: »Ist das Betrug, wenn der Betrüger zu seinem Opfer sagt: Ich will dich betrügen, und das Opfer antwortet: Ich glaub es dir nicht?«

In der Tat: Gerade Kaufleute hätten merken müssen, dass Herr Harksen ihnen »schlichten Spinnkram« vorgetragen hatte. Richtig ist auch, dass ohne eigenes Verschulden Tragik nicht zu haben ist. Deshalb ist das Schicksal der Geschädigten wahrhaft tragisch.[7]

Familienbande

Sie möchten jetzt endlich auch viel Geld verdienen? Ihr börsentechnisches Know-how ist aber nicht ganz so toll? Immerhin haben Sie einen wohlhabenden und politisch erfolgreichen Papa und eine starke und fürsorgliche Mama, und Sie haben es im Alter von ca. 39 Jahren geschafft, ihren Alkoholkonsum beträchtlich zu reduzieren und sind auf den Weg des Herrn zurückgekehrt, was Sie durch eine entsprechende (öffentliche) Gebetsfrequenz unter Beweis stellen können. Sie sitzen sogar schon im Vorstand eines Unternehmens, das sich allerdings seit einiger Zeit mehr schlecht als recht in einem immer wieder von Turbulenzen heimgesuchten Markt über Wasser gehalten, in letzter Zeit aber derart hohe Verluste gemacht hat, dass Sie sich gezwungen sehen, einen Teil Ihres Tafelsilbers in Gestalt einer Tochterfirma zu veräußern. Es gelingt Ihnen auch, einen sehr günstigen Verkaufspreis zu erzielen. Ihr Erfolg beruht im Wesentlichen auf einer originellen Idee. Das Unternehmen, das Sie als Vorstand führen, war bereit, dem Käufer Ihrer Tochterfirma so viel Geld zu leihen, dass dieser in der Lage war, Ihre Tochterfirma zu einem deutlich überhöhten Preis zu kaufen. Dieses (Schein-)Geschäft hat eine beachtliche Verschönerung der Bilanz des von Ihnen geführten Unternehmens bewirkt. Da Sie aber mit einer vorausschauenden Phantasie begabt sind und damit rechneten, dass die Börsenaufsicht eine Korrektur der Bilanz durchsetzen könnte und damit Ihre Aktien in den Keller schicken würde, haben Sie als »Insider« Ihre Anteile (Aktien) an (»Ihrem«) Unternehmen noch zu dem hohen Kurs verkauft. Natürlich hatten Sie diese Aktien nicht mit eigenem Geld gekauft, sondern sich dafür vom eigenen Unternehmen einen äußerst günstigen Kredit geben lassen. Auf diese Weise ist es Ihnen gelungen, 900 000 USD einzunehmen. Es versteht sich fast von selbst, dass Sie dafür weder von der Börsenaufsicht noch von einer anderen Behörde belangt wurden.

Das sei alles nur Ausbund einer fiebrigen Phantasie?

Nicht ganz. Es ist ein sehr kleiner Ausschnitt aus der erfolgreichen Karriere des Präsidenten der Vereinigten Staaten von Nordamerika, George Walker Bush jun. Dieser war im Jahre 1989 Vorstandsmitglied der »Harken Energy«. Die Firma hatte erhebliche Verluste eingefahren, die sie zum Teil und zeitweise durch den günstigen Verkauf der Tochterfirma »Aloha Petroleum« ausgleichen konnte. Allerdings hatte »Harken Energy« dem Käufer Geld geliehen, damit dieser »Aloha Petroleum« zu einem deutlich überhöhten Preis kaufen konnte. Im Jahre 1989 hatte die Harken Energy Corporation bei einem Umsatz von einer Milliarde USD Verluste von mehr als 12 Millionen USD eingefahren. Im selben Jahr bekam Bush jun. für seine Beraterdienste ein Gehalt von 120 000 USD und 131 250 USD in Aktienoptionen. Im darauf folgenden Jahr erlitt das Unternehmen Verluste in Höhe von 40 Millionen USD. Der Wert des Stammkapitals stürzte von mehr als 70 Millionen USD (1988) auf 3 Millionen USD. Die Kreditgeber hatten bereits mit »Liebesentzug« gedroht. Im Januar 1990 hellte sich der Horizont auf. Harken erhielt – für die Analysten völlig überraschend – die potenziell gewinnträchtigen Exklusivrechte auf Öl- und Gasbohrungen in Bahrain, einem kleinen Inselemirat 200 Meilen südöstlich von Kuwait. Harken hatte bis dahin niemals auch nur eine einzige Bohrung im Ausland oder im Meer vorgenommen. Charles

Strain, ein Energieanalyst aus Houston, hielt das für ein »unglaubliches Geschäft«.[8]

Harken brauchte bereits im Jahre 1987 eine Bargeldinfusion. Bush jun. bat daher Jackson Stephen, den Besitzer der größten Investmentbanking- und Maklerfirma außerhalb New Yorks, um finanzielle Unterstützung bei einer Aktienausschreibung von 25 Millionen USD. Es kam zu Arrangements mit der Union Bank der Schweiz (UBS) und Scheich Abdullah Bakhsh, einem saudischen Finanzier.

Stephens Inc., UBS und Bakhsh unterhielten Beziehungen zur Bank of Credit and Commerce International (BCCI), die zeitweise mehr als 400 Filialen in 78 Ländern mit einem Guthaben von mehr als 20 Milliarden USD besaß, wozu noch Erträge aus Drogenhandel und Waffenschmuggel, geplünderten Ersparnissen und Anleihen sowie hinterzogenen Geldern von Anlegern bei legalen Finanzinstitutionen gehörten. Zur Zeit der Harken-Investition war UBS zusammen mit der BCCI Joint-Venture-Partner bei einer Bank in der Schweiz. UBS half der BCCI auch bei der Umgehung der Gesetze Panamas gegen Geldwäsche, indem sie in Privatflugzeugen Bargeld aus dem Lande flog. Sie war zudem in den illegalen Transport von 325 Tonnen Gold aus den Philippinen durch Ferdinand Marcos verwickelt.[9]

Harken war finanziell ausgetrocknet. Die Firma hatte nicht genügend Geld, um am anderen Ende der Welt eine große Offshore-Bohraktion durchzuführen. Bush jun. bewies in dieser Zeit seine Talente als Kapitalbeschaffer, obwohl er das Projekt in Bahrain angeblich für eine schlechte Idee hielt und von der Mitwirkung der BCCI keine Ahnung gehabt haben will.[10] Vier Monate nach Abschluss des Harken-Bahrain-Deals warnte das State Department in internen Berichten, dass der irakische Präsident Saddam Hussein seine Nachbarn bedrohe. Zuvor hatte die Aussicht auf einen lukrativen Öltreffer genügt, um spekulative Investoren zum Kauf von Harken-Energy-Aktien und die Kreditgeber zum Verleihen von Geld zu motivieren. Als die Gerüchte über eine mögliche Entsendung amerikanischer Truppen an den Golf zu zirkulieren begannen, zeigten sich Finanzberater über die Finanzlage alarmiert. Die Schulden von Harken beliefen sich auf mehr als 150

Millionen USD. Nahezu sämtliche Guthaben waren in Bahrain angelegt. Die erste Bohrung war erst für Anfang 1991 geplant. Am 22. Juni 1990 schlug Bush jun. plötzlich 60 Prozent seiner Harken-Aktien – 212 140 Anteile – zu einem satten Gewinn von 848 560 USD, also mehr als dem Zweieinhalbfachen ihres ursprünglichen Wertes, los. Die Transaktion fand eine Woche vor Ende eines Quartals statt, in dem die Gesellschaft 23,9 Millionen USD verlor, wie ein wenige Tage nach der irakischen Invasion in Kuwait veröffentlichter Quartalsbericht dokumentierte. Die Aktien fielen auf einen Stückwert von 2,37 USD. Bush jun., der die Aktie zu 4,12 USD pro Stück verkauft hatte, bestritt, über irgendwelche Insiderkenntnisse verfügt zu haben, obwohl er im Verwaltungsrat, im Revisionsausschuss und in einem Gremium zur Umstrukturierung des Unternehmens saß, das direkt mit den Finanzberatern der Firma Smith Barney zusammenarbeitete. Gleichwohl handelte es sich um einen Insider-Aktienverkauf. Das für diese Fälle vorgeschriebene Anzeigeformular war spätestens am 10. Juli fällig, wurde aber erst 8 Monate später ausgefüllt. Bush jun. behauptete, es rechtzeitig ausgefüllt zu haben. Die Papiere seien bei der Börsenaufsicht verloren gegangen. Diese ermittelte 1991 wegen möglicher Insider-Geschäfte, stellte ihre Überprüfungen aber im Oktober 1993 ohne Anklageerhebung ein.

Unbeantwortet bleibt die Frage, ob es sich hier um eine echte Ermittlung oder die Weißwäsche eines Insider-Aktienverkaufs durch den Sohn eines amtierenden Präsidenten der Vereinigten Staaten gehandelt hat. Die Untersuchung sei bestenfalls unvollständig und schlimmstenfalls der Versuch, Unregelmäßigkeiten unter den Teppich zu kehren.[11] Anders als andere zu Millionären gewordene texanische Ölmänner, einschließlich seines Vaters, machte Bush jun. sein Vermögen durch den An- und Verkauf von Aktien und nicht durch Ölbooms oder große Ölfunde.[12] Bush jun. habe nie auch nur eine einzige Einnahmequelle geschaffen oder gefunden, es sei denn, man rechne sämtliche Dollars zusammen, die hereinflossen, um im texanischen Untergrund zu versickern. Seine Ölkarriere lasse sich in einem einzigen Absatz zusammenfassen: »1977 kam er nach Midland (ein Vorort von Houston), gründete eine erste Gesellschaft, verlor 1978 bei den Kongresswahlen, gründete eine neue Gesellschaft, verlor mehr als zwei Millionen Dollar, die seinen Partnern gehörten, während er selbst Midland mit 840 000 Dollar in der Tasche verließ.«[13]

Das sei das Verwirrendste: Alle, die mit George W. Geschäfte machten, hätten ihren Einsatz verloren, nur er nicht. Noch verblüffender: Mit jeder Niederlage sei er ein wenig reicher geworden.[14]

Diese Schilderungen dürfen nicht als Versuch missverstanden werden, die (nicht nur) beim amerikanischen Präsidenten anzutreffende legitime unternehmerische Tüchtigkeit zu kriminalisieren. Bush ist in guter Gesellschaft. Dazu gehören auch sein Vize-Präsident, Dick Cheney, und einige andere Kabinettsmitglieder, die anderen Unternehmen der Energiebranche zu Diensten waren, bevor sie sich für einen Bruchteil ihrer vorherigen Bezüge in den Dienst des Gemeinwohls stellten, eine in den Vereinigten Staaten von Amerika durchaus verbreitete Ausdrucksform des Patriotismus.

Vor diesem Hintergrund erscheinen die Forderungen des amerikanischen Präsidenten, die er im Juli 2002 erhoben hatte, besonders beachtenswert. George W. Bush jun. verlangte an der New Yorker Wall Street, dem Sitz der bedeutendsten Aktienbörse der Welt, nach einer neuen »Ära der Redlichkeit« in der amerikanischen Unternehmenswelt. Das hat seinerzeit allerdings nicht verhindert, dass die Kurse weiter nach unten rutschten, obschon der Präsident versprach, künftig härter gegen Bilanzbetrüger vorzugehen. Nach Presseberichten soll der Präsident immerhin davon überzeugt sein, handeln zu müssen, um das verlorene Vertrauen von Anlegern und Investoren in die amerikanische Rechnungslegung und in die Ehrlichkeit der Unternehmensführung wiederaufzubauen.

Zwölf Jahre sind eine lange Zeit. Manchmal ist ein Blick zurück gleichwohl aufschlussreich. Damals sah Amerika, was es bedeutet, wenn sich Banken verspekulieren und zu großzügig Kredite vergeben. Das Land erlebte eine Bankenkrise, die zum Zusammenbruch von 2700 Banken und so genannter Savings & Loans Associations führte. Mit Blick auf Enron und WorldCom besteht nicht nur deshalb eine gewisse Aktualität, weil die Amerikaner heute so verschuldet sind wie nie zuvor.

Auch dieser Vorgang scheint Teil einer langwierigen Familiensaga zu sein. Damals saß George Bush sen. in der Regierung, und zahlreiche Freunde und Verwandte der Bushs waren involviert. Die Savings & Loans-Krise war wie der Enron-Skandal in erster Linie die Geschichte einer verfehlten Deregulierungspolitik, gepaart mit Managergier und der Hoffnung, der drohenden Wirtschaftskrise mit gnadenloser Expansion entkommen zu können. Eigentlich war die Regierung schuld. Sie hatte die Sparkassen zu einer aggressiveren Kreditpolitik ermuntert. Bis Mitte der dreißiger Jahre hatten diese in Amerika eine konservative Geschäftspolitik betrieben, boten aber von da an zunehmend langfristige Hypothekendarlehen zu festen Zinsen an. Als in den siebziger Jahren die Ölkrisen kamen und die Zinsen auf kurzfristige Staatsanleihen zwischen 1976 und 1980 von 4 Prozent auf 16 Prozent hochschnellten, gingen die meisten Institute Pleite. Im Jahre 1982 schrieben 85 Prozent der Savings & Loans Schulden. Zwei Drittel waren insolvent. Die Reaktion der US-Regierung: Deregulierung. George Bush sen. bekleidete schon damals das verantwortungsvolle Amt des Vize-Präsidenten der Vereinigten Staaten von Amerika. Präsident war Ronald Reagan, der mehrere Gesetze verabschieden ließ, die den Sparkassen wieder auf die Beine helfen sollten. Im März 1980 wurde ein Gesetz verabschiedet, mit dem u.a. das Kreditrisiko für die betroffenen Institute drastisch reduziert wurde. Die staatlich kontrollierten Federal Deposit Insurance Company (FDIC) und die Federal Savings and Loan Insurance Corporation (FSLIC) sollten künftig für Verluste von bis zu 100 000 USD pro Konto aufkommen. Bis dahin war die Summe auf 40 000 USD begrenzt. Zwei Jahre später brachte die Regierung ein weiteres Gesetz auf den Weg, das die Auflagen für die Banken verringerte und ihnen mit dem Ziel, mehr Profite machen zu können, neue Geschäftsfelder eröffnete. Sie durften jetzt auch Verbraucherkredite anbieten, Kreditkarten ausgeben oder Baukredite für Geschäftsgebäude vergeben. Die meisten Institute waren sehr schnell unterkapitalisiert. Die Wirtschaftskrise Ende der achtziger Jahre wirkte für viele Savings & Loans-Institute tödlich. Das große Sterben fand in Texas statt. Auch der Westen des Landes wurde hart getroffen. Zu dieser Zeit nahm in Denver auch Neil Bush, Sohn des damaligen Präsidenten und Bruder des jetzigen Präsidenten am Wirtschaftsleben teil. Neil steigerte das Bruttosozialprodukt seines Landes als Ölunternehmer und als Mitglied einer der größten Sparkassenaufsichtsräte. Die Savings & Loans hatten sich häufig in Immobilien verspekuliert, die an den Ölboom gekoppelt waren. Als die Ölpreise 1987 um fast 50 Prozent fielen, brachen die Immobilienmärkte zusammen. In Texas standen plötzlich 30 Prozent der Bürogebäude leer. Kosten für die betroffenen Institute: 200 Milliarden USD. 14 der 20 größten Pleiten waren in Texas zu verzeichnen, dem Staat, dem George W. Bush jun. einige Jahre später als Gouverneur diente, bevor er zum Amtsnachfolger seines Vaters avancierte. Im Februar 1989 hatte dieser, inzwischen Präsident, sein Hilfsprogramm für die maroden Sparkassen verabschiedet. Kosten für die Steuerzahler: 150 Milliarden USD.[15]

Zu dieser Zeit war Karl Kraus, der gesagt hat, der Ausdruck »Familienbande« habe den Beigeschmack von Wahrheit, schon lange tot.

Der amerikanische Vizepräsident Dick Cheney wurde bislang auch wegen seiner Vergangenheit als erfolgreicher Unternehmensführer gerühmt. Verbraucherschützer werfen ihm jedoch neuerdings vor, die Umsätze von Halliburton, einem texanischen Ausrüster der Erdölindustrie, in den Jahren 1999 bis 2001 um 445 Millionen USD aufgebläht zu haben. Cheney war von 1995 bis 2000 Vorstandsvorsitzender von Halliburton. Zuvor war er dem Vater von Bush jun. auch schon während des ersten Krieges gegen den Irak anlässlich der Besetzung von Kuwait als Verteidigungsminister zu Diensten. Cheney, der in der amerikanischen Regierung als zurückhaltend, aber einflussreich gilt, hat sich zu den Vorwürfen nicht öffentlich geäußert.[16]

Mega-Strom-Wäsche

Eine besondere Bedeutung kommt der (Energie-)Firma Enron zu, die sich nicht nur als Arbeitgeber einiger Politiker Verdienste erworben hat, sondern auch tatkräftige Unterstützung bei der Finanzierung von Wahlkämpfen leistete. Es sei dahingestellt, ob und in welchem Umfang diese Großzügigkeit schließlich zum wirtschaftlichen Untergang der Firma geführt hat. Wichtiger ist in diesem Zusammenhang der nicht immer gewinnträchtige Einsatz bestimmter Finanzinstrumente, wie etwa »Aktien-Optionen«. Deren Einschätzung erscheint ambivalent. Einerseits sollen sie eine der bekanntesten Formen der Selbstbereicherung darstellen und zur Aufblähung der Bilanzen beitragen; man lokalisiert sie an der Wurzel des Missmanagements und der Manipulationen in den Unternehmen. Anderseits werden sie nicht notwendigerweise als Betrug angesehen. Das ändert nichts daran, dass sich zahlreiche Topmanager von Enron, WorldCom und vielen anderen Firmen, die über lange Zeit zu den Perlen des freien Unternehmertums gerechnet wurden, durch Aktien-Options-Programme für ihre aufopferungsvolle Arbeit entschädigen mussten, weil die »normalen« Bezüge in Höhe von mehreren Millionen USD pro Jahr offensichtlich nicht ausreichten, um ein halbwegs komfortables Leben zu führen. Es mag deshalb zunächst tröstlich erscheinen, dass es einer Clique besonders bedürftiger Angestellter in den Vereinigten Staaten von Amerika gelungen ist, ein Mehrfaches ihrer Gehälter durch Geschäfte an den Finanzmärkten zu erwirtschaften. Dabei versteht sich (fast von selbst), dass die eigenen Unternehmen die jeweiligen Anstrengungen durch vorherige großzügige Kreditvergabe unterstützten. Eine besondere Form der Fürsorge liegt natürlich dann vor, wenn entsprechende Leistungen zwar als Kredit bezeichnet, aber nicht zurückgezahlt werden. Der krönende Abschluss ist dann der mangelnde Ausweis der Ausgaben in der Bilanz.

Selbstverständlich sind die Aktienoptionen umso lukrativer, je mehr der Umsatz eines Unternehmens aufgeblasen wird. Diese Möglichkeiten der Selbstbedienung versöhnen mit so manchen Härten des freien Marktes. Sie stehen auch während des Niedergangs eines Unternehmens regelmäßig offen, und ihre Nutzung verstößt bislang zumeist nicht gegen ein Strafgesetz. Derartige Selbstversorgungs- und Bilanzpflegetechniken dürfen nicht ohne weiteres mit Betrug oder gar Bestechung gleichgesetzt werden. Der Konkurs von Enron im Dezember 2001 wurde vor allem deshalb zum Gegenstand einer Vielzahl von Untersuchungen durch Ausschüsse des amerikanischen Kongresses, weil zwischen der Familie des amerikanischen Präsidenten Bush und Enron enge Beziehungen bestanden und zwei Drittel der US-Senatoren Spenden von dieser Firma angenommen hatten. Am Anfang der Unternehmensgeschichte von Enron (achtziger Jahre in Houston, Texas) stand die Umwandlung und der Verkauf von Energie (Gas, Strom). Gegründet wurde die Firma von Kenneth Lay, einem ehemaligen Mitarbeiter des US-amerikanischen Energieministeriums. Wenig später galt sie als das größte Energiehandelsunternehmen der Welt. Sie kaufte oder gründete bis zuletzt in ca. 50 Ländern der Welt Gas- und Stromunternehmen. Die Energie ihrer Manager ging allerdings weit darüber hinaus. Sie konzentrierten sich bald auf den Handel mit Energie-Derivaten. Dies führte zur Aufblähung des spekulativen Zwischenhandels. Ein enormer Preisanstieg war die Folge. Die Hauptaktivität des Unternehmens bestand schließlich darin, Strom- und Gasmengen sofort bzw. auf Termin zu kaufen und zu verkaufen. Darüber hinaus handelte man mit Absicherungen gegen Preisschwankungen oder gegen die Unbilden des Klimas (»Wetterderivate«).

In der kalifornischen »Stromkrise« wurden die Zusammenhänge besonders eindrucksvoll deutlich. Fünf Tochterunternehmen von Enron hatten im vierten Quartal 2000 sehr große Strommengen untereinander verkauft und gekauft. Zwischen den Managern bestand Personenidentität. Die Geschäfte waren fingiert. Die Preise stiegen und stiegen. Die Kommunen sahen sich gezwungen, den Strom auch zu überhöhten Preisen zu kaufen. Eine künstlich hervorgerufene Stromknappheit förderte die mit Hilfe des Derivatehandels organisierte Preistreiberei zusätzlich. Enron mietete Stromleitungen, benutzte sie aber nicht. Darin könnte man eine »Mega-Strom-Wäsche« sehen.

Gleichwohl hatte es den Anschein, als ob während der kalifornischen Stromkrise mehr Strom aus Kalifornien exportiert wurde als vorher. Physikalisch fand jedoch gar kein Export statt. Er wurde mit Hilfe von Enrons Handelskontrakten lediglich vorgetäuscht. In Kalifornien waren also die Lichter ausgegangen, obschon der Strom tatsächlich niemals knapp war. Enron hatte durch den Handel mit Strom- und Gasderivaten die durch Deregulierung entstandenen Gesetzesfreiräume ausgenutzt. Dieser Zwischenhandel hatte nichts mehr mit dem realen Energiemarkt zu tun.

Bei den Derivaten, auf die noch ausführlicher einzugehen sein wird, handelt es sich um Termingeschäfte. Man schließt darin schlicht und ergreifend Wetten auf eine zukünftige Entwicklung ab. Spekuliert wird z.B. darüber, wie sich der Wert einer Währung zu einem bestimmten Zeitpunkt darstellen wird: Welchen Wert wird eine Aktie, ein Rohstoff oder irgendeine beliebige Ware haben? Die Zeiträume sind beliebig zu wählen (Tage, Monate, Jahre). Die Wetten werden abgeschlossen, indem man zu einem gegenwärtig festgesetzten Preis einen Vertrag über den Kauf einer gewissen Menge einer Währung, einer Aktie, eines Rohstoffes oder einer Ware für einen in der Zukunft liegenden Zeitpunkt vereinbart. Muss man dann über dem Marktpreis einkaufen, wird man viel Geld verlieren. Man gewinnt die Wette, wenn zum vereinbarten Zeitpunkt der Kaufpreis weit unter dem Marktpreis liegt.

In den neunziger Jahren hatte Enron in den USA zudem eine höchst erfolgreiche Spendenpraxis entwickelt. Eine der erfreulichen Folgen war, dass Stromproduktion und -handel staatlich nicht mehr dokumentiert und veröffentlicht wurden. Wendy Gramm, Ehefrau des ehemaligen republikanischen Präsidentschaftskandidaten Phil Gramm aus Texas, war Vorsitzende der Derivate-Aufsichtskommission des amerikanischen Kongresses und übte ihren Einfluss aus, um auf die Forderungen der von Enron angeführten Energielobby einzugehen und den gesamten Strom-Derivatehandel von jeglicher staatlicher Kontrolle freizustellen. In der Amtszeit von Präsident Clinton musste Mrs. Gramm ihren Vorsitz aufgeben. Sie wechselte in den Verwaltungsrat von Enron. Aufgrund seiner Marktmacht und seiner umfangreichen Derivatkontrakte setzte Enron gleichzeitig die Standards für die Statistiken durch. Es kam zum Abschluss von Verträgen über Stromlieferungen bis zu 29 Jahren! Wie aber lassen sich über einen solchen Zeitraum Aussagen über Preisentwicklungen treffen? Vor diesem Hintergrund ist nicht allzu verwunderlich, dass Enron die »Preisstatistik« im Griff hatte und völlig willkürlich »Phantasiewerte« festsetzen konnte.

Am 2. Dezember 2001 stellte Enron Antrag auf Eröffnung des Insolvenzverfahrens. Damit nahm die bis dahin größte Unternehmenspleite in der Geschichte der USA ihren Lauf. Kurze Zeit nach der Erklärung des Bankrotts verloren mehr als 7000 der ehemals 20 000 Mitarbeiter ihren Job und Tausende von Angestellten einen Großteil ihrer Rente. Die Geschichte vom kometenhaften Aufstieg und dem tiefen Fall des einstigen »Global Player« ist ein Lehrstück der Wirtschaftskriminalität. Die darin auch sichtbare Finanzkriminalität in ihrer Verknüpfung mit politischen und ökonomischen Strukturen verdiente eine eigene monographische Darstellung.[17] Anderthalb Jahre nach dem Bankrott von Enron waren die Ermittler immer noch dabei, die Machenschaften einiger Manager aufzudecken. Im März 2003 wurden Kevin Howard und Michael Krautz verhaftet. Ihnen werden Manipulationen in Höhe von 110 Millionen USD vorgeworfen. Die Manager waren in der Sparte »Breitband« beschäftigt und hatten dort ein Joint Venture mit dem Filmverleih Blockbuster ausgehandelt. Die Firma wurde elf Monate nach der Gründung geschlossen. Das hinderte Enron nicht an der Behauptung, einen Gewinn von 110 Millionen USD erzielt zu haben.[18]

Wirtschaftsprüfer und Steuerberater von Enron war die Firma Arthur Andersen. Dort wurden Scheingeschäfte zwischen Enron und den Tochterfirmen als »reale« Umsätze gebucht, obwohl vielleicht nur ein Fünfzigstel des in den Derivaten gehandelten Stroms tatsächlich am Ende geliefert wurde. Eine globale Aufblähung der Bilanzen war die Folge. Enron war auf einmal ein »Global Player«, der Tausende von »Partnerschaften« (Special Purpose Entities) gründete. Die Manager von Enron gerierten sich als Mehrheitsgesellschafter, schlossen Derivatgeschäfte mit ihrer eigenen Firma ab, versteckten die Gewinne und übernahmen vor allem die Verluste, die folglich in den Bilanzen von Enron selbst gar nicht auftauchten. Nach den damals geltenden amerikanischen Bilanzierungsregeln genügte eine Fremdbeteiligung von drei Prozent, damit ein Tochterunternehmen nicht in die konsolidierte Konzernbilanz aufgenommen werden musste. Teil des Steuerberatungsservice von Andersen war die Gründung der Partnerschaften in Offshore-Zentren, wo es überhaupt keine Finanzaufsicht im klassischen Sinne gibt, die Verschleierung von Eigentumsverhältnissen Prinzip ist und wo in den Handelsregistern keine Bilanzen hinterlegt werden müssen. Zu den beliebtesten Zielen gehörten die Cayman Islands in der Karibik. Es bedarf keiner Ausführungen, dass das Honorar für Andersen sich mit dem derivativ aufgeblähten Geschäftsumfang steigerte.

Bruderschaft des Geldes

Banken, Anwaltskanzleien und Rating-Agenturen gehören zu den »Torhütern« des Finanzmarktes. Die Banken kassierten Hunderte Millionen USD für Aktienemissionen und Derivatgeschäfte. Analysten gaben Empfehlungen zum Kauf von Enron-Aktien ab, obschon sie von dem kommenden Konkurs wussten. Anwälte erhielten hohe Gebühren für die Einrichtung und Verwaltung von Briefkastenfirmen. Die Rating-Agenturen (z.B. Moody's, Standard & Poor's und Fitch) kassierten von Enron ebenfalls viel Geld und gaben dem Unternehmen noch wenige Wochen vor dem Konkurs ein gutes Zeugnis.

Auch die Firma WorldCom stand, obwohl nicht weit von der Pleite entfernt, in den Augen dieser Agenturen gut da. Es kann dahinstehen, ob die amerikanische Agentur Standard & Poor's politische Motive verfolgte, als sie Anleihen des Stahlkonzerns Thyssen-Krupp auf Schrott-Niveau herunterstufte. Jedenfalls erscheint die Sorge berechtigt, dass einige wenige »Bonitäts-Richter« zu viel Einfluss auf das

Wohl und Wehe von Konzernen und Staaten haben. Das sollte aber nicht zu der Forderung führen, die staatliche Kontrolle zu verschärfen. Man würde sich dabei womöglich darüber hinwegtäuschen, dass die Macht der Rating-Agenturen deshalb gewachsen ist, weil Investoren den Analysten der Banken mittlerweile misstrauen. Aus der Sicht mancher Beobachter stehen diese für eine überholte »Shareholder-Value-Kultur«, in der es galt, den Anlegern den Kauf von Aktien schmackhaft zu machen. Die Serie von Pleiten, Bilanzskandalen und Einbrüchen am Aktienmarkt hat andere Fragen in den Mittelpunkt des Interesses gerückt: Wie kreditwürdig ist ein Unternehmen? Wie solide ist seine finanzielle Basis? Für Unternehmen ist es natürlich nicht leicht, über die Börse Geld einzusammeln, wenn die Aktienkurse fallen. Sie sehen sich gezwungen, Anleihen auszugeben und Kredite aufzunehmen, um sich zu finanzieren.

Ein schlechteres Rating führt dazu, dass ein Schuldner seinen Gläubigern höhere Zinsen zahlen muss, um das größere Risiko auszugleichen, das die Agentur mit ihrer Note angezeigt hat. Auch Banken und Versicherungen sind auf ein gutes Rating angewiesen. Sie verwalten Kundenvermögen in Milliardenhöhe. Deshalb müssen sie jeden Zweifel an ihrer Finanzkraft vermeiden. Äußern die Agenturen Bedenken, verschlechtert sich die Position der Geldinstitute im internationalen Wettbewerb.[19]

Enron erhielt, obwohl konkursreif, bis zuletzt Kredite. Insider konnten Vermögenswerte beiseite schaffen. Die »Bruderschaft des Geldes« – Banken, Anwaltskanzleien, Rating-Agenturen – kam hingegen weitestgehend ungeschoren davon. Die Firma Andersen blieb als Sündenbock auf der Strecke. Andersen löste sich auf, die Reste wurden von den ehemaligen Konkurrenten (KPMG und Price Waterhouse Coopers) aufgekauft. Verantwortliche von Andersen hatten sogar Dokumente vernichtet. Sie wurden wegen Behinderung der Justiz bestraft. Eine Verurteilung wegen Bilanzbetruges oder gar Geldwäsche erfolgte jedoch nicht.

Analyse und Lüge

Die amerikanische Justiz greift nicht nur von sich aus zu. Die Geduld der Aktionäre in den USA ist erschöpft. Im Jahre 2002 stieg die Zahl der Klagen gegen amerikanische Unternehmen dramatisch um über 30 Prozent an. Immerhin haben die beklagten Unternehmen die (bisherige) Rekordsumme von 1,9 Billionen USD an Marktwert verloren. In einem Jahr, das durch Bilanzskandale und aufgeblähte Gewinne erschüttert wurde, müssen sich 224 Unternehmen wegen Betruges verantworten. Den eingereichten Klagen liegen überwiegend Bilanzierungsfragen zugrunde. Drei Prozent der an den US-Börsen notierten Unternehmen wurden im Jahre 2002 wegen Wertpapierbetrugs angeklagt, z.B. AOL Time Warner, Vivendi Universal, Adelphia Communications, Bristol-Myers Squibb, Tyco International, Citigroup, Martha Stewart Living Omnimedia. Das ist ein Anstieg von 2,3 Prozent gegenüber 2001. Der Wertverlust von 1,9 Billionen USD liegt 24 Prozent über dem des Vorjahres. Es sind nicht vor allem die High-Tech-Unternehmen, die verklagt werden, sondern traditionelle, alteingesessene Konzerne. Knapp drei Fünftel der Firmen sollen gegen die Bilanzregeln verstoßen haben. In den Zahlen nicht enthalten sind über 300 Sammelklagen, bei denen den Konsortialführern vorgeworfen wird, dass sie Aktien bei Neuemissionen bevorzugt zugeteilt haben.

Sie können nicht über Wasser gehen? Ihr Jahreseinkommen beträgt auch keine 100 Millionen USD? In Ihrem Leben muss einiges schief gelaufen sein. Das Schlimmste aber ist: Sie sind anders als Frank Quattrone. Bill Burnham von der japanischen Risikokapitalgesellschaft Softbank Capital Partners hat beobachtet, dass Frank einer war, der es unserem Herrn Jesus gleichgetan hat. Frank konnte über Wasser gehen.[20]

Sic transit gloria mundi: Frank war Technologie-Investmentbanker von Credit Suisse First Boston (CFSB). Der Technologieboom scheint mittlerweile etwas vorbei zu sein. Frank war die Ikone dieses Booms. Im April 2003 wurde ein Strafverfahren gegen ihn eingeleitet. Frank, zu dieser Zeit 47 Jahre alt, war es bis dahin einigermaßen gut gegangen.

Er leitete die Technologieabteilung der CFSB in Silicon Valley (Kalifornien) und verdiente fast 100 Millionen USD im Jahr. Das war gut. Nicht so gut war, dass in dieser Filiale die bestehenden Regelungen über eine strikte Trennung zwischen Analyse- und Investmentgeschäft wohl schon lange missachtet worden waren. Frank hatte eine »Bank in der Bank« aufgemacht. Bei Neuemissionen von »Dot.com-Firmen« waren die Freunde von Frank als Erste dran. Sie konnten Millionengewinne einstreichen, weil die »heißen Aktien« meistens schon unmittelbar nach ihrer Erstnotierung in die Höhe schossen.[21] Frank wurde im April 2003 für kurze Zeit in Haft genommen, weil er angeblich die Justiz behindert hatte. Er soll Mitarbeitern gut zwei Jahre zuvor geraten haben, belastende E-Mails zu vernichten. Zu dieser Zeit prüften amerikanische Ermittler, ob CSFB bei der Vorbereitung von Börsengängen begehrte Aktienzuteilungen für eigene bevorzugte Kunden reservierte.

Es ist das erste Mal, dass das Verhalten von Investmentbankern ein gerichtliches Nachspiel hat. Bislang waren mehrere Fälle durch außergerichtliche Vergleiche zwischen der Staatsanwaltschaft und den betroffenen Banken selbst geregelt worden. Auch CSFB zahlte eine Strafe in Millionenhöhe wegen Vorteilsvergabe bei Börsengängen, ohne aber ein Fehlverhalten zuzugeben. Frank wird womöglich Unrecht angetan. Ihm sei es gar nicht mehr ums Geld gegangen, soll er gesagt haben. Er habe nur beweisen wollen, dass seine Art, an die Dinge ranzugehen, die beste sei.[22] In Bankerkreisen scheint sich der Eindruck zu verbreiten, Frank solle als Sündenbock vorgeführt werden. Man fragt sich auch, warum diejenigen, die von dem Kursfeuerwerk und von Franks Arbeit am meisten profitierten, jetzt zu den lautstärksten Kritikern gehören. Als Aktien ihren Wert in einem Tag vervielfachten, sei das als normal empfunden worden. Nachdem nun Kursverluste in ähnlicher Größenordnung folgten, hätten dieselben Leute Betrug geschrien. An der Wall Street rechnet man nicht damit, dass Franks Fall der einzige ist.

Die amerikanische Börsenaufsicht SEC hat bereits im Frühjahr 2003 erwogen, gegen Holly Becker und ihren Ehemann Michael Zimmermann Klage wegen Insiderhandels zu erheben. Holly ist eine der bekanntesten Internet-Analystinnen in den USA und wirkte in der Investmentbank Lehmann Brothers. Der Ehemann war seinerzeit Aktienhändler bei dem Hedge Fund SAC Capital Advisors. Gegenstand der Untersuchungen der SEC sind Aktiengeschäfte, die Zimmermann von 1999 bis 2001 vor der Veröffentlichung verschiedener Aktienanalysen gemacht hatte. Die Analysen stammten entweder von seiner Ehefrau, oder sie war über deren Inhalte informiert.

Berichte einflussreicher Analysten können Aktienkurse stark bewegen. Die SEC ist zu dem Schluss gekommen, dass Holly ihren Michael im Zusammenhang mit Transaktionen mit den Internet-Unternehmen Ebay und Drugstore.com sowie mit dem Kosmetikkonzern Avon Products über bevorstehende Änderungen bei der Bewertung dieser Aktien informiert hatte. Damals arbeitete Holly aber noch bei der Investmentbank Salomon Smith Barney, einer Tochtergesellschaft des Finanzdienstleisters Citigroup. Michael war in der fraglichen Zeit Aktienhändler bei dem Hedge Fund Omega Advisors.

Handelt es sich um vereinzelte Fälle irrationaler Geldgier, um die Allmachtsphantasien von Emporkömmlingen? Oder sind es repräsentative Beispiele für ein verkommenes System? Im Frühjahr 2003 waren immerhin zehn amerikanische Investmentbanken von Veröffentlichungen über Details im Zusammenhang mit geschönten Aktienanalysen betroffen. Das geschah vor dem Hintergrund eines Vergleichs in Höhe von 1,4 Milliarden USD, über den sich mehrere Aufsichtsbehörden unter Führung des New Yorker Staatsanwalts Eliot Spitzer mit den größten Investmentbanken schon im Dezember 2002 verständigt hatten.

Im Mai 2003 einigte sich der US-Konzern MCI (früher World Com) mit der Börsenaufsicht auf die Zahlung der (bisherigen) Rekordsumme von 500 Millionen USD. Hintergrund ist ein Bilanzbetrug in Höhe von mehr als 11 Milliarden USD. Zuvor war die Citibank Rekordhalter, die wegen unseriöser Analystenempfehlungen etwa 400 Millionen USD zahlte. Zudem hatten die Banken einer Reform der Aktienanalyse zugestimmt. Es gab zahlreiche Analysten, die angesichts offensichtlicher Interessenkonflikte in die Kritik gerieten. Statt Anleger kritisch zu informieren, haben sie geschönte Analysen für lukrative Aufträge für Fusionsberatung und Börsengänge eingesetzt.

Bei zwei Banken, die ursprünglich zu den vergleichsbereiten gehört hatten, ergaben sich Schwierigkeiten. Die (kleinere) Investmentbank Thomas Weisel Partners hatte die Verhandlungen abgebrochen, weil Vorstandschef Weisel den Betrugsvorwurf nicht akzeptierte. Das Abkommen mit der Deutschen Bank verzögerte sich, weil ihre Computerspezialisten neue E-Mails entdeckt hatten, die von der Aufsichtsbehörde angefordert worden waren. Die Deutsche Bank hat das als »Versehen« bezeichnet.[23]

Aus der Sicht von Richard Grasso, dem Chef der New Yorker Börse Nyse, handelte es sich bei den Praktiken in den Analyseabteilungen amerikanischer Investmentbanken während der Aktienhausse um eine der »dunkelsten Perioden an der Wall Street«.[24] Grasso war bei dem Vergleich zwischen Aufsichtsbehörden und Investmentbanken ein wichtiger Vermittler. Kürzlich wurde bekannt, dass Grasso im Jahre 2002 immerhin 10 Millionen USD verdient hat. Damit kassierte er mehr als die Vorstandschefs der Investmentbanken an der Wall Street, die trotz der schwachen Börse auch weiter ihre Millionengehälter einstrichen. Die Meinungen darüber, ob das Gehalt von Grasso angesichts eines Nettogewinns der Nyse von 28,1 Millionen USD überzogen war, gehen auseinander.[25]

Drei Banken, Citigroup, Credit Suisse First Boston und Merill Lynch, wurde Betrug vorgeworfen. Andere wurden der Verletzung von Richtlinien des Wertpapierhändlerverbandes NASD oder der Nyse bezichtigt. Zwei ehemalige Analysten, Jack Grubman von der Citigroup Tochtergesellschaft Salomon Smith Barney und Henry Blodget von Merill Lynch, müssen 15 Millionen bzw. 4 Millionen USD Geldstrafe zahlen und sind aus der Branche verbannt. Die Börsenaufsicht SEC wirft der Investmentbank Morgan Stanley vor, die Vergütung ihrer Analysten teilweise vom Investmentbanking abhängig gemacht zu haben. Dennis Shea, Chef der Analyseabteilung von Morgan Stanley, lobte im Jahr 2000 die Internet-Analystin Mary Meeker, weil sie stark im Investmentbanking engagiert sei. Mary hatte in einer Selbsteinschätzung 1999 geschrieben, dass unter dem Strich ihr höchster und bester Nutzen für Morgan Stanley Dean Witter sei, die besten Mandate für (Internet-)Börsengänge (IPO) zu gewinnen. Auf dem Höhepunkt der Börsenhausse gehörte Mary zusammen mit Henry Blodget zu den einflussreichsten Internet-Analysten an der Wall Street. Sie arbeitet weiter bei Morgan Stanley. Auch bei Goldman Sachs oder UBS Warburg wurde überaus deutlich, wie groß die Abhängigkeit der Entlohnung der Analysten vom Investmentbanking war (und sicher immer noch ist). Seine drei wichtigsten Ziele formulierte ein Analyst von Goldman folgendermaßen:

»1. Mehr Investmentbanking-Umsatz bekommen.

2. Mehr Investmentbanking-Umsatz bekommen.

3. Mehr Investmentbanking-Umsatz bekommen.«

Eine Analystin bei UBS Warburg hatte die Kaufempfehlung für das Pharmaunternehmen Triangle Pharmaceuticals aufrecht gehalten, obwohl die Gefahr bestand, dass die Gesundheitsbehörde FDA einem wichtigen Medikament die Marktzulassung verweigern könnte. Als dieser Fall eintrat und die Aktie von Triangle um 23 Prozent einbrach, schien die Analystin nicht sehr überrascht. Ihre Verteidigungslinie gegenüber einem Manager des Aktienhandels bei UBS war beeindruckend klar: »Triangle ist ein sehr wichtiger Kunde. Wir konnten nicht mit einer großen Analyse rauskommen, die dessen führendes Produkt verhaut, obwohl wir ein Gefühl hatten, dass die FDA störrisch werden könnte.«[26]

Bei Lehman Brothers sollen sechs der rund 100 Analysten Arbeitsverträge gehabt haben, die ihre Boni direkt von den Investmentbanking-Einkünften abhängig machten. Das führt natürlich zu Druck auf die Analysten, positive Bewertungen zu publizieren. Ein Analyst soll sich bei seinem Vorgesetzten beschwert haben. Er habe in einem Jahr die Bewertung des Unternehmens RSL Communications dreimal senken wollen. Aus Rücksicht auf das Investmentbanking sei er aber davon abgehalten worden.

Ein anderer Analyst, der für das Unternehmen Razorfish zuständig war, soll seine Berufsethik in einer E-Mail an einen institutionellen Anleger so zusammengefasst haben:»Bewertungen und Kursziele sind sowieso ziemlich bedeutungslos … ja, der ›kleine Mann‹, der sich nicht mit den Nuancen auskennt, könnte möglicherweise getäuscht werden, das ist die Natur meines Geschäfts.«[27]

Investmentbanking und Analyse sollen in Zukunft angeblich (wieder) strikt getrennt sein.

Übernahme und Absahne

Etwas bescheidener muten die Verhältnisse in Deutschland an. Hier geht es – noch dazu in einem ganz anderen Zusammenhang –»nur« um (umgerechnet) 110 Millionen DM. Dieser Betrag soll nach dem Verkauf der Firma Mannesmann an die Firma Vodafone im Jahre 2000 unter 16 Managern sowie Pensionären der Firma Mannesmann (und deren Angehörigen) verteilt worden sein. Dabei sollen u.a. die Chefs der IG Metall und der Deutschen Bank, Klaus Zwickel und Josef Ackermann, mitgewirkt haben. Aus der Sicht der Staatsanwaltschaft beim Landgericht Düsseldorf handelt es sich bei der Verteilung und Annahme dieser Summe um Untreue (§ 266 StGB) bzw. um Beihilfe zu diesem Delikt. Auf den ersten Blick könnte man den Verkauf der Firma Mannesmann vielleicht auch in Beziehung zu dem beispiellosen »Börsenhype« am Ende der neunziger Jahre setzen, als Manager die Aktienkurse in die Höhe trieben und dafür wie Popstars gefeiert wurden. Auch die Angeschuldigten in diesem Fall sind der festen Überzeugung, dass sie nichts Unrechtes getan haben. Im Gegenteil: Die Manager wollen dazu beigetragen haben, den Börsenwert des Konzerns um rund 120 Milliarden Euro zu vermehren. Es kommt hinzu, dass Mannesmann keine hochgeputschte Klitsche vom »Neuen Markt« war. Es handelte sich um ein überaus erfolgreiches Traditionsunternehmen der »Deutschland AG«. Für den ehemaligen Vorstandsvorsitzenden der Firma Mannesmann, Klaus Esser, ist die Anklageerhebung schlicht »willkürlich«. Nach knapp zweijährigen Ermittlungen behaupten die Staatsanwälte immerhin, dass ein Großteil dieses dreistelligen Millionenbetrages ohne Rechtsgrundlage ausbezahlt worden und dass die Höhe unangemessen gewesen sei. Ein Strafprozess würde einem »Scherbengericht über die Führungsqualität in der deutschen Wirtschaft« gleichkommen.

Klaus Esser hatte Großes mit seinem gediegenen Konzern vor. Er wollte in die erste Liga der Telekommunikationsgiganten aufsteigen. Im Oktober 1999 kaufte er deshalb für den stolzen Preis von rund 60 Milliarden DM einem chinesischen Konzern die englische Handy-Firma Orange ab. Dieses Geschäft war vielleicht Essers größter Fehler. Er hatte nämlich seinen bisherigen Partner Vodafone bzw. dessen Chef Chris Gent nicht beteiligt. Gent sah in dem Kauf einen Angriff auf »seinen« Markt. Die Reaktion war eindeutig: Die Aktionäre von Mannesmann wurden mit einem feindlichen Übernahmeangebot konfrontiert. Essers Gegenstrategie bestand darin, den Aktienkurs seiner Firma in nur wenigen Wochen um mehr als 120 Prozent zu steigern. Zunächst schien dadurch eine Übernahme durch Vodafone unwahrscheinlicher zu werden. Das Kriegsglück in diesem Monopolyspiel für Erwachsene wendete sich am 30. Januar 2000. An diesem Tag hatte Gent zusammen mit dem Chef des französischen Mischkonzerns Vivendi, Jean-Marie Messier, eine weit reichende Zusammenarbeit zwischen beiden Konzernen verhindert. Zur Abwehr einer feindlichen Übernahme durch Vodafone hatte Esser über eine Fusion verhandelt. Nach dem Scheitern reagierten die Kapitalmärkte schnell und eindeutig: Gent war auf der Siegerstraße.

Für Esser und eine exquisite Auswahl seiner Kollegen handelte es sich nicht unter allen Aspekten um eine schmerzliche Niederlage. Als sich der erste Pulverdampf gelegt hatte, ging der Aufsichtsrat von Mannesmann ans Werk und sorgte dafür, dass Herr Esser und die Seinen nicht verkamen. Innerhalb weniger Tage bewerkstelligte er es, dass mehr als 110 Millionen DM an Manager, Aufsichtsräte und Pensionäre verteilt wurden. Allein für Esser waren 31 Millionen DM vorgesehen. Weitere 31 Millionen DM wurden für treue Mitstreiter eingeplant. Der IG-Metall-Chef, Klaus Zwickel, Mitglied des Ausschusses für Vorstandsangelegenheiten, erklärte, dass es sich bei diesen »Anerkennungsprämien« zwar um sehr viel Geld handele. Im Ergebnis habe er damit aber kein Problem. Das Thema der Angemessenheit spielt für die Staatsanwälte eine zentrale Rolle. Am 18. Februar 2000 schien auch Herr Zwickel als berufsmäßiger Repräsentant eines Teils der deutschen Arbeiterklasse zur Besinnung gekommen zu sein, als er in einem durchaus reizvollen Kontrast zu seinem vorherigen Verhalten öffentlich erklärte, dass die Abfindung für Herrn Esser unanständig hoch und für die »kleinen Arbeitnehmer« nicht mehr nachvollziehbar sei. Solche »Auswüchse des globalen Kapitalismus«, so die Früchte der persönlichen Katharsis dieses führenden Vertreters der werktätigen Bevölkerung, seien der Öffentlichkeit nicht zu vermitteln. Zwickel setzte noch einen drauf. Womöglich einen zuviel. Seine Behauptung, er habe von den schmerzstillenden Abfindungen an Esser und Konsorten erst aus der Zeitung erfahren und die zusätzliche Prämie von 31 Millionen DM sei von Vodafone auf den Weg gebracht worden, könnte auf die Staatsanwälte bei der Entscheidung über die Einleitung eines Ermittlungsverfahrens durchaus stimulierende Wirkung gehabt haben. Nach der Darstellung von Zwickel sei darüber weder im Aufsichtsrat von Mannesmann noch im Aufsichtsratsausschuss für Vorstandsangelegenheiten je gesprochen worden.[28] Und überhaupt: Bei einem Presseauftritt im Frankfurter Gewerkschaftshaus hatte der Führer der in der IG Metall versammelten Arbeitnehmer die Verhältnisse doch schon frühzeitig erläutert. Zwickel wetterte gegen die Staatsanwälte aus Düsseldorf, weil vertrauliche Dokumente an die Süddeutsche Zeitung gelangt waren. Er drang schnell zum Kern der ganzen Angelegenheit vor: Es gehe nicht mehr um die Sache, sondern »um die Befriedigung des Jagdfiebers einiger selbst ernannter Moralisten«.[29] Das mag so sein, ändert jedoch nichts daran, dass Zwickel mehrere Versionen zu seinem Verhalten angeboten hat. Inwieweit sich die Anschuldigung wird halten lassen, die vier Mitglieder des Ausschusses für Vorstandsangelegenheiten des Mannesmann-Aufsichtsrates hätten Mannesmann-Gelder veruntreut, ist freilich nur die eine Frage. Die andere ist, ob Zwickel die übrigen, nicht justiziablen, Vorwürfe wird abwehren können. Dabei geht es vor allem um den bemerkenswerten Eiertanz, den der Gewerkschaftsboss hinsichtlich der riesigen Abfindungen vor seinen (gegenwärtig noch) 2,7 Millionen Mitgliedern aufführte.[30]

Im Sommer 2002 war durchgesickert, dass die zuständigen Staatsanwälte zur Anklageerhebung entschlossen waren. Mitte Februar 2003 war schließlich klar, dass die Ermittler tatsächlich Anklage erheben würden. Die Nachricht löste eine Welle der Solidarität aus. Fürsprecher aus besten Häusern gaben sich auch bei politischen Entscheidungsträgern die Klinke in die Hand. Schließlich schwebte das in den Händen der blinden Dame Justitia befindliche Schwert nicht über den Häuptern gewöhnlicher Krimineller. Letztlich ging es darum, Gefahr vom Wirtschaftsstandort und Finanzplatz Deutschland abzuwenden. Deutschen Zeitungen war sogar zu entnehmen, dass der Kanzler der Bundesrepublik Deutschland, Dr. h. c. Gerhard Schröder, die Herren Zwickel und Ackermann stütze. Mit ihnen habe die Bundesregierung gut zusammengearbeitet.[31]

Es versteht sich fast von selbst, dass Rolf Breuer, Präsident des Bundesverbandes deutscher Banken und Aufsichtsratsvorsitzender der Deutschen Bank, seinem Amtsnachfolger Ackermann die Stange hält. Wie seine Kollegen steht er auch nach der Anklageerhebung im Mannesmann-Verfahren voll hinter Ackermann. Präsident Breuer hält es für beklagenswert, wenn die Öffentlichkeit über solche Vorgänge undifferenziert urteilt. Gerade in diesem Fall hätten sich Debatten entwickelt, die nun wirklich nicht zum Ansehen des Finanzplatzes Deutschland und der Bank beitrügen. Übrigens: Derselbe Herr Breuer soll in seinem letzten Dienstjahr 8 Millionen Euro kassiert haben, als längst klar war, dass die Deutsche Bank Tausende Stellen würde streichen müssen. Auch insoweit befindet er sich in guter Gesellschaft: Trotz fallender Kurse und Massenentlassungen stiegen die Chefgehälter bei der Hälfte aller Dax-Unternehmen im Jahre 2002 noch einmal an.

Die Politik will sich jetzt angeblich um die »Transparenz für fette Katzen« kümmern. Die von der Bundesregierung eingesetzte Kommission »Corporate Governance« unter Leitung des Thyssen-Krupp-Aufsichtsratschefs Gerhard Cromme ist von der Bundesministerin der Justiz, Brigitte Zypries, aufgefordert worden, Deutschlands Aktiengesellschaften die vollständige Transparenz bei den Vorstandsbezügen verbindlich vorzuschreiben. Zudem müsse geregelt sein, dass Aktienoptionen und andere variable Vergütungen im angemessenen Verhältnis zu den Gewinnen des Unternehmens stehen. Regle die Wirtschaft das nicht selbst, müsse der Gesetzgeber ran. Das Thema scheint komplex zu sein. Der Vertreter der Gewerkschaften in der Kommission, DGB-Vorstand Heinz Putzhammer, soll von der Offenheit nichts halten. Für die Arbeitnehmer habe das keine Bedeutung.[32]

Zurück zum Fall Esser: Auch namhafte Vertreter der Zivilgesellschaft wie Thomas Knipp, Chefredakteur des Handelsblatts, zeigen sich solidarisch. In einem Schreiben vom 5. März 2003 an die Stuttgarter Anwaltskanzlei Binz & Partner verteidigte Knipp die einseitige Berichterstattung seines Blattes und erklärte, das Verfahren gegen Esser und seine mutmaßlichen Mittäter und Beihelfer sei juristisch unbegründet und könnte eine Schädigung des Wirtschaftsstandortes nach sich ziehen. Bei dieser Einschätzung bleibe man auch dann, wenn das Gericht die Beteiligten verurteilen würde! Knipp wittert hinter dem Mannesmann-Verfahren politische Motive und Neid. Kritikern, die ihm vorwarfen, er schwinge sich zu einer Art höchsten Instanz im Rechtsstaat auf, hielt Knipp entgegen, dass es ihm lediglich um eine ordnungspolitische Grundsatzdiskussion gehe. Das Handelsblatt lehne es ab, dass die Justiz sich in Gehaltsfragen der Wirtschaft einmische.[33]

Diese Position verdient als Ausdruck der Meinungs- und Pressefreiheit Respekt. Die Vertreter der Staatsanwaltschaft Düsseldorf müssen aber immerhin – unter der Achtung des Grundsatzes der Unschuldsvermutung – sicher sein, dass sie »genügenden Anlass zur Erhebung der öffentlichen Klage« (§ 170 I StPO) haben.

Umso beeindruckender ist die öffentliche Erklärung des Angeschuldigten Esser, in der er seine Unschuld beteuerte und betonte, er habe sich in der Übernahmephase »äußerst korrekt« verhalten. Esser vermag nicht den geringsten Verdacht für irgendeine rechtswidrige Handlung zu erkennen. Es muss also Unterschiede in der Wahrnehmung geben. Für einen promovierten Juristen wie Esser ist es sehr ungewöhnlich, eine Anklage als »illegal« zu bezeichnen.[34] Die Neigung deutscher Staatsanwälte zur Verfolgung Unschuldiger ist ausweislich der Kriminalstatistik sehr begrenzt. Es würde sich um ein (für den Staatsanwalt) strafbares Verhalten handeln. Es gehört zu einem rechtsstaatlichen Verfahren, dass ein Gericht die Begründetheit der Anklagevorwürfe prüft und ein Hauptverfahren erst dann eröffnet, wenn ein »hinreichender Tatverdacht« (§ 203 StPO) bejaht werden kann. Selbstverständlich kann es sein, dass aufgrund der Beweislage oder aus (anderen) rechtlichen Gründen eine Verurteilung nicht erfolgt. Das macht die Anklageerhebung aber auch im Nachhinein nicht »illegal«. Die Herren Esser, Ackermann, Zwickel und andere Arbeiter- und Wirtschaftsführer sollen sich als Mitglieder des Aufsichtsrates der Mannesmann AG immerhin der Untreue schuldig gemacht haben. Schlicht (und juristisch unkorrekt) ausgedrückt heißt das: Sie sollen den Konzern und dessen Aktionäre betrogen haben.

In dieser wilden Zeit, in der die Börsen überschäumten, in der eine Fusion die andere jagte, es nur noch Wachstum gab und alle ökonomischen Sicherungen durchgebrannt schienen, versuchten alle Beteiligten den Eindruck zu erwecken, zweistellige Millionen-Zuwendungen an Spitzenmanager seien nach einer Fusion so normal wie der Wechsel des Briefkopfes.

Der Verdacht einer Neidkampagne schlecht bezahlter Justizbüttel mag zwar nahe liegen. Wenn alle vor dem Gesetz gleich sind, muss aber auch die Eröffnung eines Strafverfahrens gegen personifizierte Säulen der freien Marktwirtschaft möglich sein. Top-Manager mögen den meisten Fließbandarbeitern wie »Götter in Dunkelblau« erscheinen. Aber nicht erst seit den schweren Fällen von Bilanzfälschung in den USA und den Betrügereien der Firmen am Neuen Markt in Deutschland bestehen schwere Zweifel an der Berechtigung des hohen Ansehens von Managern. Mittlerweile stellt sich manchen erfahrenen Beobachtern des deutschen Wirtschaftslebens die Frage, ob sich diese

Berufsgruppe im Größenwahn befindet.[35] Kein Zweifel besteht hingegen daran, dass Manager eine besonders hohe Verantwortung tragen, weil es die Unternehmen sind, die für Wohlstand, Einkommen und die spätere Altersversorgung der Menschen sorgen – nicht die Politiker. Sind die Manager aber nicht in der Lage, die ethischen Implikationen ihrer Arbeit zu erkennen und zu beachten, muss ihnen das Recht zur Seite stehen, auch in Gestalt eines Strafverfahrens. Für manch einen Kommentator versteht es sich von selbst, dass Herr Ackermann nach Anklageerhebung seinen Chef-Posten bei der Deutschen Bank verlassen muss. Die Voraussage des journalistischen Beobachters, dass dies nicht zu erwarten sei, hat sich als zutreffend herausgestellt. Der gebürtige Schweizer habe in schlechter deutscher Tradition angekündigt, er werde auf jeden Fall im Amt bleiben. Dies wird als eine hochmütige Reaktion empfunden: »Wer mit dem Geld anderer umgeht, darf nicht einmal im Verdacht der Untreue stehen.«[36] Tatsächlich hat Herr Ackermann betont, alle wichtigen Politiker Deutschlands hätten ihm geraten, sich von einer Anklage nicht beeindrucken zu lassen. Er bedauerte auch, dass »einer der wichtigsten Manager der deutschen Wirtschaft« (er selbst) seit mittlerweile zwei Jahren durch gezielte Indiskretionen an die Presse systematisch vorverurteilt werde. Eine solche Vorgehensweise entspreche nicht seinen Vorstellungen eines gut funktionierenden Rechtsstaates. Für Herrn Ackermann waren die Zahlungen an den Mitangeklagten Esser keineswegs unmoralisch. Insgesamt habe es sich um 58 Millionen Euro gehandelt, davon seien 13 Millionen Euro an Esser geflossen. Der frühere Chef des Pharmaunternehmens Novartis habe eine Abfindung in ähnlicher Höhe bekommen. Darüber rege sich in der Schweiz niemand auf. Auch in den USA seien Boni und Abfindungen, teilweise von mehreren Dutzend Millionen USD, an der Tagesordnung, ohne dass dies bei irgendjemand Missmut hervorrufe, geschweige denn staatsanwaltliche Ermittlungen. Deshalb versteht Ackermann die »Diskriminierung« der deutschen Manager in dieser Frage nicht. Er gab zu bedenken, dass der Wert von Mannesmann an der Börse im Zuge der Übernahme durch Vodafone um 77 Milliarden Euro gesteigert worden sei. Dies sei auch ein »Verdienst« der früheren Vorstände. Im Übrigen gebe es in der Deutschen Bank Dutzende von Mitarbeitern, die 20 Millionen Euro und mehr im Jahr verdienten. Die Bank müsse die Möglichkeit haben, »marktgerecht« zu bezahlen. Andernfalls gingen die besten Talente künftig nur noch zu den US-Investmentbanken. Dies würde die Position der Deutschen Bank im Vergleich zu ihren Wettbewerbern deutlich schwächen. Die Höhe der Entlohnung von Mitarbeitern sei keine Frage der Moral. Es gehe darum, wie sich die deutsche Wirtschaft im internationalen Wettbewerb positionieren wolle.

Die Kontrolleure seines Hauses stehen bislang hinter Herrn Ackermann. Durchgesickert sind Informationen, nach denen eine Geldbuße am Ende eines Prozesses den Chefsessel kaum ins Wanken bringen würde, wohl aber eine Freiheitsstrafe, auch eine auf Bewährung.[37]

Der Deutschen Bank, so Herr Ackermann weiter, sei es im Jahre 2002 gelungen, ihren Gewinn trotz widriger Marktverhältnisse auf 3,5 Milliarden Euro zu steigern (nach 1,8 Milliarden Euro im Vorjahr). Den Vorwurf zahlreicher Analysten, nur die massiven Veräußerungen von Beteiligungen und Randaktivitäten hätten dieses Ergebnis ermöglicht, ließ Herr Ackermann nicht gelten. Der stetig gesunkene Wert der Beteiligungen an der Börse habe den Zeitpunkt der Veräußerungen bestimmt: »Hätten wir nicht verkauft, wäre unser Tafelsilber heute mit Sicherheit weniger wert und müsste entsprechend abgeschrieben werden«, begründete Herr Ackermann sein unternehmerisches Handeln. Deshalb hätte die Bank auch im Sinne ihrer Aktionäre gehandelt. Auch eine Logik.[38]

Dennoch: Aus der Sicht der Aktionäre ist das Gesamtergebnis ernüchternd. Ihr Geld ist weg. Der Aktienkurs ist so niedrig wie seit Jahren nicht mehr. Der strategische Ausbau des Investmentbankings kostete immense Summen. Tatsächlich zehrte die Deutsche Bank unter Führung von Herrn Ackermann ihre in Jahrzehnten während der Haussezeiten aufgebauten Reserven auf. Der Kapitalmarkt ist insoweit unbestechlich: Gemessen an Aktienkurs und Börsenwert ist die Deutsche Bank im europäischen Vergleich ebenso wie im Verhältnis zu großen Investmentbanken in das Mittelfeld durchgereicht worden.

Selbst in den (fast) heiligen Hallen des Geldes ist es um den »Shareholder Value« ruhiger geworden. Vielleicht hat auch Herr Ackermann erkannt, dass es sich dabei nur um eine Floskel für gute Börsenzeiten handelt. Es ist nicht das Synonym einer Wertschaffung für die Eigentümer aufgrund der Tauglichkeit der eigenen Geschäftsstrategie, die unabhängig von der Großwetterlage am Kapitalmarkt ist. Die Bewunderung für die Managementkünste des Angeschuldigten Ackermann ist im Ergebnis differenzierter Natur: »Der Respekt gebietende Mut, mit dem das Institut trotz Rückschlägen und einer schweren Kapitalmarktflaute seine Expansion in das internationale Investmentbanking-Geschäft durchhält, steht neben Maßnahmen, die den Eindruck einer kostspieligen Beliebigkeit erwecken.«[39] Zu diesen Maßnahmen gehören vermutlich auch die Erhöhungen der Bezüge für Herrn Ackermann und seine Kollegen, die sich allerdings schon zuvor auf mehrere Millionen Euro im Jahr summierten.

Neid und Justiz

Die genannten Beispiele unternehmerischen Erfolgs sind willkürlich ausgewählt. Sie mögen den Verdacht hervorrufen, dass erfolgreiche Politiker und wohlhabende Manager Opfer einer Neidkampagne geworden sein könnten. Im Hinblick auf die Übernahme von Mannesmann mag man sogar den Eindruck haben, dass sich eine kleine Gruppe politisierter Strafverfolger in Nordrhein-Westfalen und in Teilen der darum herumliegenden Bundesrepublik Deutschland auf Prominentenhatz begeben hat.

Seit geraumer Zeit tauchen Staatsanwälte fast schon Woche für Woche in den Chefetagen der »Deutschland AG« auf und erdreisten sich, Topmanager wie Verdächtige zu behandeln. Niemand scheint mehr sicher zu sein: Deutsche Bank, WestLB, Dresdner Bank, TUI, Babcock Borsig, MLP, die Liste ist verlängerbar. Für einen Beobachter ist das ungläubige Stutzen der »gewatschten Oligarchen« mindestens so beeindruckend wie ihre Verwirrung. Auch Ignoranz wird erkennbar.

So soll der Arbeiterführer Zwickel erklärt haben, das Verfahren gegen ihn und seine Kollegen aus der Managerelite wäre in einem anderen Bundesland als Nordrhein-Westfalen nie zustande gekommen. Gleichwohl gibt es Anlass für die Befürchtung, dass die Gier der Manager eine gesellschaftliche Vertrauenskrise ausgelöst hat, die Auswirkungen auf die Justiz hat. Es ist nicht mehr zu übersehen, dass Aktienoptionen, die angeblich die Motivation der Manager steigern sollten, zum Instrument der Selbstbereicherung geworden sind. Der Abstand zwischen dem Verdienst eines Topmanagers zu dem eines Arbeiters ist in groteske Größenordnungen gestiegen. Umsätze und Bilanzen wurden manipuliert. Buchhaltung ist zum schöpferischen Metier mutiert. Die Elite predigt zwar die Moral, lebe sie aber nicht vor. Es kommt zu beeindruckenden literarischen Anleihen. Man verweist auf Thomas Mann, der den Leuten, die von unten kommen, vorgehalten hat, dass sie »patzig« seien. Heute, so ein zeitgenössischer Kommentator, seien gerade die am patzigsten, die sich zur Elite zählten. Das »Unternehmen Größenwahn« sei indes gescheitert. Idealbild der Gesellschaft sei nicht mehr der kühle Wirtschaftsbürger, der egoistisch und mit allen Tricks seinen Vorteil suche. Für die Staatsanwälte sei Kritik am Kapitalismus nicht gleichbedeutend mit Staatsverrat. Sie hätten auch keine Ehrfurcht mehr vor großen Namen. Im März 2003 empfand man, dass seit etwa anderthalb Jahren die große Krise wie eine unheimliche Krankheit ausgebrochen sei. Seitdem fühlten sich die Ermittler geradezu angefeuert, es »denen da oben« zu zeigen. Allerdings sei es auf Dauer nicht gut, die Ermittler als unsere moralischen Stellvertreter allein zu lassen. Sie könnten verzweifeln, oder was näher läge, übermütig werden.[40]

Strategie und Teufelskreis

Es wird behauptet, dass die Banken auf der Jagd nach dem schnellen Geld in den Jahren der Börsen-Hysterie ihre Kunden verprellt und ihr angestammtes Geschäft vernachlässigt hätten. Auch die deutschen Finanzmanager steckten in einem Teufelskreis, der die gesamte Wirtschaft mitreißen könnte. Mitte der neunziger Jahre fand in der Tat im deutschen Bankwesen eine strategische Kehrtwende statt.

Der Einstieg in das Investmentbanking angloamerikanischer Prägung versprach in den Augen manch eines bislang betulichen deutschen Bankers Weltgeltung, schnelles Geld und unglaubliche Wachstumsraten. Aber mit der Zurückhaltung verlor man offensichtlich auch jedes Augenmaß. Wenn es darum ging, Fusionen und Übernahmen einzufädeln oder Firmen an die Börse zu bringen, hatten die Investmentbanker jedes Augenmaß verloren. In der Hoffnung auf zukünftige Gewinne vergab man bereitwillig weitere Kredite an Investoren, die durch Darlehen schon »angefixt« waren. Es wurden immer neue Fonds aufgelegt, die natürlich vor allem bestimmten Mitarbeitern der Geldhäuser satte Provisionen bescherten. Letztlich haben die Banker ein gemeingefährliches Schneeballsystem installiert, das so lange funktionierte, wie die Anleger an den weiteren Anstieg der Aktien glaubten und weiter kauften. Mittlerweile sind die Banken nicht mehr Dämpfer, sie sind Verstärker des Abschwungs, zu dem sie nach Einschätzung einiger Kritiker obendrein wesentlich beigetragen haben. Die Gier hat die Vorstandsetagen erobert und die Gehälter in immer neue Höhen getrieben. Dadurch wurden die Grundpfeiler des Bankgewerbes zersetzt – Solidität und Integrität.[41]

Die Banken selbst, so glaubt man, seien unter die Räuber gefallen – aus den eigenen Reihen. Die Boni für Investmentbanker seien häufig nichts anderes gewesen als Vorauszahlungen auf künftige Gewinne der Bank: Für jeden abgeschlossenen Deal erhalten Investmentbanker sofort einen Prozentsatz des prognostizierten Gewinns, teilweise bis zu 50 Prozent – egal, ob das Geschäft später in sich zusammenfällt oder die beteiligten Firmenkunden Bankrott gehen. Das Selbstverständnis der Stars in der Geldmanege scheint zunehmend von einer geradezu obszönen Brutalität geprägt zu werden. Die »Community« sieht sich gespalten. Der »Teamspirit« zwischen dem kleinen Kreditsachbearbeiter und den »Yuppies« wird zunehmend überschaubarer. Es kommt immer wieder zu verbalen Exzessen, bei denen nicht klar ist, ob es sich um Ventile einer dekadent gewordenen Berufsgruppe oder um Anzeichen einer neuen Welt ohne Moral handelt. Es gibt inzwischen eine Menge von Anhaltspunkten, die für Letzteres sprechen.[42]

Mittlerweile drehen sich die Banken gegenseitig große Kredite an. Auf diese Weise werden mehr als eine Billion USD verschoben. Diese Deals gefährden das Weltfinanzsystem insgesamt. Ein Vertreter einer der erfolgreichsten und wohlhabendsten Investoren der Welt (Warren Buffet von der Holding Berkshire Hathaway) hat in jüngerer Zeit darauf aufmerksam gemacht, dass immense Kreditrisiken mittlerweile bei wenigen Kreditderivate-Händlern konzentriert sind. Im Jahre 1996 lag das weltweit gehandelte Volumen an Kreditderivaten noch bei 50 Milliarden USD. Zwei Jahre später waren es schon 350 Milliarden USD.

Im Jahre 2002 gingen 1,2 Billionen USD über die Tresen der Händler. Für 2003 wird ein Anstieg auf 2 Billionen USD erwartet. Die Banken sichern sich mit derartigen Derivaten gegen Kreditausfälle ab. Die Kredit gebende Bank zahlt dem Garantiegeber eine Prämie dafür, dass dieser einspringt, wenn der Schuldner nicht mehr zahlen kann. Der Unterschied zur Bürgschaft oder Versicherung besteht darin, dass die Garantien handelbar sind. Folge: Bei einem Ausfall des Schuldners muss derjenige zahlen, der gerade im Besitz des Garantiekontraktes ist. Der Ausfall entspricht nicht der normalen Insolvenz. Der »Credit Event« kann auch bloßer Zahlungsverzug sein. Auf der Liste der größten Ausfälle bei Kreditderivaten kommen nach den obligatorischen Spitzenreitern Enron und WorldCom der britische Telekom-Ausrüster Marconi und der Bürogerätekonzern Xerox – zwei Unternehmen, die nie Konkurs angemeldet haben.

Bei der Gestaltung der Kontrakte gibt es fast keine Vorgaben. Für die Banken, die ihre Kreditrisiken mit Hilfe von Derivaten absichern, lohnt sich der Aufwand. Das drastisch gestiegene Ausfallrisiko wird reduziert, und manche Kredite verschwinden aus der Bilanz, so dass Spielraum für neue Kredite eröffnet wird. Die Deutsche Bank will künftig alle Großkredite mit mehr als 180 Tagen Laufzeit über Derivate absichern. Das dürfte ca. 400 Millionen Euro pro Jahr kosten. Im Gegenzug kann die Bank Wertberichtigungen in Höhe von fast zwei Milliarden Euro vermeiden. Für die eine Seite kann das ein glänzendes Geschäft sein. Für die andere entstehen unkalkulierbare Risiken. Die Übernahme eines Ausfallrisikos gegen eine Prämie von 10 Millionen Euro kann mit der Verpflichtung verbunden sein, im Ernstfall 100 Millionen Euro oder noch sehr viel mehr Geld zahlen zu müssen. Dabei gibt es kaum Transparenz. Die meisten Geschäfte werden im direkten Handel innerhalb der Institute, nicht über eine Börse abgewickelt. Mit diesen Beziehungen wächst die Gefahr, dass größere Ausfälle zu einer Kettenreaktion führen, die das ganze Finanzsystem ins Wanken bringt.

Über die Tresen der Händler verteilen sich die Ausfallrisiken als »finanzieller Fall-out«, bei dem auch die Insider nicht wissen, wo er herkommt. Von der internationalen Investmentbank bis zur kleinen Regionalbank, von der Lebensversicherung bis zum Hedge Fund haben Akteure unterschiedlicher Prägung ihre Hand in dem gefährlichen Spiel. Nach einer Studie der Rating-Agentur Fitch haben die Versicherungen weltweit 238 Milliarden USD an Kreditrisiken über Derivate in ihren Anlage- und Handelsbestand geholt. Weitere Anteile entfallen auf Hedge Funds und Investmentgesellschaften. Die Banken in Deutschland zählen überwiegend zu den »Protection Sellers«. Nach Abzug der ausgelagerten Risiken bleibt den Banken hierzulande ein Zusatzrisiko von 11 Milliarden Euro. Interessanterweise spielen die Landesbanken bei der Netto-Risikoaufnahme in Deutschland eine prominente Rolle. Auf der Suche nach höheren Margen investieren sie seit einigen Jahren verstärkt in Kreditderivate. Auf der Liste der Gläubiger von WorldCom sind die WestLB und die Bayerische Landesbank mit jeweils dreistelligen Millionenbeträgen zu finden. Eine Tochter der Landesbank Baden-Württemberg hat ihr Kreditderivate-

Handelsvolumen von 38 Millionen Euro innerhalb eines einzigen Jahres mehr als verdreißigfacht. Schon im Jahre 1998 hatte der Chef des Bundesaufsichtsamtes für das Kreditwesen bezweifelt, dass die Kreditderivate das Risiko in den Bilanzen wirklich reduzieren. Die Banken nutzten die durch die Absicherung gewonnenen Spielräume, um neue, mit Ausfallrisiken behaftete Geschäfte einzugehen.[43]

Vor diesem Hintergrund ist es zu begrüßen, dass spätestens Anfang des Jahres 2005 praktisch alle rund 7000 europäischen Aktiengesellschaften nach den International Accounting Standards (IAS) bilanzieren müssen. Der europäische Dachverband der Wirtschaftsprüfer International Accounting Standards Board (IASB) wird in absehbarer Zeit die wichtige Regel IAS 39 für die Behandlung von derivativen Finanzinstrumenten verabschieden. Vertreter der europäischen Kreditwirtschaft haben bei Anhörungen im April 2003 versucht, Änderungen im Entwurf der Regel durchzusetzen. Von besonderem Interesse war das »Macro Hedging«. Die zukünftigen IAS-Regeln werden weitreichende Folgen für die Absicherungsstrategie von Unternehmen und Banken haben. In ihrer geplanten Fassung setzt die Regel IAS 39 für das »Hedge Accounting« einen ziemlich engen Rahmen. Hedge Accounting erlaubt, den Gewinn oder Verlust aus einem derivativen Finanzinstrument erst dann zu verbuchen, wenn der abgesicherte Geschäftsvorgang verbucht wird. Nach der Regel IAS 39 sollen sich nur solche Finanzinstrumente für das Hedge Accounting qualifizieren, die von vornherein auf einen konkret benannten Geschäftsvorgang bezogen sind. Zudem muss der Nutzer nach strengen Kriterien nachweisen, dass das Instrument das Risiko dieses Geschäftsvorgangs auch genau und nicht nur ungefähr absichert. Beim Macro Hedging deckt ein derivatives Finanzinstrument die Risiken mehrerer gleichartiger Geschäftsvorgänge ab. Häufig stimmen Risiken und die absichernde Gegenposition nach Laufzeit und Betrag nur ungefähr überein. Der Entwurf der Regel IAS 39 sieht deshalb vor, dass sich Macro Hedges nicht für das Hedge Accounting qualifizieren. Diese »Ungefähr-Absicherungen« können leicht umschlagen. Sie vermindern die Risiken nicht, sondern werden selbst zu einem zusätzlichen Risiko. Vor allem die

Kreditinstitute, die diese Absicherungsstrategie in großem Stile nutzen, wenden sich gegen die Absicht der Aufseher. Würden Macro Hedges nicht anerkannt, müssten die Gewinne oder Verluste aus den betreffenden Finanzinstrumenten in jedem Quartalsbericht verbucht werden. Das könne, so die Befürchtung der Bankenvertreter, zu stark schwankenden Ergebnissen führen. Dies sei Gift für den Aktienkurs. Außerdem stellten die geplanten Regeln zu hohe Anforderungen an die Dokumentation und die Effizienz eines Absicherungsinstruments. Treten die Regeln so wie geplant in Kraft, müssten viele Unternehmen von (angeblich) lang erprobten und bewährten Absicherungsstrategien Abschied nehmen. Würde weniger abgesichert als früher, nähmen die Risiken zu – die strengeren buchhalterischen Vorschriften hätten dann genau das Gegenteil von dem bewirkt, was sie eigentlich erreichen wollten.

Bei vielen der offenkundig gewordenen Strukturen und Verhaltensweisen ist fraglich, ob sie schlicht und ergreifend schon Teile einer sich quantitativ und qualitativ verändernden kriminellen Landschaft sind oder ob es sich um eine besonders rigorose Ausprägung des bürgerlichen Erwerbsstrebens handelt. Es wird darum gehen müssen, die Gemeinsamkeiten und Unterschiede zwischen dem Verhalten eines Verdächtigen, welcher der Organisierten Kriminalität zuzurechnen ist, und einer Vielzahl von Managern, Bankern und Politikern zu diskutieren.

Die Manager sind keine Mafiosi
Organisierte Kriminalität und Wirtschaftsordnung

Im deutschen Strafgesetzbuch (StGB) gibt es keinen Straftatbestand, der die Organisierte Kriminalität als solche unter Strafe stellt. Wer ist also gemeint? In welchem Verhältnis zur Organisierten Kriminalität – was immer sich dahinter verbergen mag – steht etwa die Wirtschaftskriminalität? Und vor allem: Was haben diese Fragen mit dem Wirken von Managern, der Funktion von Finanzmärkten und dem Einsatz vieler Politiker für das Gemeinwohl zu tun?

In Deutschland macht sich nach § 129 StGB strafbar, wer eine Vereinigung gründet, deren Zwecke oder deren Tätigkeit darauf gerichtet sind, Straftaten zu begehen. Bestraft wird auch, wer sich an einer solchen Vereinigung als Mitglied beteiligt, für sie um Mitglieder oder Unterstützer wirbt oder sie unterstützt. Mit dieser Vorschrift will der Gesetzgeber die öffentliche Sicherheit und die staatliche Ordnung schützen. Die »kriminelle Vereinigung« unterscheidet sich im Grad der von ihr ausgehenden Gefährdung deutlich von der Bande, weil sie kraft der ihr innewohnenden Eigendynamik eine erhöhte Gefährlichkeit für wichtige Rechtsgüter in der Gemeinschaft mit sich bringt. Täter in festgefügten Strukturen, wie sie von § 129 StGB erfasst werden, begehen regelmäßig mehr und gefährlichere Straftaten als Einzeltäter oder lockere Zusammenschlüsse von Beteiligten. Zielobjekt sind vielfach Strukturen von Berufskriminellen, von denen Straftaten mit hoher Intensität und eher emotionslos-»geschäftlicher« Motivation begangen werden. Sie tendieren überdies zur Vermischung mit legaler Geschäftstätigkeit. Die Vorstellung, der Tatbestand erfasse neben politisch motivierten vor allem sozial randständige Täter im Milieu klassischer »Banden«-Kriminalität (z.b.»Rotlicht«-Kriminalität; Diebes- und Hehler-Organisationen), ist überholt. In der Praxis der Strafverfolgung in Deutschland ist die Bedeutung der Vorschrift gering. Die Anwendung des § 129 StGB ist einseitig und wenig sachgerecht auf die Verfolgung politisch motivierter krimineller Vereinigungen konzentriert. Im Bereich der allgemeinen, d.h. durch Erwerbsinteresse motivierten Organisierten Kriminalität fristet die Vorschrift ein Schattendasein als Anknüpfungspunkt für strafprozessuale Maßnahmen. Sie dient eigentlich nur als Dietrich, mit dessen Hilfe die Strafverfolgungsbehörden sich Zugang zu bestimmten Fahndungs- oder Ermittlungsmaßnahmen verschaffen, z.b. Rasterfahndung, Überwachung des Fernmeldeverkehrs, Abhören und Aufzeichnen von Gesprächen in Wohnräumen. Ermittlungsverfahren wegen § 129 StGB sind selten (1998: 11; 1999: 36; 2000: 20). Anklagen und Verurteilungen sind Ausnahmen (1998: 1; 1999: 3; 2000: 0). Der Tatbestand und dessen Anwendung bleiben hinter der Aufgabenstellung und im praktischen Vergleich mit anderen Staaten zurück. Das ist vor dem Hintergrund des Gewichts der Organisierten Kriminalität in der rechtspolitischen Diskussion in Deutschland nicht nachvollziehbar.[1]

Bei dem Versuch einer praxisorientierten Bestimmung des Begriffs der Organisierten Kriminalität sei zunächst an die von den Justizministern aufgestellten »Gemeinsamen Richtlinien über die Zusammenarbeit von Staatsanwaltschaft und Polizei bei der Verfolgung der Organisierten Kriminalität« erinnert:[2]

»Organisierte Kriminalität ist die von Gewinn- oder Machtstreben bestimmte planmäßige Begehung von Straftaten, die einzeln oder in ihrer Gesamtheit von erheblicher Bedeutung sind, wenn mehr als zwei Beteiligte auf längere oder unbestimmte Dauer arbeitsteilig

a) unter Verwendung gewerblicher oder geschäftsähnlicher
   Strukturen,
b) unter Anwendung von Gewalt oder anderer zur Einschüchterung
   geeigneter Mittel oder
c) unter Einflussnahme auf Politik, Medien, öffentliche Verwaltung,
   Justiz oder Wirtschaft
zusammenwirken.
Der Begriff umfasst nicht Straftaten des Terrorismus.«

Die Erscheinungsformen der Organisierten Kriminalität sind vielgestaltig. Neben strukturierten, hierarchisch aufgebauten Organisa-
tionsformen (häufig zusätzlich abgestützt durch ethnische Solidarität, Sprache, Sitten, sozialen und familiären Hintergrund) finden sich
– auf der Basis eines Systems persönlicher und geschäftlicher kriminell nutzbarer Verbindungen – Straftäterverflechtungen mit unter-
schiedlichem Bindungsgrad der Personen untereinander, deren konkrete Ausformung durch die jeweiligen kriminellen Interessen
bestimmt wird. Gegenwärtig soll Organisierte Kriminalität vorwie-
gend in bestimmten Kriminalitätsbereichen bestehen: Rauschgifthandel und -schmuggel; Waffenhandel und -schmuggel; »Nacht-
leben«; Schutzgelderpressung; unerlaubte Arbeitsvermittlung und
Beschäftigung; illegale Einschleusung von Ausländern; Markenpira-
terie; Goldschmuggel; Kapitalanlagebetrug; Subventionsbetrug und
Eingangsabgabenhinterziehung; Fälschung und Missbrauch unbarer
Zahlungsmittel; Herstellung und Verbreitung von Falschgeld; Ver-
schiebung hochwertiger Kraftfahrzeuge und von Lkw-, Container-
und Schiffsladungen; Betrug zum Nachteil von Versicherungen; Ein-
bruchsdiebstahl in Wohnungen mit zentraler Beuteverwertung.

Neben diesen Kriminalitätsbereichen zeichnen sich Ansätze Organisierter Kriminalität auch auf den Gebieten der illegalen Entsorgung
von Sonderabfall und des illegalen Technologietransfers ab.

Zur Erkennung von Sachverhalten, die im Hinblick auf Organisierte Kriminalität relevant sein können, werden generelle Indikato-
ren benutzt, die in mehreren Komplexen angesiedelt sind: Vorberei-

tung, Planung und Ausführung der Tat; Finanzgebaren; Verwertung der Beute; konspiratives Täterverhalten; Täterverbindungen/Tatzusammenhänge; Gruppenstruktur; Hilfe für Gruppenmitglieder; Korrumpierung; Monopolisierungsbestrebungen; Öffentlichkeitsarbeit.

Anzeichen für die Existenz Organisierter Kriminalität sind: präzise Planung; Anpassung an Markterfordernisse durch Ausnutzen von Marktlücken; Erkundung von Bedürfnissen; Arbeit auf Bestellung; hohe Investitionen; Vorfinanzierung aus nicht erkennbaren Quellen; Verschaffung und Nutzung legaler Einflusssphären; Vorhalten von Ruheräumen im Ausland. Dies gilt auch für die qualifizierte Tatausführung, die Verwendung verhältnismäßig teurer oder schwierig einzusetzender wissenschaftlicher Mittel und Erkenntnisse, den Einsatz von Spezialisten (auch aus dem Ausland), ein arbeitsteiliges Zusammenwirken (auch mit polizeilich »unbelasteten« Personen) und die Konstruktion schwer durchschaubarer Firmengeflechte. Auch die Inkaufnahme von hohen Verlusten bei Gewerbebetrieben, die Diskrepanz zwischen dem Einsatz finanzieller Mittel und dem zu erwartenden Gewinn, Auffälligkeiten bei Geldanlagen wie z.b. beim Kauf von Immobilien oder sonstigen Sachwerten, die in keinem Verhältnis zum Einkommen stehen, haben indiziellen Wert. Im Hinblick auf die Beuteverwertung gilt das auch für den Rückfluss in den legalen Wirtschaftskreislauf, die Veräußerung im Rahmen eigener (legaler) Wirtschaftätigkeiten und Maßnahmen der Geldwäsche. Verdächtige, die der Organisierten Kriminalität zuzurechen sind, greifen häufig zu den Mitteln der Gegenobservation und der Abschottung. Sie benutzen Decknamen und betreiben Codierung in Sprache und Schrift. Es werden auch modernste technische Mittel zur Umgehung polizeilicher Überwachungsmaßnahmen eingesetzt. Ihre Verbindungen sind sowohl überregional als auch national und international. Häufig ist ein hierarchischer Aufbau oder ein nicht ohne weiteres erklärbares Abhängigkeits- oder Autoritätsverhältnis zwischen mehreren Tatverdächtigen zu beobachten. Es gibt auch Anzeichen für ein internes Sanktionierungssystem. Gruppenmitgliedern wird Fluchtunterstützung gewährt. Anwälte werden beauftragt, deren Honorierung durch Dritte erfolgt. Die Aufwendung größerer Barmittel im Rahmen der Verteidigung ist nicht ungewöhnlich. Hohe Kautionsangebote kommen ebenso vor wie die Bedrohung und Einschüchterung von Verfahrensbeteiligten. Zeugen sind plötzlich unauffindbar. Die Betroffenen verfallen in ängstliches Schweigen. Entlastungszeugen werden völlig überraschend benannt. Die Verdächtigen und die Verurteilten erfahren in der Untersuchungs- bzw. Strafhaft eine »fürsorgliche« Betreuung. Auch die Angehörigen werden versorgt. Nach der Haftentlassung erfolgt die Wiederaufnahme in die bekannten Kreise. Angehörige der »Außenwelt« werden korrumpiert, indem sie der Verdächtige/Täter in sein soziales Umfeld einbezieht. Abhängigkeiten durch Sex, verbotenes Glücksspiel, Zins- und Kreditwucher werden geschaffen. Die Zielpersonen einer Korrumpierung erhalten Bestechungsgelder. Dazu gehören Ferienwohnungen und Luxusfahrzeuge oder die Vergünstigung, in einem nicht an einen Flugplan gebundenen Flugzeug zu fliegen. Zur Strategie der Organisierten Kriminalität gehört auch die »Übernahme« von Geschäftsbetrieben und Teilhaberschaften, die Führung von Geschäftsbetrieben durch Strohleute, die Kontrolle bestimmter Geschäftszweige und die Gewährung von »Schutz« gegen Entgelt. Sie ist auch zu gesteuerten oder tendenziösen Veröffentlichungen in der Lage, die von einem bestimmten Tatverdacht ablenken können. Schließlich werden auch systematische Versuche zur Ausnutzung gesellschaftlicher Einrichtungen (z.B. durch auffälliges Mäzenatentum) unternommen. Damit ist im Wesentlichen die »amtliche« definitorische Grundausstattung beschrieben, mit der Polizei und Justiz in den Kampf gegen die Organisierte Kriminalität ziehen.

Das Bundesministerium des Innern (BMI) und das Bundesministerium der Justiz (BMJ) haben im Juli 2001 zum ersten Mal einen Periodischen Sicherheitsbericht (Erster Periodischer Sicherheitsbericht – PSB) herausgegeben.[3] Danach ist die Zahl derjenigen, die an der Existenz der Organisierten Kriminalität zweifeln, geringer geworden.

Gleichwohl entzieht sich die Organisierte Kriminalität weltweit einer eindeutigen Definition. Es handele sich um ein komplexes, verzweigtes und diffuses Feld von Strukturen, Personengemeinschaften und Handlungsvollzügen, die in viele Kriminalitätsbereiche hineinreichten. Daher sei es erforderlich, diese Kriminalitätsform durch ein »Konstrukt« (be-)greifbar zu machen. Damit sind allerdings Gefahren verbunden. Konstrukte können die Realität nicht passgenau abbilden. Sie verselbständigen sich und verhindern eine realitätsgerechte Wahrnehmung. Nominaldefinitionen werden dann wie Realdefinitionen verwandt. Im schlimmsten Fall sieht man nur noch die Aspekte der Realität, die sich der Definition fügen. Irgendwann wird die Definition erfahrungsresistent. Neue Formen der Organisierten Kriminalität geraten erst gar nicht mehr in das Visier der Strafverfolgungsbehörden. Immerhin erkennen auch BMI und BMJ, dass es nach wie vor an soliden und empirisch abgesicherten Befunden zur Realität der Organisierten Kriminalität fehlt. Das polizeiliche Lagebild ist das Produkt einer Zuschreibung von Zahlen. Damit versucht man den Eindruck zu erwecken, als ob sich die Polizeibehörden der Bekämpfung der Organisierten Kriminalität in engagierter und wirkungsvoller Weise widmeten. Tatsächlich ist es nichts anderes als ein auf statistisch fragwürdiger Basis erstellter behördlicher Tätigkeitsnachweis ohne analytischen Tiefgang.

Nach wie vor ist mit dem Begriff der Organisierten Kriminalität ein Feld umschrieben, das wie kein anderes durch Mythen, Schätzungen und Spekulationen geprägt ist.[4] Manche wenden sich mittlerweile gegen eine »Inflationierung«[5] des Begriffs der Organisierten Kriminalität, mit dessen Hilfe alles Störende und nicht Passende, das über die Alltagskriminalität hinausgeht, erfasst werden soll – häufig auch durch Benutzung des Ausdrucks »Mafia«. Die Verfasser des Sicherheitsberichts halten die Verwendung des Begriffs »Organisierte Kriminalität« nur dann für passend, wenn die Begehung von Straftaten auf Dauer gestellt ist, der Bestreitung des Lebensunterhalts oder der Erhaltung von Macht und Einfluss im eigenen Feld dient, verbunden mit einem symbiotischen Verhältnis zur herrschenden bzw. als außen stehend betrachteten Gesamtgesellschaft.

Der Sicherheitsbericht enthält auch den Gedanken an Verflechtungen zwischen der »Oberwelt« einer Gesellschaft und der »Unter-/Halbwelt«. Sind diese derart eng, dass eine »Immunität« gegen Entdeckung und Bestrafung besteht und werden in diesen Zusammenhängen »kaufmännisch« geplante Straftaten begangen, könnte man die Organisierte Kriminalität als Oberbegriff verstehen, unter den eine Palette von parasitären Strukturen, Netzen und Milieus fällt, die den Staat weniger als einen »Außen«-Feind bekämpfen, als vielmehr von innen her schwächen und aushöhlen. Diese Überlegungen ändern nichts daran, dass Organisierte Kriminalität geschlossene Welten repräsentiert. Das darf nicht mit der Unsichtbarkeit dieser Kriminalität gleichgesetzt werden. Es ist auch ein perfektes Verhältnis zwischen Geschlossenheit und Sichtbarkeit möglich, etwa dann, wenn Kriminalität nicht nur in ein vorgetäuschtes, sondern tatsächlich gelebtes bürgerliches Leben bzw. in ein legal betriebenes Unternehmen oder in eine mehr oder minder »staatstragende« politische Partei eingebunden ist. Es kommt etwas hinzu: Die »Mitglieder« der Organisierten Kriminalität wissen, dass Polizei und Justiz ihre Zugehörigkeit kennen, aber davon ausgehen, dass es sich nicht um einen gerichtsverwertbar beweisbaren Umstand handelt. Unabhängig von theoretischen und konzeptionellen Vorannahmen bleibt festzuhalten, dass das Gesetz des Schweigens, »omertà«, den Zugang zu wichtigen Details versperrt. Schon vor diesem Hintergrund ist es kaum verwunderlich, dass es in Deutschland keine einheitliche Meinung zur Erforderlichkeit einer Legaldefinition gibt. Im Unterschied zu den USA und Italien hat sich der Bundesgesetzgeber hier nicht für die Einführung eines besonderen strafrechtlichen Organisationstatbestandes nach der Art des § 129 StGB entschieden. In Bayern und der Hansestadt Hamburg hat man dagegen gesetzliche Definitionen geschaffen, die allerdings nur den Inhalt der bereits zitierten Richtlinie wiederholen. Es sollte indes hinreichend deutlich geworden sein, dass die Richtlinie keine exakte Definition enthält, sondern eher die Beschreibung eines phänomenologischen Feldes von (auch) kriminellen Aktivitäten.

Die Verfasser des Sicherheitsberichts haben zur Phänomenologie lediglich angemerkt, dass sie »vielgestaltig« sei. Sie behaupten, dass die für die Polizei und die Justiz geltenden Richtlinien nicht mehr, aber auch nicht weniger, als einen weit gespannten Orientierungsrahmen für Ermittlungen abgeben. Sie sollen mehrere wichtige Funktionen erfüllen: Begründung von Zuständigkeiten der Fachdienststellen zur Strafverfolgung und besonderer Eingriffsmaßnahmen; Einbeziehung der Informationen in zentrale Auswertungssysteme; Erfüllung besonderer Informations- und Meldepflichten; Erfassung in gesonderten Lagebildern.

Zutreffend weist man im Sicherheitsbericht darauf hin, dass sich ein ganzer Kreis von Aporien schließt, wenn sich aufgrund willkürlicher Nominaldefinitionen die Wahrnehmung entsprechend verengt und sich andere, belangvollere Phänomene ungestört im sozialen Gefüge einnisten können. Arbeitet man aber nicht mehr an einer Definition, setzt man sich dem Vorwurf aus, dass man einen »Popanz« aufbaue, um in bürgerliche Freiheitsrechte eingreifen zu können. Aus dieser Perspektive gerät die Organisierte Kriminalität in den Verdacht, eine legitimatorische Floskel zur Durchsetzung polizeilicher Interessen zu sein. Wie dem auch sei: Es darf nicht vergessen werden, dass jede Kriminalität – ganz besonders die Organisierte Kriminalität – in die Entwicklung von Staat, Wirtschaft und Gesellschaft eingebettet ist. Deshalb ist die folgende These im Sicherheitsbericht sehr beachtenswert:

»Wenn ein präzises Bild von der Struktur und den Funktionen der legalen wirtschaftlichen Wertschöpfung in einer Gesellschaft gewonnen ist und man die Befunde perspektivisch in die Illegalität verlängert, wird die so geleitete Suche strukturell entsprechende Formen Organisierter Kriminalität zu Tage fördern.«[6]

Im Hinblick auf die (neuere) »Mafia«, die man gerne als das Musterbild einer Staat und Gesellschaft fundamental bedrohenden Organisation vorstellt, wird daran erinnert, dass die »unternehmerische« Dimension besonders charakteristisch sei.[7] Dies bedeutet, dass die Organisierte Kriminalität die spiegelbildlich negative Ausprägung der in einem Wirtschaftssystem gegebenen Eigentums- und Produktionsverhältnisse ist. Vielleicht ist sie sogar die radikal-konsequente Fortführung der Strukturen, die wir im moderaten Klima unkritischer politischer und wirtschaftlicher Umstände mit dem Prädikat »legal« versehen und in denen sich aber nach Änderung weniger Parameter Organisierte Kriminalität jederzeit in einem (schein-)dialektischen Sprung etablieren kann. Das Ergebnis ist schlicht: Jede Gesellschaft hat die Organisierte Kriminalität, die sie verdient.[8]

Wenn das richtig wäre, könnte sich die Frage stellen, ob und inwieweit eine kategorische Unterscheidbarkeit zwischen einem Mafioso, einem Aufsichtsratsmitglied, einem Vorstand eines Wirtschaftsunternehmens oder einem Amtsinhaber in einer politischen Partei oder einer Landes- bzw. Bundesregierung besteht. Der Frage kann man sich leicht unter Hinweis auf die Absurdität des Gedankens und mit dem eleganten Argument entziehen, dass nichts die Mafia ist, wenn alles die Mafia ist. Allerdings gibt es auch einige Beispiele aus den Führungsetagen von Wirtschaft und Politik in Deutschland und in vielen anderen Ländern der Welt, die den Versuch einer Beantwortung unterhaltsam machen könnten.

Die Verfasser des Sicherheitsberichts verbinden mit ihrer Vorstellung von »anspruchsvoller« Organisierter Kriminalität eine »typische« Art und Weise der Schaffung und Aufrechterhaltung stabiler personaler Bindungen und flexibler interpersonaler Netzwerke, aus denen heraus sich bei Bedarf kriminelle Unternehmungen entwickeln lassen. Der Befund ist eindeutig: Eine derartige Kriminalität ist durch »gängige« Ermittlungs- und Verfolgungsmaßnahmen nicht zu zerschlagen. Man glaubt, dass die in die Lageberichte des Bundeskriminalamtes einbezogenen Ermittlungsverfahren anschaulich und eindrucksvoll belegen, welch ausgeprägten Grad an Professionalisierung und Internationalisierung die verschiedenen Tätergruppen inzwischen auch in Deutschland erreicht haben. Jedoch könne keine Rede davon sein, dass die Mafia (welchen Ursprungs auch immer) in Deutschland so eine Parallelgesellschaft errichtet hat und die Fundamente von Staat, Wirtschaft und Gesellschaft direkt bedroht. Die Bundesregierung geht davon aus, dass Deutschland weit entfernt von der Situation in anderen Teilen der Welt sei, in denen das organisierte Verbrechen durch Verflechtungen mit den Entscheidungsträgern in Politik und Wirtschaft bereits ein staats- und demokratiezersetzendes Ausmaß angenommen habe. Die Organisierte Kriminalität stelle aber doch wegen ihrer Tendenz, sich durch Gewalt und Drohung rechtsfreie Räume zu verschaffen, eine nicht zu unterschätzende Gefahr für die ganze Gesellschaft dar.[9]

Diese Aussagen sind Teil der kriminal- und rechtspolitischen Schlussfolgerungen, welche die Bundesregierung aus dem Sicherheitsbericht zieht. Sie offenbaren ein nur rudimentäres Verständnis über Qualität und Gefährlichkeit der Organisierten Kriminalität. Sichtbare, d.h. gewalttätige Organisierte Kriminalität ist schlecht organisierte (Organisierte) Kriminalität. Sie wird niemals durch Gewalt oder Drohung eine Gefahr für die ganze Gesellschaft sein können.

Im Sicherheitsbericht werden zahlreiche Fragen, die seit Jahren gestellt werden, immer noch nicht beantwortet. Immerhin verdeutlicht er aber die begrifflichen und empirischen Mängel, die auch bewirken, dass die Bekämpfung dieser besonders gefährlichen und schädlichen Kriminalitätsform nicht mit dem erforderlichen Wirkungsgrad betrieben wird. Ein Vorstoß zum Wesen der Organisierten Kriminalität verlangt hingegen einen anderen Ausgangspunkt. Damit wird nicht behauptet, dass die Dimension der Gewalt bedeutungslos sei. In bestimmten Bereichen der Organisierten Kriminalität sind »interne Sanktionen« bis hin zum Mord nach wie vor Teil der deliktischen Realität. So brutal es klingt: Die Grundlagen der Wirtschaft und der Politik bleiben davon unberührt. Für die Organisierte Kriminalität ist der Boden dann bereitet, wenn die Unterscheidung von Gewinn und Beute nur noch die Überzeugungskraft von Ammenmärchen hat. In einer Gesellschaft, deren Selbstverständnis sich in der Gewinnmaximierung erschöpft, ist Organisierte Kriminalität mindestens latent. Damit ist noch nicht entschieden, ob zwischen legalen Unternehmen, politischen Parteien, Regierungen, Nichtregierungsorganisationen und Strukturen Organisierter Kriminalität zwangsläufig früher oder später Konvergenz entsteht. Es ist aber schon jetzt nicht zu übersehen, dass die Finanzierungsbedürfnisse politischer Parteien, die Machtinteressen der Politiker, die kommunalen Investitionserfordernisse (nicht nur bei der Müllverbrennung in Köln) und die Gewinnerwartungen der Unternehmen weltweit eng miteinander verwoben sind. Deshalb könnte sich die Korruption zum verführerischsten und gefährlichsten Leitmotiv der Moderne entwickeln. Sie ermöglicht es nämlich vor allem der Organisierten Kriminalität, auf (Waffen-)Gewalt konventioneller Art zur Erreichung ihrer Ziele weitgehend zu verzichten.

Geld korrumpiert nicht nur. Es ist eine Waffe, die den Weg früher oder später geräuschlos freimacht (»Pflege der politischen Landschaft«). Erst damit schließt sich der Kreis wirklich. Jede Gesellschaft hat die Organisierte Kriminalität, die sie verdient, weil sie an ihr und mit ihr verdient. Der Verdienst ist allerdings nicht allein durch eine bestimmte Summe Geldes auszudrücken. Hierzu zählen auch Erwerb und Besitz von bestimmten Positionen, die politische Macht vermitteln. Der Zugang zu politischen Ämtern hat aber auch ökonomische Konsequenzen diesseits und jenseits der strafrechtlichen Grenzen der Korruption.

Die Lage wird nicht dadurch einfacher, dass die Unterscheidbarkeit von »gut« und »böse« noch Teil der individuellen und gesellschaftlichen Selbstgewissheit ist. Über die praktische Relevanz dieses Postulats ist auch angesichts der »Achsen des Bösen« hier nicht angemessen zu diskutieren. Ökonomie und kollektive Psychologie werden immer mehr von anderen Faktoren und Prozessen geprägt. Zunehmend finden Entkopplungen von Arbeit und Konsum, Leistung und Ertrag statt. Der Erfolg als solcher spricht für sich. Die Zusammenhänge von Geldbesitz und Verdienst lösen sich auf. Vermögen bedarf keiner Legitimierung. Die Leistungsgesellschaft wird von der Erfolgsgesellschaft abgelöst. Skrupellosigkeit und Brutalität ersparen die planmäßige Integration von Erziehung, Ausbildung und Arbeit in die individuelle Lebenswelt und den gesellschaftlichen Horizont.

Die Organisierte Kriminalität stellt sich nicht nur deshalb als offene Kategorie dar, weil wegen der Verschleierung ihres Ausmaßes und ihrer

Struktur die Zuordnung zu bestimmten Deliktsbereichen weitgehend spekulativ bleiben wird. Immerhin ist zu bemerken, dass bei Delikten, die eine organisierte Begehungsweise erfordern, vielfach vorhandene Institute, z.b. Handelshäuser, Investmentfirmen, Banken, benutzt werden, um strafrechtlich relevante Ziele zu verfolgen. Es besteht insoweit häufig teilweise eine Parallelität zwischen illegalen und legalen Aktivitäten. Formell besteht ohnehin kein Unterschied zwischen dem Idealtyp einer kriminellen und einer legalen Organisation. Noch diffuser wird die Lage, wenn man der Meinung ist, dass das Ziel des organisierten Verbrechens »eigentlich« nicht die Begehung von Straftaten ist. Es gibt die Auffassung, dass die Straftat insofern unerheblich sei, als sie lediglich ein einzelnes Instrument zur Verfolgung materieller Absichten ist, die eine Gruppierung – bei vorhandener Gelegenheit – auch mit legalen Mitteln verfolge. Daraus folgt nicht nur eine zielbezogene Affinität legaler Organisationen, sondern auch eine partielle Überschneidung der eingesetzten Mittel. Verquickungen zwischen beiden Systemen und Übertritte einzelner Personen werden erleichtert. Es ist keineswegs unwahrscheinlich, dass viele derjenigen, welche Gewinne aus Straftaten erzielen, einem Tätertypus zuzuordnen sind, der nicht nur die Rolle des seriösen Geschäftsmannes spielt, sondern in vielerlei Hinsicht das seriöse Geschäftsleben verkörpert. Dies gilt sinngemäß auch für Politiker. Wenn Teilnehmer am organisierten Verbrechen zudem noch bestimmte Kompetenzmerkmale aufweisen, zu denen auch die Fähigkeit gehört, die Strafverfolgung durch konspiratives Verhalten und Bestechung von Amtsträgern zu neutralisieren, die illegal erlangten Gelder in scheinbar rechtmäßige Gewinne umzuwandeln, in legale Wirtschaftszweige zu investieren, die strafrechtlich relevanten und legalen Strukturen zu verzahnen und wirtschaftliche sowie politische Macht zu erlangen, dann zeigt sich, wie unklar der Frontverlauf im Kampf gegen die Organisierte Kriminalität ist. Die quantitative und qualitative Entwicklung einer derartigen Kriminalität führt nicht nur zu einer temporären und bereichsspezifischen Bedrohung der inneren Sicherheit eines Gemeinwesens. Gefährdet sind auch Idee und Praxis des demokratischen Rechtsstaates. Der Missbrauch legaler Formen des Wirtschaftslebens, die konsequente Zuspitzung krimineller Marktteilnahme sowie internationale einschlägige Finanztransaktionen beschädigen sogar die Prinzipien des (allerdings nicht immer und überall) freien Welthandels.[10]

Den Gipfel der Komplexität erreicht man wohl erst, wenn man versucht, Wesen und Wirken der Organisierten Kriminalität mit Hilfe der Kategorie »Ehre« zu untersuchen. Immerhin bezeichnen sich die Mitglieder der Mafia italienischer Prägung selbst als »uomini d'onore«, Ehrenmänner. In diesem Zusammenhang könnte sich auch die Frage stellen, ob derjenige, der sein »Ehrenwort« gibt, zwangsläufig ein Ehrenmann ist.

Der Ehrenbürger Europas Dr. Dr. h. c. mult. Helmut Kohl war kein »Bimbes«[11]-Kanzler. Er hat über 16 Jahre, von 1982 bis 1998, das Amt des Bundeskanzlers der Bundesrepublik Deutschland bekleidet und 25 Jahre lang den Vorsitz über die Christlich-Demokratische Union Deutschlands (CDU) geführt. Er ist auch Ehrenvorsitzender dieser Partei geworden. Kohl ist vermutlich nicht nur deshalb ein ehrenwerter Mann. Er könnte auch unabhängig von dieser Vermutung aus gegebenen Anlässen Ehrenwörter gegeben haben. Fraglich ist, ob hierzu auch das gesetzwidrige Versprechen gehören könnte, die Namen von Personen zu verschweigen, die ihm über Jahre Bargeld in Millionenhöhe in die Hand gegeben und damit den Anschein erweckt haben, dass sie gemeinsam (mittäterschaftlich) mit dem Empfänger die Verfassung der Bundesrepublik Deutschland und das Transparenzgebot des Parteiengesetzes umgehen wollten. Immerhin wurden diese Gelder in einer getrennten Kontoführung verwaltet, sind im Rechenschaftsbericht der CDU nicht erwähnt worden und waren Gegenstand persönlicher Dispositionen von Kohl. Hier ist nicht zu diskutieren, ob es der Ehre nun genug ist oder ob Kohl seiner Ehre zwar Abbruch getan, aber wenigstens für zwei spannende Wahlkämpfe gesorgt hat.[12] Ebenso wenig, ob Ehre die am häufigsten missbrauchte Kategorie politischer und bürgerlicher Illusionskunst ist und das kollusive Verschweigen der Namen von Spendern eine strafbare Begünstigungshandlung sein könnte. Einen geringen Unterhaltungswert hätte der Versuch, den ehrenwerten Teilen des »Systems Kohl« nachzuspüren. [13] Die im Grundgesetz, Parteiengesetz und im Strafgesetzbuch enthaltenen Maßstäbe kommen auch ohne zwangsneurotische Camouflage oder Selbstbetrug aus. Sie lassen die Berufung auf Ehrenhaftigkeit als kleine Münze der Selbstverteidigung erscheinen, die bei allem Respekt vor den verfassungsmäßigen Rechten eines Beschuldigten manchmal zu einem obszönen Schauspiel degenerieren kann. [14] Angesichts des Lebenswerks des ehemaligen Bundeskanzlers Kohl kann es nicht um die Berechtigung von Konnotationen mafioser Prägung (»Mann der Ehre«), die Aktualität fließender Übergänge vom Patriarchen zum Paten [15] oder die Angemessenheit von Verballhornungen (»Kohleone«) gehen. Tiefer gehende Erkenntnisse zum Komplex klandestiner Parteienfinanzierung könnten zwar zu einer Präzisierung des Begriffs der Organisierten Kriminalität, die sich mittlerweile nicht nur als »Wirtschaftsform« [16], sondern partiell auch als »politische« Struktur darstellt, beitragen. Helmut Kohl hat derartige Assoziationen aber offensichtlich nicht verdient. Man wird dem ehemaligen Bundeskanzler auch nicht vorwerfen dürfen, dass er um die Einwerbung von Spenden, also freiwilligen vermögenswerten Unterstützungsleistungen bemüht war.

Es könnte sich gleichwohl eine interessante Diskussion entwickeln, wenn man der Argumentation eines ehemaligen Angestellten der Firma Flick folgte. Der in der Praxis der Parteienfinanzierung überdurchschnittlich erfahrene Bundesbürger Eberhard von Brauchitsch ist der Meinung, dass nicht alle Zuwendungen an politische Parteien als Spenden anzusehen seien. Er sieht in einer Spende eine freiwillige Leistung. Mit Blick auf die »Flick-/Parteispendenaffäre« betont Brauchitsch, dass es sich bei bestimmten Zahlungen gar nicht um Spenden gehandelt habe. Weder die Firma Flick noch irgendein anderes großes Unternehmen hätte aus freien Stücken einer politischen Partei Geld zukommen lassen. Die Zuwendungen an die Parteien seien vielmehr »Schutzgelder« gewesen. Das Wohlverhalten der Politiker gegenüber der Wirtschaft sei davon abhängig gewesen, dass die Wirtschaft ihren »Obolus« entrichtete:

»Die Wirtschaft zahlte Schutzgelder, um sich vor Repressionen in Form wirtschaftsfeindlicher Politik zu schützen. Die Zahlungen erfolgten nicht, weil wir den Eindruck hatten, uns auf diese Weise die Vertreter der Politik dienstbar machen zu können. Sie erfolgten, weil wir andernfalls in die Isolation geraten wären. Nach einem Schlüssel, den die Parteien festlegten, wurden die einzelnen Unternehmen zur Kasse gebeten. Wer viel erwirtschaftete, musste folglich viel zahlen. Parteispenden waren nichts anderes als eine Form der indirekten Steuern.«[17]

Kohl verschweigt nach wie vor entgegen den Vorschriften des Parteiengesetzes die Identität seiner angeblichen Spender. Er hat zwar sein Bedauern darüber ausgedrückt, dass es wegen geheimer Sonderkonten mangelnde Transparenz gegeben hat. Gleichzeitig erklärte Kohl, dass für ihn in seinem gesamten politischen Leben persönliches Vertrauen wichtiger gewesen sei als »rein formale Überprüfungen«. Auf den ersten Blick mag das ein ehrenwerter Standpunkt sein. Damit wird aber die Pflicht zum gesetzestreuen Verhalten, die für einen Amtsträger besondere Bedeutung hat, nicht suspendiert. Bei einem derartigen Rechts- und Amtsverständnis fällt es zunehmend schwer, zwischen Politik und Organisierter Kriminalität grundlegende Unterschiede zu erkennen, auch wenn es über die Parteigrenzen hinweg einige Bemühungen gab, Gemeinsames und Trennendes zu identifizieren.

Nachdem Kohl den Ehrenvorsitz über die CDU niedergelegt hatte, äußerte der ehemalige Generalsekretär der CDU, Heiner Geißler, dass er Verständnis dafür hätte, wenn Kohl zur Rückgabe seines Bundestagsmandats aufgefordert würde. Kohls Schweigen ziehe den Verdacht auf die CDU, in Straftaten der Organisierten Kriminalität verwickelt zu sein.[18] Mit Blick auf die CDU erklärte Christian Ströbele, Mitglied des Deutschen Bundestages, dass es um die »allerhöchste Form organisierter Kriminalität« gehe. Der Vorsitzende der SPD-Bundestagsfraktion sprach von »Tatbeständen wie bei Organisierter Kriminalität«. Der Bundestagsabgeordnete Lambrecht (SPD) fühlte sich ebenfalls an Organisierte Kriminalität erinnert.[19]

Das Finanzgebaren von Kohl spielt zwar in den Dimensionen der Politik. Dabei handelt es sich jedoch nicht um einen rechtsfreien Raum. Ein Ehrenwort steht nicht über dem Gesetz. Die gegenteilige Auffassung ist Ausdruck einer Mafia-Philosophie. Spätestens seit dem Tod des ehemaligen Ministerpräsidenten von Schleswig-Holstein, Dr. Dr. Uwe Barschel, sollte man der »gesamten deutschen Öffentlichkeit« Ehrenworte nur noch in wirklich geeigneten Fällen zumuten. In Wahrheit handelt es sich um die Perversion von Ehrenhaftigkeit, die der Selbstverteidigung und dem parteilichen Interesse dient. Damit ist das Ende des Rechtsstaates eingeläutet. Hier sind Spekulationen, wer die Konkurrenz um die größte »Ehre« gewinnen dürfte, die Mafia oder die politischen Parteien, nicht angebracht. Auch ist Gegenstand dieser Betrachtungen nicht die Mafia als eine konkrete historische[20] und aktuelle italienische Variante Organisierter Kriminalität. Der Begriff steht für ein System der Macht. Er ist als Metapher zu verstehen, die (auch) dessen Pathologie beschreibt. Der Kern der Problematik ist der Staat. Die Mafia hat sich nur entwickeln können, weil ein schwacher Staat seine Schutzaufgaben nicht erfüllte. Die Mafia hat sich als Para-Staat etabliert. In der Mafia kommt der dringende Wunsch nach Ordnung und damit nach Staat zum Ausdruck. Der Mafioso will das Gewalt- und Protektionsmonopol auf einem bestimmten Territorium erringen und behaupten. Mafia ist also eine Machtstruktur. Deshalb hat sie eine ganz andere Qualität als das, was in naiver Verkennung (oder in diffamierender Absicht) »Organisierte Kriminalität« genannt wird, aber zumeist nur eine Kooperationsform bürgerlicher, unternehmerischer, politischer und krimineller Kreise zur Erlangung materiellen Gewinns ist. In der qualifizierten Form der Mafia sprengt Organisierte Kriminalität auch den herkömmlichen Rahmen staatlicher Prävention und strafrechtlicher Verfolgung. »Unterwelt« und »Oberwelt« bilden Allianzen, um die Ordnungsfunktionen des demokratischen Rechtsstaates außer Kraft zu setzen.[21] Insoweit hat Organisierte Kriminalität eine systembedrohende Kraft. Als System und Struktur ist Mafia allerdings keine italienische Spezialität. Sie ist unabhängig von ethnischen Besonderheiten. Die Bekämpfung der Mafia ist nicht um ihrer »Werte« willen erforderlich, die in einer im Zerfall befindlichen Gesellschaft sogar durchaus nützlich erscheinen mögen. Sie ist wegen ihres Wesens an sich notwendig: »Es kann in einer Gesellschaft keine zwei Rechtsstaaten geben.«[22]

Die Mafia geriert sich gewissermaßen als »power broker«. Es ist aber zu fragen, ob die Mafia das ökonomische Prinzip nur radikalisiert hat. Vielleicht ist sie sogar die letzte Konsequenz bürgerlicher Erfolgsideologie. Hier kann dahingestellt bleiben, ob die »Ehrenwerte Gesellschaft« zu ihren Ursprüngen zurückstrebt, wenn sie durch Gründung von Unternehmen und Reintegration von Vermögen in den legalen Wirtschaftskreislauf, d.h. durch Geldwäsche, am Wirtschaftsleben teilnimmt. In der Mafia sind kapitalistisches Kalkül und kriminelle Karriere komplementär. Insofern ist sie von großen Teilen des Wirtschaftslebens in seiner gegenwärtigen Ausprägung nicht mehr allzu weit entfernt. Die jeweiligen Linien der »Leistungsethik« können sich in einem Punkt kreuzen: Disposition über Finanzmittel. Täter, die der Organisierten Kriminalität zuzurechnen sind, wollen sich im höchstmöglichen Maße und in jeder Weise bereichern. Es ist zurzeit nicht erkennbar, dass der größte Teil der Wirtschaftsmanager von wesentlich anderen Motiven geleitet wird. Glücklicherweise sind die Politiker in Deutschland nur an der Mehrung des Gemeinwohls interessiert. In Italien spricht man dagegen gegenwärtig von einer »schweren institutionellen Krise«. Der Ministerpräsident Silvio Berlusconi steht im Frühjahr 2003 vor den Schranken eines Mailänder Gerichts. Er fühlt sich mit den Mitgliedern seiner Regierungskoalition verfolgt und möchte die dichte Immunität von früher zurück, damit nicht jeder Staatsanwalt und Richter sein politisches Mütchen kühlt. Der Justiz wird sogar »Staatsstreich-Mentalität« unterstellt.[23] Berlusconi hatte im März 1975 seinen Konzern »Fininvest« gegründet. Es kam sehr schnell zu enormen Kapitalaufstockungen. Teilweise wurden an einem Tag mehr als zehn Milliarden Lire auf Firmenkonten eingezahlt – als Bargeld. Umgerechnet 100 Millionen Euro sollen auf die Konten geflossen sein. Die Herkunft der Summe ist in zahlreichen Einzelposten unbekannt. In dem Verfahren von Mailand steht Berlusconi mit seinem Weggefährten Cesare Previti aber wegen einer anderen Episode vor Gericht. Mitte 1985 wollte der staatliche Konzern IRI seinen Lebensmittelbereich (SME) verkaufen. Der Unternehmer Carlo Benedetti erhielt den Zuschlag für 350 Millionen Euro. Der damalige Regierungschef Craxi war damit nicht einverstanden. Er soll Berlusconi gebeten haben, etwas dagegen zu unternehmen. Berlusconi gab ein Gegengebot ab. Der Fall wurde neu aufgerollt. Ein Gericht entschied gegen Benedetti. Der Beschluss soll mit Hilfe von Schmiergeldern zustande gekommen sein. Die Staatsanwälte bezichtigen Berlusconi der Richterbestechung. Sie sind bei ihren Ermittlungen auf merkwürdige Geldbewegungen gestoßen, die von Fininvest-Konten über Previti zugeordnete Konten an die Adresse des beteiligten Richters geflossen sein sollen. Deshalb wird es für möglich gehalten, dass der SME-Prozess mit einer Verurteilung Previtis und Berlusconis endet.[24]

Die Organisierte Kriminalität hat erst dann ihren höchsten Gefährlichkeitsgrad erreicht, wenn sie – durch ihre illegalen Tätigkeiten wirtschaftlich maximal gestärkt – am legalen Wirtschaftsleben teilnimmt. In diesem Stadium fließen Organisierte Kriminalität und Wirtschaftskriminalität zusammen.[25]

Auf Sizilien sollen die hauptberuflichen Gangster mittlerweile auf Hunderte von nebenberuflichen Spezialisten zurückgreifen können, auf Ingenieure, Kaufleute, Unternehmer, Mediziner, Politiker, große Händler, Funktionäre der Verwaltung, Rechtsanwälte, Notare. Einer Untersuchung des italienischen Handelsverbandes zufolge sind die kriminellen Organisationen heute so vermögend, dass die »Gelben Seiten« der Branchen-Telefonbücher nicht genügen, um ihre Reichtümer aufzulisten. Allenfalls 4 bis 5 Prozent des Mafia-Besitzes seien von den Behörden aufgespürt und beschlagnahmt worden. Der Betrag belief sich 1998 schon auf 500 Millionen DM. Die Mafia baut Straßen und Brücken, leitet Krankenhäuser, verwaltet Universitäten – immer mit dem Ziel, ein Maximum an öffentlichen Geldern in die eigenen Kassen zu lenken.[26]

Zurück zur Gilde der Unternehmensführer: Dem Roman »Die Buddenbrooks« von Thomas Mann ist eine preußische Erwerbsmoral zu entnehmen: »Mein Sohn sey mit Lust bey den Geschäften am Tage, aber mache nur solche, daß wir bei Nacht ruhig schlafen können.«

Was aber sind das für Unternehmer, die den Zusammenbruch ihrer eigenen Schöpfung riskieren? Sind Manager überhaupt Unternehmer? Und was ist das eigentlich: ein Unternehmer? Sehen wir jetzt das Ergebnis einer langen Entwicklungsreihe, in der sich der Räuberhauptmann zum »Day-Trader« gemausert hat?[27]

Unternehmer gibt es, seit über den Eigenbedarf hinaus produziert wird und lukrativer Tauschhandel aufgekommen ist. Bis heute ist allerdings umstritten, ob sie letztlich mehr nützen als schaden. Der Vorwurf ist alt: Geschäftsleute sind Ausbeuter oder Wucherer und in Notzeiten für den wirtschaftlichen Niedergang verantwortlich. Im Frühstadium der Wirtschaftsgeschichte waren Unternehmer Akteure, die nur über wenig mehr als Mut und Abenteuerlust verfügten und die raubten, statt zu arbeiten. Heute nennt man diese Begabung »Humankapital«. Der Vorläufer des neuzeitlichen Finanzmagnaten entstammt historisch der Kaste der Wucherer. Unternehmerischen Einsatz, gekoppelt mit Geldgier, gab es aber auch schon in vorkapitalistischer Zeit. Unmäßiges Erwerbsstreben wurde jedoch durch Zünfte, Gilden und Angst vor Höllenstrafen in Zaum gehalten. Der Calvinismus sorgte im letzten Punkt für bemerkenswerte Modifikationen. Gleichwohl wird die Entstehung der Unternehmer als Gesellschaftsklasse zumeist mit dem Aufkommen des Kapitalismus in Verbindung gebracht. Ein Unternehmer wäre ein Kapitalist mit ausgeprägtem Gewinnstreben. Das Hauptmotiv aller Geschäftstätigkeit ist die Erzielung einer auskömmlichen Rendite auf das eingesetzte Kapital. Der im Unternehmen belassene Gewinn führte zur Akkumulation des Kapitals. Der Geschäftsradius erweiterte sich und die Profitabilität stieg. Der Unternehmer tritt also als wagemutiger Mann auf, der sein Kapital mehrt. In der Klassik der Nationalökonomie war das ein Idealtypus, den man bejahte. Das bedeutet keineswegs, dass seinerzeit in der Unternehmerschaft nur lautere Charaktere versammelt waren. Man erkannte schon damals, dass die Unternehmer dazu neigten, die Regierung und die Mitbürger zu betrügen und ihre eigenen Interessen als das öffentliche Wohl auszugeben. Trotz vorkommender Auswüchse bestand aber Einigkeit, dass ihre Existenz unerlässlich sei, um die wirtschaftliche Entwicklung zu beschleunigen und den Wohlstand der Nation zu heben. Nach Auffassung von Adam Smith, der Kaufleuten und Fabrikanten neben stetem Gewinnstreben auch Täuschungsabsicht unterstellte, ist ihnen immerhin als Verdienst Arbeitsbeschaffung und Wertschöpfung zuzurechnen. Andere, z.B. Jean-Baptiste Say, wandten sich im Widerspruch zu Smith gegen die Gleichsetzung des Kapitalisten mit dem Unternehmer. Die Unternehmerleistung bestehe darin, die Produktionsfaktoren zu organisieren und das Geschäftsrisiko zu übernehmen. Die Kapitalbeschaffung sei nur ein Teil seiner Leistung. Die durchaus entwickelte Wertschätzung der Unternehmer im Zeitalter der Industrialisierung dauerte nicht an. Sie waren für viele Missstände vornehmlich in der zweiten Hälfte des 18. und im 19. Jahrhundert verantwortlich. Soziale Verbesserungen wurden erhungert, blutig erstreikt und vom Gesetzgeber nur zögernd beschlossen. Das massenhafte Unternehmersterben, so wie es Karl Marx vorausgesagt hatte, trat zwar nicht ein. Aber die Unternehmerfunktion löste sich doch zunehmend vom Eigentum und der Bereitstellung von Kapital. Charakteristisch für den Unternehmer wurde immer mehr die Übernahme von Risiko und geschäftlicher Leitung. Unternehmer ist also – unabhängig von Stellung und Besitz – auf einmal der wirtschaftliche Führer, der neue Produktionsmethoden oder Produkte durchsetzt.

Zu Beginn des 20. Jahrhunderts waren manche wie Thorstein Veblen fest davon überzeugt, dass Ingenieure der Wirtschaft nützen, während Finanzexperten ihr im Wege stehen. Finanzjongleure destabilisierten und rissen durch riskante Manöver Firmen in den Abgrund, während die Technokraten in den Betrieben die wahren Wertschöpfer seien, weil sie durch moderne Fertigungsverfahren die Produktion sicherten. Nach traditioneller Auffassung bleibt das stetige Ziel jedes wirtschaftlichen Verhaltens der Gelderwerb, das des Unternehmers die Gewinnerzielung – und zwar die höchstmögliche. Auf den ersten Blick leuchtet das Streben nach Maximalprofit, auch in der Betonung des »Shareholder Value«, auch ein. Fragwürdig ist seine Ausschließlichkeit.

In der Ökonomie herrscht unterdessen die Ansicht vor, dass ein Unternehmen im kapitalistischen Wirtschaftssystem gar nicht darum herumkomme, sich dem Gewinnziel zu verschreiben. Das Gesetz des abnehmenden Grenznutzens gelte zwar generell für die Güter zur menschlichen Bedürfnisbefriedigung. Der Gelderwerb sei jedoch die Ausnahme; dieser Trieb sei unersättlich. Besonders augenfällig sei das bei Firmen mit einer monopolistischen Marktstellung. Dagegen wird geltend gemacht, dass sich die Unternehmer von diesem reinen »Profitdenken« auf Dauer nicht leiten lassen könnten, ohne gesellschaftlichen Widerstand hervorzurufen. Dieser zwinge letztlich zum Maßhalten. Das Streben nach dem Maximalprofit entpuppe sich ohnehin zumeist als unrealistische Vorgabe. Unternehmen könnten wegen der Unvollkommenheit der Märkte und der Unsicherheit weder das Gewinnmaximum erreichen noch dieses überhaupt exakt ermitteln. Daher seien Mindestrenditen oder branchenübliche Renditen als angepeiltes Unternehmensziel geeigneter. Die kompromisslose Durchsetzung des »Shareholder Value«, der dem Eigentümer einen Höchstnutzen zubilligt, während die anderen Produktionsfaktoren, insbesondere die Belegschaft, vernachlässigt werden, kann nicht der Weisheit letzter Schluss sein. Aufkäufe, Fusionen oder das Abstoßen von Unternehmensteilen im Namen des »Shareholder Value« haben gezeigt, dass häufig falsch gerechnet wurde und die erhofften Synergien ausbleiben. Die Manager waren von falschen Voraussetzungen ausgegangen oder hatten geblufft. Das Ergebnis: Die Unternehmen stehen beschädigt da. Unberechenbare Börsenkonjunkturen machen den »Shareholder Value« jedenfalls zu einem umstrittenen Gradmesser. Bei Finanztransaktionen ist das Versprechen eines größtmöglichen Gewinns natürlich ein zugkräftiges Argument.

Welche Rolle spielen Unternehmer in diesem Zusammenhang?

Private und institutionelle Investoren, die Preis- und Kursschwankungen an den Devisen-, Waren- und Aktienmärkten nutzen oder sogar provozieren, sind Spekulanten. Sie haben einen schlechten Ruf und ihnen wird nachgesagt, dass sie mutwillig gesamtwirtschaftliche Schäden anrichten. Es gilt als aberwitzig, sie wie »anständige« Unternehmer zu behandeln. Dabei übersehe man aber, dass Spekulationen dort stattfinden, wo die Märkte die Balance verloren haben und ein neues Gleichgewicht suchen. Spekulanten machten also auf Schwachstellen im System aufmerksam und gingen Risiken ein. Darin liege eine »unternehmerische« Funktion. Dafür würden sie, je nachdem, ob sie richtig oder falsch liegen, mit Gewinn belohnt oder mit Verlust bestraft. Die Schlussfolgerung: In einer Marktwirtschaft mit funktionsfähigen Börsen sind Spekulanten notwendig. Die »Day-Trader« sind also nur eine Spezies der Aktienspekulanten, die per Internet an den Börsen auf eigene Rechnung handeln. Sie sind halb Glücksspieler, halb seriöse Wertpapierhändler, die bei einem meist bescheidenen Kapitaleinsatz rohe unternehmerische Risiken eingehen.

Es ist reizvoll, eine Antwort auf die Frage zu suchen, ob Raffgier und Streben nach Reichtum ermüden, wenn ein hoher Wohlstand eingetreten ist. Heutzutage gibt es wirtschaftswissenschaftliche Prognosen, die (im Wesentlichen) eine Sättigung aller materiellen Bedürfnisse der Bevölkerung voraussagen. Der Wunsch nach Reichtum könnte dann als eine Form psychischer Erkrankung gelten. Die mittelalterliche Verachtung von Geiz und Wucher könnte wieder zur gesellschaftlichen Norm werden. Es bleibt abzuwarten, ob sich die Unternehmer einem derartigen Wertewandel entziehen könnten. John Maynard Keynes hat dazu einige Gedanken beigetragen: »Die Liebe zum Geld als Besitz – zu unterscheiden von der Liebe zum Geld als einem Mittel für die Genüsse und Wirklichkeiten des Lebens – wird als das erkannt werden, was es ist: ein ziemlich widerliches Leiden, eine jener halb verbrecherischen, halb krankhaften Neigungen, die man mit Schaudern an die Fachleute für geistige Erkrankung verweist.«[28]

Aber auch schon vor Keynes wirkte die Liebe zum Geld abstoßend, wenn die maßvolle Existenzsicherung überschritten war. Es ist mittlerweile kaum zu bestreiten, dass in allen modernen Industriegesellschaften der Kampf ums Dasein gewonnen ist und abgelöst wurde durch den Kampf um Reichtum. Neid und Prahlerei wurden schon vor mehr als 100 Jahren als Triebfedern des finanziellen Wohlstandes bezeichnet. Richtig ist wohl, dass Geld nicht vorrangig um der materiellen Bedürfnisbefriedigung willen erarbeitet und erspart wird. Mit Geld wird gesellschaftliche Anerkennung erreicht. Es sind auch überwiegend Prestigegründe, die zur Wohltätigkeit führen. Die Gattung des bescheidenen Menschen, der freiwillig Verzicht übt, hat die Bühne des ökonomischen Welttheaters noch nicht betreten. Der »Familiensinn« wird nach wie vor bemüht, um das künstliche und unvernünftige Vergnügen, Reichtum um seiner selbst willen anzuhäufen, zu erklären.

Vor diesem Hintergrund wird man das Verhalten von Unternehmern auch weiterhin beargwöhnen. Gleichwohl besteht nach wie vor die feste Überzeugung, dass eine freie Wirtschaft nicht ohne Unternehmer auskommen könne. Sie seien die Quelle des allgemeinen Wohlstandes. Sogar in einer Gemeinschaft edler und selbstloser Menschen wird die Unternehmerfunktion niemals überflüssig, da kaum jemand auf eine behagliche materielle Grundversorgung verzichten will: »Es ist das Unternehmertum, das die Besitztümer dieser Welt hervorbringt und verbessert.«[29]

Die Börsen öffnen sich den Bausparern

Deregulierung und Re-Regulierung

Die internationalen Finanzmärkte prägen das moderne Leben. Sie spiegeln alle wichtigen Veränderungen der ökonomischen Rahmenbedingungen. Diese Märkte sind das wichtigste Symbol und zugleich das zentrale Instrument der Globalisierung.[1] Von herausragender Bedeutung sind die Derivate. Sie treiben die Deregulierungswelle voran und unterstützen die Steuerflucht von Unternehmen und Privatpersonen. Letztlich bewirken Derivate die Aushöhlung organisierter politischer Strukturen. Möglicherweise haben sie das System der Wirtschaft sogar revolutioniert. Derivate und Hedge Funds eignen sich auch zur Geldwäsche.[2]

Unter dem Eindruck des 11. September 2001 hat sich der Finanzminister der USA entschlossen, die Kontrolle über Hedge Funds erheblich zu verschärfen, weil er vermutet, dass diese auch von Terroristen zur Geldwäsche missbraucht werden.[3] Das ist ein beunruhigender Befund. Die Geldwäsche soll immerhin auch das »Herzstück« der Organisierten Kriminalität sein.[4] Mit der Liberalisierung, Deregulierung und Globalisierung der Finanzmärkte ist die Geldwäsche zu einem Problem mit neuen Dimensionen geworden. Nicht nur ihr Umfang hat stark zugenommen, auch die damit verbundenen Gefahren für Wirtschaft, Gesellschaft und Politik sind erheblich größer geworden.

Vor dem Hintergrund der Attentate am 11. September 2001 gelangte auch die vom Deutschen Bundestag am 15. Dezember 1999 eingesetzte Enquete-Kommission »Globalisierung der Weltwirtschaft – Herausforderungen und Antworten«[5] in ihrem am 12. Juni 2002 veröffentlichten Schlussbericht zu der Auffassung, dass die deregulierten Finanzmärkte nicht nur Vehikel der Wohlstandsmehrung in der Welt seien, sondern auch zur Finanzierung der Organisierten Kriminalität und terroristischer Netzwerke missbraucht werden könnten.[6]

Nach dem Zusammenbruch des Systems von Bretton Woods begann der fast explosive Aufstieg eines Wirtschaftszweiges, der womöglich wie kein anderer das Schicksal der Menschheit beeinflusst: die globale Finanzindustrie. Banken, Fondsgesellschaften, Finanzabteilungen transnationaler Konzerne und Versicherungen haben den Handel mit Devisen und Wertpapieren zum umsatzstärksten Gewerbe der Welt entwickelt. Lange vor dem Internet gab es schon eine weltumspannende elektronische Vernetzung. Im »Cyberspace der Weltfinanz« wird innerhalb von Sekunden Vermögen in Milliardenhöhe aus einem Währungsraum in den anderen verschoben, eine Anlageform in die andere. Allein der Handel mit Anleihen erreichte bis zum Jahre 1999 ein jährliches Volumen von 23 Billionen Dollar, das 250fache der Umsätze des Jahres 1970. Im Jahre 1999 verzeichneten die Devisenhändler im Durchschnitt an jedem Handelstag Umsätze von 1,2 Billionen Dollar.[7] Diese Umsatzzahlen beschreiben allerdings nicht die Menge verfügbaren liquiden Kapitals. Dasselbe Geld wird mehrmals am Tag mal in die eine, mal in die andere Richtung bewegt. Ständig wechselnde Informationen verlangen ständige Aktion (»educated gambling«). Gleichwohl lassen die hohen Umsatzzahlen Rückschlüsse auf die Menge des Kapitals zu, das nicht in der Realwirtschaft gebunden ist. Schätzungen belaufen sich auf 80 Billionen Dollar. Das ist mehr als das Dreifache des gemeinsamen jährlichen Bruttoinlandsprodukts der 31 in der OECD organisierten Industrieländer. Nach Meinung mancher Analysten handelt es sich um eine unproduktive Geldschwemme. Sie gilt als das Ergebnis eines ökonomischen Teufelskreises, der mit der Liberalisierung eröffnet worden sei. Die Geldschwemme habe die beteiligten Volkswirtschaften aneinander gekoppelt, Währungsunsicherheit erzeugt und die realen Zinsen an den Kapitalmärkten nach oben getrieben. Die Konsequenz war eindeutig: Die Kapitaleinkommen stiegen, während die Löhne stagnierten und die Investitionen sogar sanken. Die Geldvermögen bei Unternehmen und Privatpersonen wuchsen weit schneller als die Wirtschaft insgesamt. Der Überhang an liquidem Kapital, das weder investiert noch konsumiert wird, lieferte den Rohstoff für die Aufblähung der Finanzbranche und die immer häufigere Bildung von spekulativen Blasen an den Wertpapiermärkten. Lange Zeit war es eine Standarderklärung, dass die internationalen Finanzmärkte das Kapital dorthin fließen ließen, wo es am produktivsten investiert werde und so die höchste Rendite bringe. Das ist noch nicht einmal die halbe Wahrheit. Die Verflechtung der globalen Märkte ist mittlerweile so komplex, dass auch erfahrene Händler die Folgen ihres Handelns nicht mehr durchschauen können. Die große Mehrzahl der Kursänderungen folgt nicht tatsächlichen wirtschaftlichen Entwicklungen in den verschiedenen Ländern, sondern den kollektiven Vor-Urteilen der Händler und den Vorgaben der führenden politischen Markthändler, etwa des Präsidenten der US-Notenbank, des jeweiligen amerikanischen Finanzministers sowie den Bewertungen des Internationalen Währungsfonds (IMF) und der privaten Rating-Agenturen. Es spielt in diesem Zusammenhang keine Rolle, ob die jeweiligen Informationen und Analysen tatsächlich fundiert sind oder nicht. Entscheidend ist die Erwartung darüber, was die anderen denken. Es gilt das »Lemming-Prinzip«. Selbst wenn der einzelne Händler noch rational kalkuliert, bewirkt das Kollektiv regelmäßig irrationale Kursverläufe, das »Überschießen der Märkte«.

Hier ist die Fahrt ins Zeitalter der Finanzkrisen, das gleich nach der Freigabe des Kapitalverkehrs und der Wechselkurse begann, auch nicht annähernd vollständig nachzuzeichnen. Es sei nur daran erinnert, dass zwischen 1974 und 1982 die grenzüberschreitenden Ausleihen der westlichen Banken von 200 Milliarden Dollar um das Fünffache auf über eine Billion anwuchsen. Über die Hälfte davon sollen Diktaturen in Südamerika und Afrika zugute gekommen sein.

Die Finanzkrisen der vergangenen acht Jahre haben eine Debatte über eine neue internationale Finanzarchitektur eingeläutet, deren Ende noch nicht absehbar ist. Das ist auch nicht verwunderlich, hat es doch in keinem Jahrzehnt nach dem Zweiten Weltkrieg so viele Finanzkrisen gegeben wie in den neunziger Jahren. Auch »Musterländer« blieben nicht verschont. Für Entwicklungs- und Schwellenländer ist es besonders problematisch, dass die Kapitalströme sehr beweglich geworden sind. Im Jahre 1996 ist noch privates Kapital in Höhe von 234 Milliarden USD (netto) dorthin geflossen. Vier Jahre später war nur noch ein Nettozufluss von 0,5 Milliarden USD zu verzeichnen. Noch schlimmer sieht es bei den privaten Bankkrediten aus. Im Jahre 1996 gaben die Banken noch Kredite in Höhe von 26,7 Milliarden USD. Im Jahre 2000 zogen sie Kapital in großem Maßstab ab. Die betroffenen Volkswirtschaften mussten per Saldo die Rückzahlung von Krediten in Höhe von 148,3 Milliarden USD verkraften.[8] Diese Entwicklungen wirken deshalb überraschend, weil die Befürworter einer weitgehenden Liberalisierung von Finanzmärkten mehrere Vorteile erwartet hatten. So glaubte man, dass die Finanzierungskosten für Unternehmen in den Schwellenländern durch den Rückgriff auf ausländische Ersparnisse sinken und damit die Konkurrenzfähigkeit der Unternehmen steigen würde. Per Saldo sind aber die Kosten des gegenwärtigen Systems für diese Länder höher als der Nutzen. Gegenwärtig wird daher darüber diskutiert, wie man zu einer globalen Ordnungs- und Strukturpolitik auf den internationalen Finanzmärkten kommen kann. Bei weiterhin ungenügend regulierten globalen Finanzmärkten könnten schwerwiegende Folgen eintreten: die partielle Abschottung zahlreicher Ökonomien vom Weltmarkt und der Zusammenbruch der multilateralen Handelsordnung. Erste Ansätze sind durch einige Stichworte zu charakterisieren: Devisenumsatzsteuer, »Global Governance«, internationales Insolvenzverfahren, »Gläubiger der letzten Instanz«. Darin sieht man die zentralen Bausteine einer neuen internationalen Finanzarchitektur.[9] Sollte deren Errichtung scheitern, gibt es vielleicht auf der Ebene des Nationalstaates Alternativen. Die Schwellenländer könnten sich durch »Roll-over-Optionen«

und Beschränkungen des Kapitalverkehrs vor den negativen Konsequenzen deregulierter Finanzmärkte selbst schützen. Die dahinter stehende Idee ist simpel. Bei »Universal Debt-Rollover Options with a Penality« können sich die Schuldner entscheiden, einen Kredit bei Fälligkeit um drei oder sechs Monate zu verlängern. Der Preis für diese Umschuldung (penality) wird bereits bei Abschluss des Kreditvertrages festgesetzt. Damit wird das Ziel verfolgt, Liquiditätskrisen, die durch Panik verursacht werden, zu verhindern. Der Schuldner soll bis zur Erreichung geordneter Marktverhältnisse von der Schuldenrückzahlung befreit werden. Die Rückzahlung der Schuld wird also gestundet. Damit ist eine Reihe von Vorzügen verbunden.[10]

Die finanztechnische Remedur liegt noch in weiter Ferne. Der Ruf nach einer verstärkten Regulierung der Finanzmärkte verhallte lange Zeit ungehört. Deregulierung und Liberalisierung mutierten zu Leitmotiven einer ganzen Wirtschaftsepoche. Dabei hat man die Finanzmärkte zu sehr sich selbst überlassen. Logische Folge dieser Internationalisierung ist die Übertragung bestimmter Strukturen aus dem nationalen Raum auf die globale Ebene. Die Gestaltung der Globalisierung ist eine politische Aufgabe. Es ist unrealistisch, von den Märkten eine vollständige Selbstregulierung zu erwarten. In diesem Zusammenhang steht die Europäische Union vor einer ihrer schwersten Aufgaben. Europa muss eine führende Rolle bei der Neuordnung der internationalen Finanzmärkte spielen. Nach der Einführung des Euro wird das Fehlen einer gemeinsamen auswärtigen Finanzpolitik schmerzhaft bewusst. Die Europäische Union ist die größte Handelsmacht der Welt. Sie leidet deshalb mehr als jeder andere Akteur unter den von den Finanzmärkten verursachten Turbulenzen im Welthandel. Stabile Finanzmärkte und nur geringfügig schwankende Wechselkurse begünstigen den internationalen Warenhandel. Mit der Osterweiterung wächst aber auch die Gefahr von Finanzkrisen innerhalb der Europäischen Union selbst. Sie hat sich dieser Herausforderung bislang nicht durch Schaffung eines ordnungspolitischen Rahmens gestellt.

Manche scheinen zu übersehen, dass die USA auch nach dem 11. September 2001 Vorschlägen zur Re-Regulierung der Finanzmärkte eher kritisch gegenüberstehen. Die neuen Töne aus Washington beziehen sich allerdings meist (»nur«) auf Maßnahmen zur Verhinderung von Geldwäsche. In den Augen derjenigen, die die gesamte Globalisierung gestalten und die internationale Finanzarchitektur nach den Finanzkrisen neu ordnen wollen, ist das nur ein sehr kleiner Bereich. Diese Analytiker erinnern daran, dass die USA über die aggressivsten und wettbewerbsfähigsten Akteure auf den Finanzmärkten verfügen. Es ist realitätsfremd, gerade von den USA eine Initiative zur Neuordnung der Finanzmärkte zu erwarten. Das Vorhaben ist politisch brisant. Die Widerstände gegen eine Regulierung und stärkere Kontrolle der Finanzmärkte sind enorm. Sie werden ansteigen. Die mächtige Finanzwirtschaft wird der Beschränkung ihrer Operationsfelder energisch widersprechen. Viele Menschen würden aber von stabileren Finanzmärkten profitieren, nicht nur die von Finanzkrisen direkt betroffene Bevölkerung. Es bleibt abzuwarten, ob in einer fast idealistisch undifferenziert erscheinenden Weise die Schlussfolgerung angebracht ist, dass eine ordnungspolitisch gestaltete Globalisierung der großen Mehrheit der Weltbevölkerung die Chance auf mehr Wohlstand eröffnet.[11]

In der Zwischenzeit sollte man sich der Geldwäsche widmen, deren Auswirkungen auf die Finanzmärkte unübersehbar groß sind. Das Europäische Parlament war schon vor mehreren Jahren an den Auswirkungen illegaler Geldtransaktionen auf die Geldpolitik und an makroökonomischen Folgen interessiert, z.B. Geschwindigkeit des Geldumlaufs, Geldvolumen von Ländern, die an der Geldwäsche beteiligt sind, Anlageform illegaler Gelder, Übertragungsmechanismen, Stabilität der Finanzmärkte, die vom Geldwäschekreislauf berührt werden.[12]

Die Problematik hat auch schon die Aufmerksamkeit des IMF gefunden, der zwar eingeräumt hat, dass die Menge der involvierten Beträge und das Ausmaß der kriminellen Tätigkeiten nicht exakt zu bemessen sind. Er geht aber davon aus, dass kriminelle Einkommen erzeugt werden, die sich sowohl auf die inländische als auch auf die internationale Allokation der Ressourcen und auf die makroökonomische Stabilität auswirken. Der IMF nimmt an, dass die Geldwäsche so weit verbreitet ist, dass sie eine unabhängige Auswirkung auf die Gesamtwirtschaft hat. Geldwäscher suchen regelmäßig nicht nach der höchsten Rendite, sondern nach dem Finanzplatz bzw. der Anlage, mit deren Hilfe das »Recycling« des zu waschenden Geldes besonders Erfolg versprechend ist. Dafür wird eine niedrigere Rendite in Kauf genommen. Nach Maßgabe einschlägiger wirtschaftlicher Hintergrunddaten finden also untypische Bewegungen statt. Es kommt zur Verlagerung von Geldern aus Ländern mit erfolgreicher Wirtschaftspolitik und hochverzinsten Tätigkeiten in Länder mit einer schlechteren Politik und weniger lukrativen Verzinsungsmöglichkeiten. Auf diese Weise wird die optimale Investition internationalen Kapitals verhindert. Kontraintuitive Kapitalbewegungen können politische Entscheidungsträger verwirren und unangemessenes Handeln provozieren. Die – scheinbare – Geldnachfrage, die auf eine in keinerlei Daten widergespiegelte Geldwäsche zurückzuführen ist, kann die Zins- und Wechselkursvolatilität beeinflussen. Aufgrund der weltweiten Verflechtung der Finanzmärkte haben die aus der Geldwäsche entstehenden Kapitalbewegungen global destabilisierende Folgen. Nationale Probleme verwandeln sich in systemimmanente.

Die Entwicklung leistungsfähiger und stabiler Finanzmärkte hängt vom Vertrauen der Teilnehmer ab. Kontaminationen durch kriminell kontrolliertes Geld begünstigen Überreaktionen auf Gerüchte wegen falscher Statistiken. Die Instabilität wächst weiter. Geldwäsche kann offensichtlich Schlüsselelemente im Funktionsmechanismus von Volkswirtschaften bedrohen. Dazu zählen die Transparenz und die Solidität der Finanzmärkte. Die dort Beschäftigten sind durch Geldwäsche der Gefahr der Korrumpierbarkeit ausgesetzt. Glaubwürdigkeit, die einmal verloren wurde, lässt sich nur sehr schwer wieder herstellen. Zudem erhöht sich die Instabilität bei den Verbindlichkeiten der Finanzinstitute. Die Risiken für die Aktivaqualitäten steigen an. Die mangelhafte Erfassung von Einkommen und Vermögen wirkt nachteilig auf die Steuererhebung und die Allokation öffentlicher Mittel. Das gesamte rechtsgeschäftliche Handeln wird auf vielfältige

Weise durch Vertrauensverlust beeinträchtigt. Im Hinblick auf Aktiva sind durch die Veräußerung »schwarzen« Geldes weitere länderspezifische Verteilungseffekte bzw. »Preisblasen« zu befürchten. Bei bestimmten Ländern ist die Verfolgung der Auswirkungen der Geldwäsche für das Verständnis der makroökonomischen Bewegungen besonders bedeutungsvoll. Dazu zählen Staaten, in denen Drogenhandel oder anderer illegaler Warenumschlag stattfindet. Wichtig sind aber auch solche Länder, in denen die Schwächen des Steuersystems der Geldwäsche zuträglich sind. Zwischen Geldwäschehandlungen und den Techniken der Steuerhinterziehung gibt es zudem Zusammenhänge, die zu einer Potenzierung der schädlichen makroökonomischen Effekte führen.[13]

Die Wissenschaftler finden die Wahrheit
Geldwäsche und Gegengesellschaft

In den siebziger Jahren des vergangenen Jahrhunderts ging es los. Damals begannen die Transformationen des modernen Kapitalismus des 21. Jahrhunderts. Die »Krise des Fordismus« oder das »Ende des sozialdemokratischen Zeitalters« waren die Schlagwörter. Aber auch schon zuvor, während der sechziger Jahre, drohte das Ende des »Wirtschaftswunders«. Seither werden globale Transformationen diagnostiziert, die im unwegsamen, unsicheren und unübersichtlichen Gelände des »Informellen« stecken geblieben seien. Man fragt sich, inwieweit die Tendenzen der Informalisierung durch die Globalisierung von Ökonomie, Politik und Gesellschaft gestützt, ja verstärkt werden, und ob und inwieweit sie die Sicherheit des individuellen sozialen Lebens untergraben. Dabei soll der Vieldeutigkeit des Phänomens ebenso Rechnung zu tragen sein wie den fließenden Übergängen zwischen seinen legalen und den illegalen und sogar kriminellen Varianten.[1]

Im Geld sieht man ein »förmliches Mittel der ultimativen Kontrakterfüllung« und zugleich ein zentrales Bindeglied zwischen Individuum und Gesellschaft. Gesellschaftliche Individuen sollen nur diejenigen sein, die über förmliches, in der Gesellschaft akzeptables Geld verfügen. Dabei handele es sich um »werthaltiges« Geld, das institutionell – durch die Zentralbank – wertvoll gehalten werden müsse. Danach ist nur Zentralbankgeld, das obendrein »integer«, also »sauber« sein müsse, gesellschaftlich akzeptables Geld. Nach diesem Verständnis bedeutet Integrität, dass das Geld nicht »schmutzig«, also wegen krimineller oder illegaler Machenschaften nicht anrüchig ist, seine Akzeptanz dementsprechend nicht eingeschränkt.

Nach dem Zusammenbruch der globalen Geldordnung von Bretton Woods ist eine Geldmengensteuerung durch nationalstaatliche Zentralbanken unmöglich, zumal die Währungen konvertibel sind und die Finanzmärkte dereguliert wurden. Die Volatilität der Kursbewegungen hat zugenommen. Zinssätze sind nicht mehr durch Zentralbanken kontrollierbar. Sie bilden sich auf den globalen Finanzmärkten. Dort haben die Banken und Fonds die Macht. Die Zinsen werden hoch getrieben. Steuern sie nach unten, beginnt eine für Wechselkurse und interne Preisstabilität gefährliche Kapitalflucht. Tendenzielle Steigerungen der Zinssätze auf ein Niveau über den realen Wachstumsraten wirken nicht überraschend.

Die Reproduktionsstruktur des Kapitalismus wandelt sich radikal: Finanzanlagen werden Vehikel der Erzielung von Renditen, und zwar im globalen Raum. Es entsteht Unsicherheit, weil die Flexibilisierung der Arbeitsmärkte und der Produktionsorganisation nicht so weit getrieben werden kann, dass das Tempo, mit dem Finanzanlagen getätigt und wieder aufgelöst werden, gehalten wird. Manchen Marktteilnehmern gelingt es nicht mehr, rechtzeitig Zugang zu formellem Geld zu gewinnen. Es entsteht »Ersatzgeld«. Geldlose Tauschringe treten in Aktion. Spezialgeld löst indes nicht jeden Kontrakt ein. Schmutziges Geld kann nicht als Zahlungsmittel benutzt werden, weil es die Spur zu einem illegalen oder kriminellen Geschäft weisen und den Geldbesitzer hinter Gitter bringen würde. Geld müsste also erst »gewaschen« werden, damit es seine formellen Funktionen erfüllen kann. Die Wissenschaftler sehen in der Geldwäsche international eine Wachstumsbranche, in der man jährlich bis zu 1500 Milliarden USD umsetze. 5 Prozent des globalen Sozialprodukts dürften deshalb durch illegale Machenschaften zustande gekommen sein. Es handelt sich nicht um ein Kavaliersdelikt alter Zeiten. Geldwäsche steht im Zusammenhang mit hochmodernem, organisiertem Verbrechen unter

Nutzung globaler Netzwerke. Dieses »Geschäft« wird durch die neoliberale Deregulierung erleichtert und von Staaten betrieben, die sich als Geldwaschanlagen international anböten: durch Offshore-Finanzzentren und von Territorien »ordentlicher« Industrieländer, die – wie die britischen Kanalinseln oder einige US-amerikanische Bundesstaaten – eine spezielle und laxe Gesetzgebung aufweisen. Offensichtlich, so die Wissenschaftler, werde die Politik in den Dienst der großen Akteure auf globalen Finanzmärkten genommen. Das seien nicht nur transnational operierende Konzerne, sondern auch korrupte Regierungen und die Organisierte Kriminalität.[2]

Es sind mehrere Regeln einzuhalten, um Geld institutionell in Form zu halten, also in Zeit und Raum für Wertbeständigkeit zu sorgen. Dazu gehört, dass sich die Banken an Gebote des Risikomanagements halten, bei Aktivgeschäften Vorsichtsmaßnahmen (Kreditsicherung durch Unterlegung von Eigenkapital) einhalten, damit kein Wertverlust eintritt. Die Banken dürfen aber auch weder am Fiskus noch an den Strafverfolgern vorbei Geld »waschen« helfen. Auch Forscher sehen in der Geldwäsche einen besonders eklatanten Ausdruck der Informalisierung von Geldbeziehungen, die sich nur deshalb ergebe, weil die »Vortaten«, die zu Geldeinnahmen führen, illegal oder kriminell sind. Nur nach der Wäsche könne Geld als Tauschmittel in voller Konvertibilität verwendet werden.[3] Es wird auch daran erinnert, dass man in den USA während der zwanziger Jahre illegal erworbenes Geld in ganzen Ketten von Waschsalons (»laundromats«) und Autowaschanlagen investierte. Wegen der überwiegenden Bareinnahmen fiel das nicht weiter auf. Die »Geldwäsche« hatte ihren Namen weg. In den achtziger Jahren des vergangenen Jahrhunderts ist der Kampf gegen die Geldwäsche zu einem zentralen Strategiebestandteil im Kampf gegen die zunehmende Drogenkriminalität geworden. Die Umsetzung gelingt nach Einschätzung der Wissenschaftler nur in den seltensten Fällen. Geldwäsche sei eine der hässlichen Seiten von Globalisierung und Deregulierung geblieben. Sie sei sogar nach dem Rückzug von Regierungen aus der Kontrolle globaler Finanztransaktionen ausgeweitet worden. Auf neuen Märkten handele man mit illegalen Gütern (z.B. »Blutdiamanten« in Westafrika; geschmuggelte Zigaretten, Prostituierte aus Mittel- und Osteuropa, illegale Ölverkäufe russischer Magnaten). Dort seien lukrative Geschäfte möglich geworden, deren Einnahmen gewaschen werden müssten, weil diese »Marktgeschäfte« Straftatbestände erfüllten. Mit Menschenschmuggel, so die Vermutung, werden heute möglicherweise höhere Beträge umgesetzt als beim Drogenhandel. Der Anlagebetrug mit Hilfe des Internets sei das Delikt der Zukunft (die wohl schon begonnen hat). Für die den Geschäften nachfolgende Geldwäsche verwende man moderne Finanzinstrumente (Derivate). In Geldwäscheaktivitäten seien nicht nur Banken an obskuren Finanzplätzen, sondern »ehrwürdige« und weltbekannte Bankhäuser mit Sitz in Zürich, Frankfurt, London und New York involviert. An der Geldwäsche beteiligten sich auch Notare und Rechtsanwälte, Finanzdienstleister, Reisebüros, Hotels, Juweliere und Casinos, Luxusyachtverkäufer und Immobilienmakler mit besten Adressen. Die Forscher haben auch entdeckt, dass es nicht nur schwierig, sondern auch politisch kontrovers ist, diese Berufsgruppen in Strategien zur Geldwäschebekämpfung einzubeziehen, weil es um sehr viel Geld geht.

Diese (neue) Lage ist eine direkte Folge der finanziellen Globalisierung. Seit der explosionsartigen Entwicklung der globalen Finanzmärkte, der Deregulierung und Liberalisierung sind – das wird auch Nichtwissenschaftler nicht sehr überraschen – Kontrollen schwieriger geworden. Finanzinnovationen und die Privatisierung in nahezu allen Ländern und die rasante Ausbreitung des Internets haben die globalen Finanzflüsse in der Masse vergrößert, in der Zeit beschleunigt, im Raum ausgeweitet und gleichzeitig die politische Kontrolle der Aufsichtsorgane geschwächt. Geldwäsche wird als Formalisierung informellen Geldes bezeichnet. Schmutziges Geld ist Wertträger einer »Gegengesellschaft der mala vita«. Sie wird bekämpft, wenn man gegen die Geldwäsche vorgeht.

Immer wieder wird darauf hingewiesen, dass es in den späten achtziger Jahren des 20. Jahrhunderts in erster Linie der Kampf gegen die zunehmende Drogenkriminalität war, der die Aufmerksamkeit auf

Geldwäscheaktivitäten in diesem Bereich lenkte, und dass vor allem die USA internationalen Druck ausübten. Dabei vergaßen die USA, ihren eigenen Stall auszumisten, während Abgesandte des amerikanischen Finanzministeriums im Stil von Besatzungsoffizieren andere Länder zu gesetzgeberischen Aktivitäten anhielten. Das »Office for Drug Control and Crime Prevention« der Vereinten Nationen in Wien gibt für die späten neunziger Jahre an, dass der Drogenhandel einen jährlichen Umsatz von 400 bis 500 Milliarden USD erreicht habe. Die Strafverfolgungsbehörden stellten hiervon lediglich zwischen 100 und 500 Millionen USD pro Jahr sicher, also weniger als ein Promille. Der Betrag, der an Drogenproduzenten in der Dritten Welt transferiert wird, beläuft sich auf 5 Milliarden USD. Ca. 100 Milliarden gehen an Zwischenhändler. Diese Summen wasche man nicht, sondern integriere sie wieder in den Geldkreislauf zur Produktion und zum Handel mit Drogen. Der große »Rest« von mindestens 300 Milliarden USD müsse im globalen Finanzsystem gewaschen werden.

Inzwischen, so behaupten einige Forscher, dürften andere Delikte wichtiger und für die Geldwäsche quantitativ bedeutender als der Drogenhandel geworden sein, insbesondere der »White Collar«-Betrug auf den Finanzmärkten. Der Kapitalanlagebetrug belaufe sich allein in der Bundesrepublik Deutschland auf mehr als 25 Milliarden Euro. Dieser Betrug ziehe unmittelbar Geldwäsche nach sich, da Gelder betrogener Anleger in Sicherheit gebracht werden müssen (Verschleierung), eine direkte Folge der finanziellen Globalisierung, der Verbreitung von Internet-gestützten Finanzinnovationen und der spekulativen Steigerung von Umsätzen auf Finanzmärkten, insbesondere auf jenen für finanzielle Derivate. Die Maßnahmen zur Privatisierung öffentlicher Unternehmen und Vermögenswerte in nahezu allen Ländern (vor allem in den Transformationsländern Mittel- und Osteuropas) haben diese Tendenz unterstützt. In vielen Fällen sind Korruption, Betrug und Diebstahl im Spiel gewesen. Öffentliche Unternehmen sind unter Wert abgegeben worden. Korrupte Bedienstete haben die Öffentlichkeit über deren tatsächlichen Wert getäuscht.

Nach der Privatisierung sind Monopole fortgeführt worden, die, als sie noch staatliche waren, den Grund für die Privatisierung abgegeben haben.

All dies habe zu illegalen Geldflüssen geführt, deren Größenordnung schwer zu schätzen sei. Die Wissenschaftler weisen auf unterschiedliche Zahlenangaben hin. Es sei davon auszugehen, dass sich die Beträge der Geldwäsche (einschließlich »Kapitalflucht«) auf bis zu 1000 Milliarden USD, also ca. ein Achtel (und mehr) des Welthandels summieren. Einer anderen Quelle (IMF) zufolge ist der Umsatz schmutzigen Geldes auf 2 bis 5 Prozent des globalen Inlandsprodukts (zwischen ca. 600 bis 1500 Milliarden USD pro Jahr) zu beziffern. Würde man Steuerhinterziehung und Schattenwirtschaft mit einbeziehen, sollen sogar 15 bis 20 Prozent des Welt-Sozialprodukts als schmutziges Geld anfallen, glaubt ein anderer Beobachter.[4] Bei der Financial Action Task Force sieht man sich außerstande, zusammenfassende Daten aufgrund von Länderberichten zu geben. Die Angabe der Größenordnungen von Geldwäsche in einigen Mitgliedsländern wird als »assoziativ« bezeichnet. Diese Daten vermitteln lediglich Impressionen, analytisch geben sie nicht viel her. Der exakte Umfang der Geldwäsche ist nicht anzugeben. Er ist aber evident hoch, und es handelt sich um ein globales Problem, dessen Bedeutung zunimmt. Selbst wenn die Vortaten in Russland oder Kolumbien, in Thailand oder Kroatien geschehen – das Geld kann nur auf den internationalen Finanzmärkten gewaschen werden: in den Offshore-Zentren, in den Banken der Schweiz, Liechtensteins, Luxemburgs, aber auch in den Bankhäusern Deutschlands, in Großbritannien oder den USA.[5]

Analytische Schwierigkeiten bereitet die Abgrenzung der verschiedenen illegalen Kapitalflüsse (Geldwäsche, Steuerhinterziehung, Kapitalflucht). Tatsächlich scheinen die Banken einen scharfen Trennungsstrich zwischen dem Kampf gegen Steuerhinterziehung und der Bekämpfung der Geldwäsche ziehen zu wollen. Im Letzteren sehen sie wohl besonders in der Schweiz einen verdeckten Konkurrenzkampf der EU-Finanzplätze gegen dieses Land.

Es ist daran zu erinnern, dass den Geldtransfers eine in allen Ländern als kriminell eingestufte Vortat vorausgeht (Drogen, Waffen, Menschenhandel). In diesen Fällen dürften die Geldtransfers allgemein in allen Ländern als Geldwäsche qualifiziert sein. Allerdings gibt es Unterschiede in der Implementierung und der Kontrolle, die oft durch politische Opportunitätserwägungen erklärbar sind. Solange Drogendealer, Waffenhändler und Geldwäscher wie der ehemalige Mitarbeiter der CIA und Präsident von Panama, Noriega, als Verbündeter gegen Kuba und das sandinistische Nicaragua in das Machtkalkül der USA passten, wurde die Bekämpfung dieser deliktischen Verhaltensweisen den hegemonialen Interessen untergeordnet. Man griff zu, als sich die politischen Rahmenbedingungen änderten. Dabei wurde fast ein ganzes Stadtviertel von Panama City in Schutt und Asche gelegt. Die Wissenschaftler betonen, dass es globale Geldtransfers gibt, die auf Tatbeständen gründen, welche nur in dem Herkunftsland, nicht aber im Zielland kriminalisiert sind (z.B. Steuerhinterziehung). Auf diesem Feld ist Kollaboration, soweit überhaupt vorhanden, nur sehr zögernd in Gang gekommen, obschon die »harmful tax practices« innerhalb der OECD in jüngerer Zeit größere Aufmerksamkeit genießen. Nicht nur die »Steuerparadiese« sind nach wie vor zurückhaltend. Die Bezeichnung ist übrigens ein irreführender Euphemismus.

In Wahrheit handelt es sich um ganze Staaten – auch in Europa –, wo Steuerhehlerei die »raison d'être« ist.

Auch die USA hatten sich in der ersten Hälfte des Jahres 2001 aus der OECD-Kampagne gegen den schädlichen Steuerwettbewerb ausgeklinkt. Erst nach dem 11. September 2001 scheint man begriffen zu haben, dass mit gewaschenem Geld und mit Hilfe von Untergrundbanken auch terroristische Netzwerke unterstützt worden sein könnten.

Die bisherige Geschichte der Geldwäschebekämpfung hat deutlich gemacht, dass die Zuordnung von nicht-kooperativen Offshore-Zentren ein hegemonialer Akt war, der gleichzeitig »Sünder« aus dem Bereich der Hegemonialmacht außen vor ließ. Auch große »ordentliche« Staaten haben eine »Special Jurisdiction«, die für Steuerhinterzieher und Geldwäscher großen Kalibers günstige Bedingungen bieten.

Kleinere Inseln haben keine ökonomischen Alternativen und sind deshalb durch Sanktionsdrohungen nur schwer davon abzubringen, den Geldwäschern Sonderkonditionen anzubieten. Übrigens spielen nicht nur exotische Eilande eine Rolle, sondern auch – wandernden Studienräten wohl vertraute – Inseln wie Irland.[6] Offshore-Banking ist so attraktiv, dass angedrohte Sanktionen überwiegend wirkungslos bleiben. Die Aufgabe der Geldwäscheaktivitäten würde einen Umbau der gesamten Wirtschaftsstruktur mit den entsprechenden Friktionen erforderlich machen.

Grenzüberschreitende Finanztransaktionen können schließlich nur dann illegale Kapitalflucht oder Währungsvergehen sein, wenn ein Land Regeln für Devisenkontrollen und den Transfer von Kapital erlassen hat. Bei voller Konvertibilität der Währungen und deregulierten Kapitalmärkten in allen beteiligten Ländern kann es das Delikt der illegalen Kapitalflucht nicht geben. »Kapitalflucht« wäre also nur der Ausdruck für besonders massive Kapitalbewegungen aufgrund von Zinsdifferenzen, erwarteten Wechselkursbewegungen oder veränderten Einschätzungen zur wirtschaftlichen Gesamtlage von Ländern. Die »Legalität« ändert natürlich nichts daran, dass damit gesamtwirtschaftlich äußerst schädliche Folgen verbunden sein können. Andererseits ist Kapitalflucht natürlich für die Zielländer vorteilhaft. Die Kapitalflucht aus den asiatischen Ländern im Gefolge der Finanzkrise von 1997 hat insbesondere den USA einen lang andauernden Börsenboom und die »new economy« beschert. Sie ermöglichte es, die Börsenkapitalisierung nach oben zu treiben und dem Management-Konzept des »Shareholder Value« zum Durchbruch zu verhelfen.[7] Es ist leicht einsehbar, dass Regulierungen zur Unterbindung der Geldwäsche die Transaktionskosten aller Kapitalbewegungen erhöhen. Deshalb reagieren zahlreiche Regierungen zögernd. Sie wollen den jeweiligen Finanzplatz attraktiv halten und nehmen daher die kriminellen Machenschaften der Geldwäscher in Kauf, die regelmäßig nicht zu den »Outcasts« der jeweiligen guten Gesellschaft gehören. Es hat des 11. September 2001 bedurft, um Fortschritte auf dem Weg zur Unterbindung der Geldwäsche zu bewirken.[8] Es ist klar, dass Geldwäsche nicht mehr in nationalem Rahmen stattfindet, sondern global. Sie geschieht nicht mehr hauptsächlich im Schalterbereich der Banken, sondern unter Nutzung von Derivatenhandel und elektronischer Kommunikationstechnologie. Im Zuge der Globalisierung ist die Geldwäsche zum »Skandalon« geworden. Die institutionelle Liberalisierung und Deregulierung der globalen Kapitalmärkte hat zusammen mit der Privatisierung ein extremes Wachstum von Finanzgeschäften ausgelöst, das in manchen Sektoren (vor allem bei manchen Derivaten) seit den achtziger Jahren eine Verhundert- und Vertausendfachung der Umsätze mit sich gebracht hat. Zusammen mit der Verbreitung elektronischer Medien ist dies alles auch der Geldwäsche zugute gekommen.[9] Elektronisches Geld fungiert wegen der vergleichsweise kleinen Stückelung in erster Linie als »Zirkulationsmittel«. Derivate sind dagegen Papiere, mit denen Kreditgeschäfte im weitesten Sinne und im großen Stil getätigt werden. Es handelt sich um konditionierte Kaufmittel von Wertpapieren (Optionen, Futures, Swaps), deren Börsenumsatz in den späten neunziger Jahren in Nordamerika jährlich mehr als 40 Billionen USD, in Europa etwa 30 Billionen USD und in Asien 15 Billionen USD betragen hat. Die Konditionen innovativer Finanzinstrumente sind überaus komplex. Sie werden von speziellen »Designern« gestaltet und zum Verkauf angeboten. Dabei ist zwischen der Abtrennung von Konditionen bestimmter Wertpapiere, z.B. Zinszahlungen oder Tilgungsbeträge oder Währungseinheit, und der Neuzusammensetzung zu abgeleiteten Wertpapieren zu unterscheiden. Im ersten Fall spricht man von »unbundling«, im zweiten von »repackaging«. Im Endeffekt wird eine Loslösung von den Basiswerten eines Papiers (daher »Derivat«) und deren Vervielfachung in den Derivatengeschäften (Hebelwirkung) möglich. Altvater und Mahnkopf zufolge ist schon die Komplexität selbst ein Anreiz zur Geldwäsche, zumal die Regulation der Derivatengeschäfte (insbesondere der außerbörslichen, maßgeschneiderten Instrumente) »am Tresen« in OTC-Geschäften – »Over the Counter« – kaum entwickelt sei.[10] Zudem unterliegen derartige Geschäfte nicht der Börsenaufsicht. Wegen ihrer geringen Transaktionskosten sind sie auch sehr lukrativ. Für das normale Publikum sind sie

»off limits«. OTC-Geschäfte sind die Domäne der großen Investmentbanken, der Pensions- und Hedge Funds, die hier nach den Feststellungen der Wissenschaftler den Ort ihrer Spekulation gefunden haben. Nach den zitierten Quellen (IMF) soll sich der Nennwert des Bestands an Derivaten 2001 auf 88 000 Milliarden USD belaufen haben. Für das Jahr 1998 wird das Umsatzvolumen jährlich mit 388 Billionen USD, arbeitstäglich also ca. 1,6 Billionen USD, angegeben. Nach Bildung der Eurozone seien die Umsätze auf weniger als 1,2 Billionen USD zurückgegangen.[11] Es ist äußerst schwierig, in einer unübersehbar großen Menge von Transaktionen auf den Börsenplätzen der Welt die Spur des schmutzigen Geldes aufzunehmen. Hervorzuheben ist, dass im Zuge von Geschäften mit Derivaten die Geldwäsche besonders unauffällig vonstatten gehen kann, da Basispapier und Derivat voneinander getrennt sind. In der Literatur ist an mehreren Stellen das gleiche Beispiel erwähnt:

»Ein Finanzmakler benutzt zwei Konten (A und B). A dient der Geldwäsche. Der Makler kauft 100 Devisenkontrakte zu einem Kurs von 85,02 USD mit einem Preis von 25 USD je ›tick‹ (Basispunkt – 1/100 Prozent). Er tätigt ein Parallelgeschäft, indem er 100 Kontrakte zu einem Kurs von 85,00 USD verkauft. Der Makler verfügt jetzt also über zwei legitime Kontrakte. Im Laufe des Börsentags verändert sich der Preis des Derivats auf 84,72 (Geld) und 84,74 (Brief). Der Broker schließt beide offenen Kontrakte zu den Marktpreisen. Den Verkauf zu 84,72 USD schreibt er dem Konto A gut. Der Unterschied zum Angebotspreis beträgt 30 ›ticks‹ (Differenz zwischen 85,02 und 84,72). Der Verlust aus diesem Kontrakt 25 USD je ›tick‹ x 100 Stück x 30 Kursdifferenz. Insgesamt also 75 000 USD. Die anderen Umsätze werden dem Konto B gutgeschrieben. Hier wird ein Gewinn erzielt: 25 USD x 100 x 26 = 65 000 USD. Das Geldwäschekonto hat also 75 000 USD Verlust erbracht, das ›saubere‹ Konto hingegen einen Gewinn von 65 000 USD. Für die Geldwäsche sind also Kosten in Höhe von 10 000 USD angefallen. Immerhin ist das Geld jetzt ›sauber‹. Beide Kontrakte sind völlig legal und vom Makler dokumentiert.«

Für Geschäfte dieser Art müssen allerdings zwei Vorgänge in einem

Konto geführt werden: »bunched orders« oder »Omnibuskonten«. Wegen der Intransparenz und der Möglichkeit, Kunden zu bevorteilen bzw. zu benachteiligen, sind sie überwiegend verboten. In den USA sind sie jedoch seit 1998 ebenso erlaubt wie in Italien, wo auf diese Weise ca. 20 Milliarden Schweizer Franken Mafiagelder gewaschen worden sein sollen.[12]

Die wissenschaftliche Betrachtung führt zu dem Ergebnis, dass durch Geldwäsche grundsätzlich unkontrollierte »anti-konstitutionelle Mächte« entstehen. Bereits bestehende werden gefördert. Mit dem gewaschenen Geld kann eine Gegengesellschaft alimentiert werden. Durch die Geldwäsche vertuscht man nicht nur Straftaten, man belohnt sie auch monetär. In nicht seltenen Fällen sind höchste Kreise der gesellschaftlichen Eliten involviert. Die Geldwäsche geht in aller Regel auch mit Korruption einher. Dadurch werden Kompetenz und Legitimation von politischen Institutionen negativ beeinflusst. Der öffentlichen Hand fehlten hinterzogene Steuern, die nach Durchlauf durch eine Waschanlage auf Offshore-Finanzplätzen auf sauberen Konten der Steuerstraftäter landen. Die Anlagestrategien von Geldwäschern haben sogar zur Verarmung ganzer Nationen beigetragen, weil deren Reichtum in monetärer Form in globale Geldwaschanlagen befördert wurde. Dies läßt sich insbesondere am Beispiel rohstoffreicher Länder in Afrika oder innerhalb der GUS zeigen. Die Geldwäsche ist Bestandteil der »Privatisierung« öffentlicher Güter. Dabei betreiben Angehörige der ehemaligen und aktuellen Nomenklatura Unterschlagung, Veruntreuung und Diebstahl. Geldwäsche trägt zur sozialen Polarisierung bei.[13] Mit den gewaltigen Kapitalflüssen der Geldwäsche können ökonomische Größen (Zinsen, Renditen und Wechselkurse) in eine Richtung beeinflusst werden, die für die ökonomische Entwicklung der betroffenen Länder und deren Währung unerwünscht ist. Dies ist besonders dann wichtig, wenn Geldwäsche und Kapitalflucht die gleiche Richtung nehmen. Dadurch können »veritable« Finanzkrisen ausgelöst werden. Geldwäsche kann sogar die Natur beeinträchtigen, wenn Geld gewaschen wird, das mit dem illegalen Handel von Tieren oder Pflanzen oder anderen Rohstoffen erworben wurde.

Insgesamt wird Geldwäsche als illegaler Versuch gesehen, informelles, zumeist durch kriminelle Vortaten erworbenes Geld zu »reformalisieren«. Zur Deckung der Aktivitäten schmiert man Politiker auf verschiedenen Ebenen. Die durch Korruption erworbenen Gelder müssen ebenfalls für den formellen Geldkreislauf gewaschen werden. Informelle (illegale) Arbeit, informelle Politik (Korruption) und informelles Geld (Geldwäsche) hängen also zusammen und bilden den »Komplex der Informalität in Zeiten der Globalisierung«.[14]

Zur Verdeckung ihrer Politik und ihres Handelns wollen auch Regierungen und Geheimdienste immer wieder Zahlungen so organisieren, dass die Spur des Geldes verwischt wird. Auf den ersten Blick mag dieses Diskretionsinteresse verständlich erscheinen. Mittlerweile ist aber eine »Qualitätssteigerung« der Organisierten Kriminalität zu beobachten. In vielen Ländern hat eine Verzahnung mit dem staatlichen Machtapparat, mit ethnischen und religiösen Minderheiten, »Warlords«, Geheimdiensten und wirtschaftlichen Strukturen stattgefunden. Eine derartige Kriminalität ist allein mit polizeilichen und justiziellen Mitteln nicht mehr wirksam zu bekämpfen oder gar zu eliminieren. Rein repressive Ansätze sind zum Scheitern verurteilt.

Auch in Deutschland hat man Verfahren, die weit reichende Erkenntnisse über Organisierte Kriminalität (z.B. Geldwäsche durch Verdächtige aus den GUS-Staaten mit Verbindungen in höchste politische Kreise) erbracht hatten, wegen Personalmangels und rechtlicher Probleme nicht mit dem notwendigen Tiefgang weiter führen können.[15]

In den siebziger Jahren ist Südafrika unter Mitwirkung der Armee zu einem Umschlagplatz für den illegalen Handel mit Elfenbein und Nashörnern geworden. Mit den gewaschenen Erlösen wurden Anti-Guerilla-Einsätze in Rhodesien, Mozambique und Angola finanziert.

Der Kampf der kosovarischen UCK gegen das Regime in Belgrad ist zu einem erheblichen Teil durch Drogenhandel und Prostituiertenringe finanziert worden. Die Netzwerke der albanischen Gemeinden in Westeuropa haben eine wichtige Rolle für den Transfer der Gelder aus der Schweiz oder aus Deutschland nach Albanien und in den Kosovo gespielt.

In Kolumbien ist es evident, dass sich die Guerilla und paramilitärische Verbände mit Drogenverkäufen das Geld verdienen, das sie für den Kauf von Waffen benötigen. Manche Analytiker behaupten, dass selbst die Drug Enforcement Agency (DEA) der USA dabei ihre Finger mit im Spiel gehabt habe.[16] Die Geldwäsche dient der Verwischung von Spuren. Deshalb wird sie auch von Geheimdiensten im Zusammenhang mit ungesetzlichen Machenschaften eingesetzt. Die CIA hat zur Finanzierung von Waffenlieferungen an die Contra-Rebellen in Nicaragua in den achtziger Jahren Erlöse aus Drogengeschäften benutzt, die über die erst nach ihrer Pleite berühmt gewordene BCCI transferiert worden sind. Organisiert von Firmen, die von der CIA beauftragt und unterstützt waren, wurden Waffen auf dem Luftwege von Panama auf Landepisten der Contras im Grenzgebiet zwischen Nicaragua und Costa Rica verbracht. Das Risiko bei diesen Aktionen war für die Piloten gering. Die amerikanische Regierung fungierte als Pate (»the war was protected«).[17] Auf den ersten Blick sieht der Tausch Drogen gegen Waffen zugunsten Dritter (Contras) wie ein Counter-Trade-Geschäft aus. Die Finanzierung erfolgte jedoch vor allem über die BCCI mit gewaschenem Geld. Geldwäsche findet also zur Vertuschung illegaler Geschäfte und zu betrügerischen Zwecken statt, aber auch zur Verdunkelung von politisch »anrüchigen« Geschäften und zur Realisierung hegemonialer Praktiken. In diesem Zusammenhang treibt der staatspolitische Pragmatismus beeindruckende Blüten. In Wahrheit tritt nur der alltägliche Zynismus der Macht auf den Plan. Im Bereich der Geldwäsche kommt ein wohl bekanntes Zwillingsphänomen hinzu: systematische Heuchelei zugunsten von Machtcliquen, die unter dem Etikett »Regierung« firmieren. So wird behauptet, dass Finanztransaktionen der CIA mit Hilfe der BCCI dem nationalen Interesse der USA dienten. Es ging wohl nur um schlichte Banktechnik in Gestalt von Überweisungen. Tut die Mafia das Gleiche, ist es Geldwäsche. Counter-Trade und die daraus resultierende Geldwäsche sind keine objektiven Tatbestände, sondern Resultate hegemonialer Definitionsmacht. Allerdings, so glauben manche, ist es ein Zeichen des Niedergangs, wenn sich die »einzige« Hegemonialmacht informeller, ja krimineller Geld-transaktionen bedient, um die Hegemonialposition zu sichern.[18]

In der Perspektive der Wissenschaft schließt sich der Kreis von der Deregulierung der Finanzmärkte seit den siebziger Jahren, die erst die Geldwäsche in großem Stil ermöglicht habe, zur erneuten, aber selektiven Re-Regulierung. Sie geschieht aber nur in Grenzen und mit Widersprüchen. Man unterscheidet zwischen einer »Regulierung der Deregulierung« einerseits und einer eher reaktiven Re-Regulierung andererseits. Im ersten Fall wachen Regulierungsbehörden über die Funktionsweise der deregulierten Märkte. Im zweiten Fall entsteht ein funktionsbedingter Regulierungsbedarf aufgrund von Veränderungen der Märkte (»failures«) infolge der technischen Entwicklung und als eine Folge der Globalisierung. Dieser Regulierungsbedarf ist nach den Finanzkrisen in Mexiko, Asien, Brasilien, Russland, Türkei und Argentinien und aufgrund der schädlichen Wirkungen von Steueroasen auf die staatliche Bereitstellung von öffentlichen Gütern und wegen der ausufernden Geldwäsche unabweisbar. Geldwäsche ist zu einem global verbreiteten, quantitativ zunehmenden, technologisch begünstigten und territorial nicht zu regulierenden System von Zahlungen avanciert. Sie ist aber nicht nur wegen der Unterschiede der Rechtssysteme, sondern auch deshalb schwer zu identifizieren, weil sich legale und illegale Transaktionen so vermischen können, dass sie ohne größeren Aufwand nicht auseinander zu halten sind. Damit steigen die Transaktionskosten. Der Streit darüber, wer diese Kosten zu tragen habe, wird schärfer. Daraus folgt nicht, dass man auf eine wirkungsvolle Regulierung der Finanzmärkte verzichten soll. Selbst die neoliberale Schule hat immer Wert darauf gelegt, die Liberalisierung der Märkte ordnungspolitisch abzusichern. Die Wissenschaftler haben auch die Ambivalenz des Liberalismus entdeckt. Einerseits hat man erkannt, dass die Wirksamkeit der Geldwäschebekämpfungspolitik davon abhängt, dass sie in das Verhalten von legitimen Akteuren eingreift und legitime Finanztransaktionen berührt. Obschon das Geldwäschebekämpfungsregime nicht dazu bestimmt ist, die Freiheit des Kapitalverkehrs zu beschränken, ist es in der westlichen Staatengemeinschaft ein zeitgenössisches Beispiel für die

Re-Regulierung von Finanztransaktionen. Andererseits scheint es mittlerweile auch Teil der liberalen Grundausstattung zu sein, die ordnungspolitische Sicherung der marktwirtschaftlichen Grundprinzipien durch autoritäre Maßnahmen anzustreben. Die Wissenschaftler sind deswegen der Überzeugung, dass sich Liberalismus und Autoritarismus im neoliberalen Denken ebenso wie in der neoliberalen Praxis, die zur »Verteidigung von Freiheiten« autoritär vorzugehen bereit sei, begegnen. Die Deregulierung der vergangenen Jahrzehnte hat auch im liberalen Verständnis zu einer Unterminierung von marktwirtschaftlichen Grundprinzipien geführt und die »liberale Doppelbödigkeit« deutlich werden lassen. Re-Regulierung, so die Schlussfolgerung, ist also kein Fremd- oder Unwort. In den Debatten über eine neue Finanzarchitektur sollten auch Maßnahmen der Geldwäschebekämpfung ihren Platz haben. Der Rahmen wird durch die inzwischen weitgehend akzeptierten Prinzipien einer öffentlichen Regulierung mit den Mitteln des »soft law«, also mit Richtlinien (»guidelines«) und Verhaltenscodices oder Standards (»codes of conduct«) gesteckt. Dabei ist die Zivilgesellschaft gefragt, z.B. Nichtregierungsorganisationen wie Transparency International, ATTAC, Netzwerk für eine demokratische Kontrolle der Finanzmärkte, Business Crime Control, u.v.a., gefragt. Geldwäsche ist eine Methode, die Geschichte des Geldes – also seine Herkunft – zu eliminieren. Nur die Gegenwart soll zählen. Im dunklen Vergangenen soll bleiben, aus welchen Quellen das Geld stammt. Die Zukunft ist unerheblich. Sie wird nicht erarbeitet, sondern mittels Geldwäsche in Form von hohen arbeitslosen, manchmal kriminellen Einkommen herbeispekuliert. Im Zuge der Geldwäsche verändern sich die Koordinaten der Zeit einer Gesellschaft. Dies ist nicht unerheblich für den Zusammenhalt einer Gesellschaft und die Austragung gesellschaftlicher Konflikte. Geldwäsche ist insbesondere dann erfolgreich, wenn die monetären »laundromats« schneller waschen, als es braucht, die dunklen Quellen aufzuspüren. Es stoßen nicht nur informelles Geld und formelle Formwächter aneinander, sondern auch Zeitregime der »normalen« Geldzirkulation, der politischen Regulation und der »informellen« Geldwäsche.

Auch Räume verändern sich durch informelle Gelder. Die moderne Währungskonkurrenz hat die nationalstaatliche Zuordnung von Geld illusorisch gemacht. Mit dem alle Zeit-Räume überwindenden Geld, insbesondere im Zuge der finanziellen Globalisierung, hat eine territoriale Vorstellung von Souveränität, Staatlichkeit und Regulation ausgedient. Diese wird erst recht in dem Reich irreal, wo informelles, kriminelles Geld zirkuliert, denn solches Geld lässt sich nicht auf das Prinzip der Territorialität und auf gesellschaftlich verbindliche Raum- und Zeitregime festlegen. In der Tat würde das die Anerkennung von Gesetzen bedeuten, die gerade gebrochen werden müssen, um an die Gewinne heranzukommen. Aber: Geldwäsche findet in Netzwerken statt, deren Knotenpunkte territorial verankert sein müssen. Insoweit kann es also keine vollends entterritorialisierte virtuelle Ökonomie geben.[19] Richtig ist, dass sich die Verortung der Knotenpunkte nach Opportunitätsüberlegungen richtet, die bei jedem Geschäft anders sind. Aus der Vernetzung folgt die »Entgrenzung der Staatenwelt«. Daher rührt übrigens die Bedeutung der Offshore-Zentren. Eine territoriale Definition ist nur noch als Anknüpfungspunkt für eine »Special Jurisdiction« bedeutsam. Das konkrete Territorium hat sich in eine Utopie verwandelt, das Netzwerk ist hingegen konkret. Dort handeln die Agenten der Geldwäsche. Die Negierung territorialer Grenzen bewirkt, dass die in einer territorialen Gesellschaft produzierten Reichtümer monetär transferiert werden und von den Anstrengungen der Menschen nichts übrig bleibt. In den globalen Netzen agieren extrem mobile ökonomische und politische Mächte, welche die territorial verankerten Menschen nicht zuletzt auch deshalb bedrohen können, weil ihnen die Institutionen des gemeinsamen Schutzes genommen wurden. In diesem Sinne ist Geldwäsche auch ein Affront gegen einen wichtigen Aspekt der »human security«, gegen die monetäre Stabilität und gegen die Sicherheit im Alltagsleben. Durch die transnationalen Aktivitäten der Geldwäsche wird die menschliche und die sozioökonomische Sicherheit grenzüberschreitend in Mitleidenschaft gezogen.[20]

Die Politiker lösen die Probleme

Geldwäsche und Globalisierung

Zahlreiche Abgeordnete der Regierungsfraktionen des Deutschen Bundestages sind der Ansicht, dass sich das Parlament eingehend mit der Entwicklung der internationalen Finanzmärkte beschäftigt habe.[1] Sie gehen davon aus, dass die Globalisierung einen Modernisierungsprozess ausgelöst hat, der mit nicht zu unterschätzenden Risiken verbunden ist. Die Abgeordneten erinnern an die schweren Finanzkrisen der neunziger Jahre, die u.a. in Mexiko, Russland, Brasilien und zahlreichen südostasiatischen Ländern zur Verarmung und zur Destabilisierung der betroffenen Staaten beigetragen haben. Auch der Anschlag auf das World Trade Center am 11. September 2001 hat die Diskussion über das internationale Finanzsystem beeinflusst. Fragen der Geldwäsche, der Finanzierung des internationalen Terrorismus und die Rolle der sog. Steuerparadiese sind stärker in den Mittelpunkt gerückt. Die Reform der internationalen Finanzarchitektur wird als eine aktuelle Aufgabe der Politik anerkannt. Auch wegen der ungelösten Verschuldungskrisen vieler Länder müsse das internationale Finanzsystem weiterentwickelt werden. Dem Eindruck der Abgeordneten zufolge sind durch die stark gestiegenen internationalen Kapitalverflechtungen, die Vervielfachung ausländischer Direkt- und Portfolioinvestitionen sowie den stark angestiegenen Devisenhandel in den letzten Jahrzehnten die Finanzmärkte die am stärksten »globalisierten« Märkte.

Sie vertreten die Auffassung, dass Finanzmärkte einen wichtigen Beitrag zur wirtschaftlichen und sozialen Entwicklung leisteten. Einerseits ermöglichen diese Märkte die Finanzierung von privaten und öffentlichen Investitionen. Auf der anderen Seite erlauben sie die langfristige private Vermögensbildung von Individuen, Haushalten und Unternehmen. Überdies spielen die Finanzmärkte eine wesentliche Rolle bei der Entwicklungsfinanzierung in weniger entwickelten Ländern. Stabile Finanzmärkte hält man zur Erfüllung dieser Funktionen in allen Wirtschaftsräumen für dringend notwendig. Stabilität und Funktionsfähigkeit der Finanzmärkte hätten den Charakter eines »öffentlichen Gutes«, dessen Schaffung und Erhaltung zu den »originären Staatsaufgaben« gehöre. Die Abgeordneten halten es für erforderlich, eine »Finanzkultur« zu schaffen, welche die Eigenkräfte des privaten Sektors mobilisiert und irrationalen Übertreibungen auf den Finanzmärkten entgegenwirkt. Auch die Finanzmärkte benötigen funktionsfähige öffentliche und private Institutionen. Trotz eines (angeblich) gut ausgebauten Systems der Kontrolle und der Regulierung der Finanzmärkte in den meisten Industrieländern resultierten aus den Innovationen des Finanzmarktes immer neue Notwendigkeiten der Regulierung. Finanzinstitute mit großer Hebelwirkung, die mit hoher Kreditaufnahme und hohem Risiko arbeiten, unzureichend beaufsichtigt werden und nur sehr begrenzten Offenlegungspflichten unterliegen, bildeten ein gefährliches Potential zum Auslösen internationaler Finanzkrisen. Als besonders bedrohlich empfinden die Abgeordneten »Systemrisiken«, bei denen der Ausfall eines großen Marktteilnehmers eine Kettenreaktion auslöst und die Stabilität des internationalen Finanzsystems gefährdet. Sie sind wegen des Missbrauchs des internationalen Finanzsystems für illegale Zwecke besorgt. Steueroasen, die weitgehend internationaler Kontrolle entzogen sind, bieten ideale Bedingungen zur Geldwäsche, Steuerhinterziehung und Gründung von Scheinfirmen. Gelder aus dem Drogen-, Waffen- oder Menschenhandel, aus Bestechung und Betrug gelangen über diesen Umweg in den legalen Geldkreislauf. Nach Schätzungen der Vereinten Nationen verschiebt man jährlich ca. 50 Mrd. USD in solche Steueroasen. Spätestens seit dem 11. September 2001 sei der internationalen Staatengemeinschaft klar geworden, dass sie dagegen entschlossener vorgehen müsse. Die Abgeordneten kommen zu dem Ergebnis, dass durch die zunehmende internationale Verflechtung sowie den wachsenden technischen Fortschritt beim bargeldlosen Zahlungsverkehr die Möglichkeiten der Geldwäsche rapide angestiegen sind. Daraus erwächst neben negativen gesellschaftlichen Folgen auch eine Wettbewerbsverzerrung gegenüber legal handelnden Konkurrenten. Offshore-Finanzzentren stellen ein ernsthaftes Stabilitätsrisiko für die Weltfinanzmärkte dar, weil die Regulierungs- und Aufsichtsbemühungen von dort unterwandert werden können.[2] Aufgrund ihrer Erkenntnisse wollten die Abgeordneten, dass der Deutsche Bundestag die Bundesregierung auffordert, die Auswirkungen liberalisierter Finanzmärkte »weiterhin« kritisch zu prüfen. Finanzinstrumente sollen darin einbezogen sein. Auch die Einführung einer Devisenumsatzsteuer[3] soll in einem offenen und transparenten Verfahren auf der Ebene der Europäischen Union und im Kontext der Weltwirtschaft geprüft werden. Die Bundesregierung soll zur verbesserten internationalen Aufsicht durch die Bank für internationalen Zahlungsausgleich (BIZ), OECD und IMF beitragen, die auch Offshore-Zentren erfasst und jene Fonds diskriminiert, die von nicht-kooperativen Offshore-Zentren aus ihre Geschäfte abwickeln.

Sie soll sich entschieden dafür einsetzen, dass die Forderungen des Forums für Finanzstabilität (FSF) zur Verringerung der Risiken umgesetzt werden, die von Finanzinstituten mit hohem Risiko/Eigenkapitalverhältnis (Hedge Funds) ausgehen können. Weitere Verbesserungen seien insbesondere bei den Offenlegungspraktiken dieser Finanzinstitute erforderlich. Die Bundesregierung soll ihre Forderung nach einer Ergänzung offizieller Statistiken, einschließlich der Einrichtung eines internationalen Kreditregisters, weiterverfolgen, um dazu beizutragen, Systemrisiken frühzeitig erkennen zu können. Außerdem wird die entschiedene Mitwirkung der Bundesregierung daran gefordert, die Steueroasen, die eine effiziente und sozial gerechte Besteuerung von Einkommen und Vermögen in allen Ländern untergraben und keinerlei Kooperationsbereitschaft zeigen, mit geeigneten Mitteln und ggf. Sanktionen an dieser Politik zu hindern. Es gelte, Steuerflucht und Geldwäsche durch ein international abgestimmtes Verbot von Finanzgeschäften mit Banken und Fonds, die wegen ihrer Registrierung in Offshore-Zentren nicht den von der BIZ aufgestellten Mindeststandards der Bankenaufsicht unterworfen werden, zu verhindern. Die Bundesregierung wird schließlich aufgefordert, ihre Bestrebungen im Kampf gegen Geldwäsche und die Finanzierung des Terrorismus mit unverminderter Energie fortzusetzen. Länder, die den von der FATF gesetzten internationalen Standard gegen die Geldwäsche unterlaufen, müssten benannt werden und durch eine international abgestimmte Politik zur Einhaltung dieser Standards angehalten werden.[4]

Zum Hintergrund dieses Antrages gehören die Feststellungen der Enquete-Kommission »Globalisierung der Weltwirtschaft – Herausforderungen und Antworten«, die der Deutsche Bundestag als erstes Parlament der Welt eingerichtet hat, um sich systematisch mit den Fragen der Globalisierung zu beschäftigen. Die Kommission war aufgefordert, die Gründe zusammenzustellen, die zur »Globalisierung der Weltwirtschaft« geführt haben, ihre Auswirkungen in wirtschaftlichen, gesellschaftlichen und politischen Bereichen zu untersuchen und Handlungsoptionen für die nationale und internationale Gemeinschaft darzustellen, um verantwortungsvoll auf die weitere Entwicklung einzuwirken.[5] Ein Zwischenbericht der Kommission umfasste bereits die meisten der zu behandelnden Themen, wenngleich mit sehr unterschiedlicher Gewichtung.

Die am 6. Juli 2000 eingesetzte Arbeitsgruppe 1 beschäftigte sich vornehmlich mit den Finanzmärkten.[6] Der Schlussbericht lag nach zweijähriger intensiver Arbeit vor.[7] Die Kommission erinnert an die spektakuläre Entwicklung der Finanzmärkte seit der Liberalisierung Mitte der siebziger Jahre. Stieg das Bruttoinlandsprodukt in den neunziger Jahren weltweit um fast 50 Prozent, nahmen die Direktinvestitionen um das Fünffache zu. Die Bestände an Derivaten sind Ende der neunziger Jahre sogar zehnmal größer als zu Beginn des Jahrzehnts.

Mehr als 90 Prozent der Devisenumsätze finden innerhalb des Finanzsektors selbst statt. Unterschiedliche Liquiditätslagen können deshalb schnell und problemlos in Arbitragegeschäften ausgeglichen werden. Die »Regulierungsarbitrage« kann im Handel mit Kreditrisiken einerseits zwar die Markteffizienz steigern. Andererseits enthält sie aber erhebliche Gefährdungen für die Stabilität der globalen Finanzmärkte, wie auch der Enron-Kollaps zeigte. Der Effekt volatiler Kurse auf die Leistungsbilanz ist groß. Die Möglichkeiten der Einflussnahme auf die Devisenmärkte ist indes sehr gering, wenn sich die betroffenen Länder für die Öffnung ihres Kapitalmarktes entschieden haben.[8]

Aufgrund der gestiegenen Attraktivität von Anlagen auf den Finanzmärkten sind jene Finanzinnovationen entstanden, die das globale Finanzsystem seit Mitte der siebziger Jahre radikal verändert haben. Sie ermöglichen es, Kapital mobiler und vielfältiger auf den Märkten der Welt anzulegen. Angesichts der Aufhebung der Kapitalverkehrsbeschränkungen empfinden manche die finanzielle Globalisierung als »politisches Projekt« und nicht allein als eine ökonomische Tendenz. Auffällig ist die Rasanz, mit der die Entwicklung vorangeht. Dies gilt insbesondere für die neuen Derivate und unter diesen wiederum für die Optionen. In den neunziger Jahren nahmen die börsengehandelten Derivate um das 6fache, die außerbörslich gehandelten um das 15-fache zu.[9]

Die Konzentrationsprozesse im Bankenbereich, bei Versicherungen, der Außenhandelsfinanzierung und im Investmentbanking haben »Allfinanz«-Konzerne hervorgebracht, welche die Innovationen noch erleichtern. Insbesondere die institutionellen Anleger – Versicherungskonzerne, Investment- und Pensionsfonds – sind in den neunziger Jahren zu den entscheidenden Akteuren auf den Finanzmärkten geworden. Sie verwalteten schon 1996 ein Vermögen von 21 Billionen USD. In vielen Ländern ist das ein erheblicher Teil des gesamten nationalen Sparvermögens der privaten Haushalte.

Die Anlagestrategien der Pensions- und Investmentfonds haben sich in den vergangenen Jahren stärker internationalisiert. Die Fonds waren an der »finanziellen Invasion« der lateinamerikanischen und asiatischen »Emerging Markets« führend beteiligt. Sie waren auch die Ersten, die bei Anzeichen der Krise aus den Märkten geflohen sind.[10] Die Vorstellung von den institutionellen Anlegern als Vermögensanlage »kleiner Leute« ist obsolet. Die nur wenigen Großanlegern offenstehenden Spezialfonds haben die Publikumsfonds im Anlagevolumen mittlerweile deutlich übertroffen. Auch an den Hedge Funds können sich nur vermögende Anleger mit hohen Einlagen beteiligen. Bemerkenswert ist, dass die Beträge (weltweit 600 bis 700 Milliarden USD!) in den Anlagestrategien infolge der Hebelwirkung vervielfacht werden. In einem Fall (LTCM) hat man 1998 auf der Basis von etwa 5 Milliarden USD Eigenkapital 120 Milliarden USD Kredite aufgenommen. Damit sind in bilanzunwirksamen Geschäften Derivate gekauft worden, die einen Nennwert von 1300 Milliarden USD verkörpert haben.

Die Hälfte der Hedge Funds hat ihren Sitz in den USA. Die andere Hälfte operiert in karibischen und sonstigen Offshore-Zentren. Mit vergleichsweise geringem Kapitaleinsatz, oft obendrein kreditfinanziert, können große Marktbewegungen ausgelöst werden – bis hin zum Systemrisiko.[11] Die Kommission hat erkannt, dass mit der Liberalisierung, Deregulierung und Globalisierung der Finanzmärkte auch die Geldwäsche zu einem Problem mit neuen Dimensionen geworden ist. Zwar differieren die Schätzungen über das Ausmaß der Geldwäsche auch dort sehr deutlich. Die Kommission geht aber davon aus, dass ihr Umfang stark zugenommen habe. Auch die damit verbundenen Gefahren für Wirtschaft, Gesellschaft und Politik sind erheblich größer geworden. Am 11. September 2001 ist besonders deutlich geworden, dass die deregulierten Finanzmärkte nicht nur Vehikel der Wohlstandsmehrung in der Welt sind, sondern auch zur Finanzierung der Organisierten Kriminalität und terroristischer Netzwerke missbraucht werden können. Die trotz der Finanzaufsicht bestehenden Möglichkeiten der Geldwäsche unter Einschaltung von Offshore-Zentren[12] und Untergrundbanken (»Hawala-Banking«) sind anscheinend ebenso genutzt worden wie Verschleierungsmöglichkeiten im »Countertrade« und im ganz normalen Bankgeschäft.

Unmittelbar nach dem 11. September 2001 hat es den »dringenden Verdacht« gegeben, dass an der Wall Street Insider-Geschäfte mit Leerverkäufen und Optionen (Puts) der von den Attentaten besonders betroffenen Banken, Versicherungs- und Luftverkehrsaktien getätigt worden sind. Dieser Verdacht war nicht zu erhärten. Er konnte allerdings auch nicht ausgeräumt werden. Es ist indes nicht zu bestreiten, dass es jedenfalls vor dem 11. September 2001 an den Weltbörsen und auf den Rohstoffmärkten ungewöhnliche Bewegungen gegeben hat. Die Kommission zieht aus den Anschlägen in New York und Washington die Konsequenz, dass globale Finanzmärkte nicht nur unter dem Aspekt von Effizienzsteigerung durch Liberalisierung und Deregulierung einerseits und der immanenten Krisenhaftigkeit andererseits betrachtet werden sollten. Die Nutzung der globalen Finanzbeziehungen zur Finanzierung von Organisierter Kriminalität und terroristischen Netzwerken müsse durch eine kompetente und effiziente Aufsicht unterbunden werden. Aus der Sicht der Kommission sollte dies bei allen Unterschieden der Interpretation der Dynamik von Finanzmärkten Konsens sein. Der Kampf gegen die Geldwäsche erhalte daher unter den Bedingungen globalisierter Finanzmärkte besondere Dringlichkeit.[13] Geldwäscher machen sich die Verbreitung von Finanzinnovationen zunutze. Die Kommission behauptet, dass sie die Derivate ebenso nutzten wie die Fazilitäten des Electronic Banking. Der Geldwäsche sei daher nur beizukommen, wenn die technischen und organisatorischen sowie gesetzlichen Möglichkeiten der Aufsichtsbehörden mit den Finanzinnovationen mithielten. Die Wäsche von schmutzigem Geld ist wegen der Schäden, die dadurch finanziell, politisch und moralisch angerichtet würden, ein globales Übel, das viele Gestalten annimmt und die Integrität von Finanzinstitutionen und -märkten unterminiert, bevor auch die Stabilität des Finanzsystems betroffen ist. Kriminelle und »anti-konstitutionelle Kreise« erhalten zusätzliche Macht. Gewaschenes Geld ist eine Ressource, mit der eine extralegale Gegengesellschaft alimentiert wird. Durch Geldwäsche belohnt man Straftaten. Das kann keine Gesellschaft zulassen, ohne sich aufzugeben. Geldwäsche wirkt sich negativ auf die Legiti-

mation von politischen Institutionen aus und fördere dadurch Politik-
verdrossenheit.[14]

Der Kampf gegen Geldwäsche, Steuerhinterziehung und »Kapitalflucht« ist nach Einschätzung der Kommission trotz verbesserter Auf-
sichtsmaßnahmen bislang nicht erfolgreich. Ein Grund sei die Weige-
rung einiger Offshore-Zentren, bei diesem Kampf so zu kooperieren,
wie es für eine Unterbindung der Geldwäsche auf globalen Finanzmärkten notwendig ist. Die Transparenz der Transaktionen auf weitgehend deregulierten globalen Finanzmärkten ist unzureichend. Sie ist
angesichts der zumeist elektronischen Abwicklung nur erreichbar,
wenn entsprechende Filter in die Abrechnungssysteme eingebaut werden. Darüber hinaus müssen die Privilegien bestimmter Berufsgruppen (Treuhänder, Notare etc.) eingegrenzt und die Möglichkeiten der
Registrierung von Kapitalbewegungen erweitert werden. Die Offshore-Zentren werden als Schwachstellen des internationalen Finanzsystems angesehen, die mit Auflagen, Beschränkungen, Zusatzgebüh-
ren oder Verboten zu belegen sind. Die Kommission spricht sich auch
für eine Verbesserung der gerichtlichen, polizeilichen und administra-
tiven Zusammenarbeit aus, um die Ausnutzung von »Special Juris-
dictions« zu unterbinden. Erforderlich sei eine Harmonisierung der
Straftatbestände bei Finanzdelikten sowie die Einführung einer Regelung der Beweislastverteilung für die Herkunft von Geldern aus einer
Straftat unter Beachtung der Europäischen Konvention zum Schutze
der Menschenrechte und Grundfreiheiten. Empfohlen wird auch eine
Verstärkung der Bankenaufsicht und der Regulierung der Tätigkeit
von Clearing- und Wertpapierhäusern.[15]

Wie aber soll man Geld waschen, wenn es gar kein Geld mehr gibt?
Große internationale Transfers zwischen Geldinstituten werden
nicht mehr von Bank zu Bank abgewickelt. Ein materieller Transport
von Wertpapieren und Geld findet kaum noch statt. Fast alles wird
mit »Faxmoney« gemacht.[16] Nach der Erfindung des Mikrochips und
des Clearingverkehrs werden praktisch sämtliche Transfers zwischen
den Finanzmarktteilnehmern (Verkäufer, Käufer, Banken) über ein
EDV-System abgewickelt, das (angeblich) auf gegenseitigem Ver-

trauen beruht. Geld und Wertpapiere wurden gewissermaßen entmaterialisiert. Millionen virtueller Wertpapiere wechseln Tag für Tag über Clearinggesellschaften den Besitzer. In Clearinggesellschaften wird heute mit Standardeinheiten von 1 Billion USD beziehungsweise Euro gehandelt.

Die »Centrale de Livraison de Valeurs Mobilières« – Cedel – (Lieferzentrale für Wertpapiere) wurde am 28. September 1970 in Luxemburg als eine der beiden internationalen Clearingstellen gegründet. Später wurde Cedel in Clearstream umbenannt. Die Firma meldete für das Jahr 2000 die Summe von 10 Billionen Euro auf den eigenen Konten! Jedes Jahr werden dort Werte in Höhe von 10 000 Milliarden Euro verwahrt. Für den Konkurrenten Euroclear wurden 7000 Milliarden Euro bekannt gegeben. Jede der beiden Clearingorganisationen wickelt jährlich zirka 150 Millionen Transaktionen ab. Im Jahre 1999 hatte Euroclear »Glattstellungen« in Höhe von 45 000 Milliarden Euro in seinem System gemeldet, Cedel etwas weniger als die Hälfte davon. Das Clearingverfahren bietet eine Garantie für die Solvenz beider Geschäftspartner und zieht den Eintrag des erfolgten Austausches von Wertpapieren, Aktien, Obligationen, diversen Investmentzertifikaten oder Geld in präzise und konkrete sichtbare Dokumente an einem bestimmten Ort nach sich. Die Anhänger des Clearings verabscheuen Fragen (vor allem einfache) und diejenigen, die sie stellen.[17] Es soll etwa bei Euroclear mittlerweile eine ausgeprägte Furcht vor Übergriffen militanter Globalisierungsgegner geben. Immerhin sehen sich die Clearinggesellschaften selbst als wichtige Instrumente der Globalisierung. Euroclear besitzt eines der schönsten Bürogebäude in Brüssel, in dem ca. 1300 Angestellte arbeiten. Dennoch findet sich kein Firmenzeichen an der Fassade. Anders bei den Kollegen von Clearstream, die sich auf einem der prächtigsten Gebäude in einem der schicksten Viertel von Luxemburg offen zu erkennen geben.

Noch vor ein paar Jahrzehnten lief die Abwicklung von Wertpapiergeschäften fast altertümlich ab. Beispiel: Ein Versicherungsvertreter in Chicago will einem griechischen Reeder Anteile seiner Gesellschaft verkaufen. Er geht zur Bank of New York und beauftragt sie mit dem Verkauf von Wertpapieren. Ein Banker fliegt nach Athen. Dort nimmt er Kontakt mit der Bank des Reeders auf. Nun bietet das Clearingsystem die Möglichkeit, Zeit und Geld zu sparen. Eine zentrale Einrichtung garantiert, dass der Austausch tatsächlich stattfindet. Das Prinzip ist einfach. Banken verschiedener Länder vereinigen sich, um eine »Vertrauensstelle« zu schaffen, an der die Bankgeschäfte registriert werden und wo für sie gebürgt wird. Eine Börse bringt verschiedene Geschäftspartner zusammen, um Transaktionen zu ermöglichen. Die Clearingstelle ist dagegen eine nach außen passive Einrichtung, die nur die Registrierung und Bürgschaft der Geschäftsvorgänge übernimmt. Die Wertpapiere bleiben an demselben Ort, nur der Name des Eigentümers ändert sich.

In Europa gibt es zurzeit etwa 15 Clearingstellen. Nur die genannten zwei sind mit der Abwicklung des grenzüberschreitenden Kapitalverkehrs betraut (Euroclear mit ca. 1350, Cedel mit ca. 1700 Mitarbeitern). Die Transaktionen werden nahezu in Echtzeit registriert. Die Abwicklung wird in codierten Unterlagen aufbewahrt. Die beiden Organisationen haben quasi das Monopol für den internationalen Handel mit Obligationen. Dabei kann Geld aufgenommen oder verliehen werden, ohne dass die Namen der Beteiligten anderswo als in den bankinternen Unterlagen auftauchen. Deshalb ist das Produkt bei Geldwäschern und Kunden, die viel flüssiges Kapital zur Verfügung haben, sehr beliebt. Clearstream und Euroclear wickeln auch den Handelsverkehr mit Aktien, Investmentanteilen, Goldzertifikaten und Bargeld ab.[18]

Mafiosi, Wirtschaftsführer, amtierende und nicht mehr amtierende Minister und Staatschefs und Geheimdienste sehen sich immer wieder einmal vor ernsthafte Probleme gestellt: Wie lässt man mehrstellige Millionenbeträge, die aus illegalen Geschäften stammen, verschwinden? Können internationale Clearingstellen benutzt werden, ohne dass es jemand in der Hierarchie dieser Firmen erfährt? Ist das System so undurchsichtig, dass kaum ein Entdeckungsrisiko besteht?

Offiziell ist tatsächlich nichts zu erkennen. Das System als solches ist ahnungslos. Was sich hinter den Geschäftsvorgängen verbirgt, weiß nur die teilnehmende Bank. Eine doppelte Listenführung (mit veröffentlichten und unveröffentlichten Konten) trägt zusätzlich zur Verschleierung der einzelnen Vorgänge bei. Auch für den erfolgreichen Mafioso dürften die Clearingkreisläufe regelmäßig ein Buch mit sieben Siegeln sein. Es reicht, dass sein Banker von dem bei Clearstream gültigen System der doppelten Listen Kenntnis hat, damit der Vorgang mit der größtmöglichen Diskretion abläuft. Ist einer der Beteiligten – was bei der russischen Bank Menatep der Fall war – Besitzer von unveröffentlichten Konten und taucht bei der offiziellen Kundenliste der Clearingfirma nicht auf, dann ist die Tarnung perfekt. Die Clearingstelle kann also den Blinden spielen und abwickeln. Das »Geld« wird unsichtbar. Die Vermehrung der Steueroasen und das System der doppelten Listen machen zahllose Kombinationen aufeinander folgender Finanzoperationen möglich. Für jeden Makler, der die Feinheiten des Clearinggeschäfts kennt, ist das ein Kinderspiel.[19] In diesem Zusammenhang werden auch immer wieder Zweifel an der Seriosität von Banken in Luxemburg, die Clearstream-Mitglieder sind, geäußert.

Zur Erklärung sei die Funktionsweise eines simplen »back to back« anhand eines Beispiels erläutert: Ein französischer Unternehmer will für sich und seine Familie 1,5 Millionen Euro Schwarzgeld (Beute aus der Straftat Steuerhinterziehung) nutzen. Das einzige Risiko besteht darin, dass der Unternehmer von einem Zöllner kontrolliert wird, wenn er versucht, das Geld über die Grenze zu schaffen. Ist ihm das gelungen, geht alles Weitere wie beim Billardspiel. Der Unternehmer bringt sein Geld in bar zu der luxemburgischen Bank und erhält sofort ein Darlehen in gleicher Höhe, das er bei seiner französischen Bank vollständig einlösen kann (das Startkapital dient als Kaution). Gleichzeitig platziert die luxemburgische Bank mit Hilfe des Clearingverfahrens das Schwarzgeld auf dem Rentenmarkt. Sie erhält eine »Clearstream-Nummer« für ihren französischen Kunden. Faktisch handelt es sich um einen Beleg dafür, dass er am Rentenmarkt Geld verliehen hat und dass er seinen Einsatz samt Zinsen (hier acht Jahre) zurückerhält. Jeden Monat zahlt der französische Unternehmer, der sein Darlehen bekommen hat, seiner französischen Bank ganz normal die vereinbarten Raten zurück. Wenn die Obligationsanleihe abgelaufen ist, erhält er seinen doppelt gewaschenen Einsatz zurück. Bei den Anhängern des »back to back« spricht man dabei von »Ablösung«. Die Zähler werden auf null gestellt.

Die luxemburgische Bank hat von einer großzügigen Beteiligung (7 Prozent auf die geliehene Summe) profitiert, die französische Bank hat eine kleine Provision erhalten, und die Verrechnungsstelle hat für die Zeit, in der das Geld auf ihren Konten angelegt war, Zinsen kassiert. Das Prinzip wäre natürlich das Gleiche, wenn der Fall mit einem italienischen oder russischen Mafioso, einer slowakischen Bank oder einer Bank auf Samoa spielte. Es macht keinen Unterschied, ob die Eingangsbank Mitglied des Clearingunternehmens ist oder nicht. Sie muss nur zu dem gegebenen Zeitpunkt mit einer Mitgliedsbank in Kontakt stehen, damit dieses (nicht nachweisbare) System funktioniert.[20]

Das Hauptanliegen von Geldwäschern jeder Art ist es, Zugang zur offiziellen legalen Wirtschaft zu gewinnen. Dafür sind geschickte Bankiers mit einem flexiblen Verhältnis zur Legalität erforderlich. Die Bankiers wiederum sind auf die Anonymität der Verrechnungsstellen angewiesen, um ihre illegalen Geschäfte in der Masse der täglichen Finanztransfers verschwinden zu lassen. Mit Hilfe der Clearingverfahren sind illegal erwirtschaftete Beträge leichter vorübergehend aus dem Verkehr zu ziehen. Wird der beispielhaft genannte Unternehmer Gegenstand einer polizeilichen Untersuchung, kann er sein Darlehen einwandfrei belegen. Sollte die Polizei bei der luxemburgischen Bank und bei Clearstream nachhaken, würde mit dem Depot die doppelte Sicherung wirken. Niemand käme der Sache auf die Spur. Sollte es im Rahmen von Rechtshilfeersuchen zu einem Besuch von Finanzfahndern kommen, gibt es eine »Philosophie«, an die man sich gemeinhin hält: »Zeig ihnen den Wald, aber nicht den Baum, nach dem sie suchen.«[21]

Im Oktober 1999 hatte der damalige französische Innenminister Jean-Pierre Chevènement den Chef der Inspektion des Rates der Finanzmärkte (Dominique Garabiol) und den General der Staatspolizei (Bernard Gravet) mit einem Bericht beauftragt. In diesem (vertraulichen) Bericht über die »Rückschleusung von Geldern aus dem organisierten Verbrechen« war im Juni 2000 von beunruhigenden Informationen über mögliche Verlagerungen im Clearingverkehr die Rede. Die Verfasser gehen unter Berufung auf den IMF davon aus, dass 1200 Milliarden USD aus kriminellen Aktivitäten stammen und in die offizielle Wirtschaft eingeschleust werden. Bei den derzeitigen Renditen erziele man durch die Anlage dieses Vermögens jährlich Zinsen in Höhe von 76 Milliarden Euro.

Sergio Bille, der Präsident der größten italienischen Handelsvereinigung, hat im November 2000 in Mailand behauptet, dass die Mafia-Organisationen einen Umsatz von 155 Milliarden Euro machen. Das entspricht 15 Prozent des italienischen Bruttoinlandsprodukts. Er glaubt, dass die Mafia 20 Prozent der inländischen Handels- und 15 Prozent der Industriestrukturen kontrolliert. In den neunziger Jahren sollen ganze Lastwagenladungen voll Lira von Italien zu einer luxemburgischen Bank transportiert worden sein. Man habe die Scheine gar nicht mehr gezählt, sondern palettenweise gewogen, bevor sie in den Tresoren gelagert worden seien.[22] Auch dieses Geld habe die Bank aber schon am nächsten Tag dank Clearstream in Obligationen verwandeln können. Es sollte indes nicht vergessen werden, dass die Clearingfirma nur ein Glied in der für einen Geldwäscher wichtigen Kette ist. Er braucht eben auch eine Eingangsbank, die bereit ist, das Risiko einzugehen und dubiose Gelder anzunehmen. Es hat allerdings den Anschein, als ob dieses Risiko in Luxemburg und etlichen anderen Ländern sowie »Steuerparadiesen« überschaubar ist. Dabei ist besonders bemerkenswert, dass es diese Paradiese, also Fluchtburgen für »gestohlenes« Geld, ohne die großen Geschäftsbanken und die internationalen Clearingstellen, die diesen großen Banken gehören, gar nicht gäbe.

In der Öffentlichkeit scheint man weiter anzunehmen, dass das Finanzmarktsystem von jeglichen Mafia-Einflüssen verschont ist. Die Verfasser des zitierten Berichts heben hervor, dass eine Art von »Vorwaschgang« notwendig ist. Bargeld, das aus Vergehen und Verbrechen stammt, muss in Aktien oder Obligationen verwandelt werden. Vorzugsweise wird in Immobilien, Hoch- und Tiefbau und die Freizeitindustrie investiert. Dies habe die kriminellen Vereinigungen veranlasst, mancherorts die Bediensteten und Abgeordneten von Regionalverwaltungen und -parlamenten unter ihre Kontrolle zu bringen, um dort Aufträge der öffentlichen Hand an sich zu reißen.[23] Die Milliardenbeträge, die auf diese Weise in ganz Europa investiert werden, destabilisieren die Demokratie. Entscheidungen werden gekauft. Das Spiel ist falsch.

Der Fall der Berliner Mauer und der damit verbundene massive Andrang von Kunden aus dem Osten sowie die weltweite Verbreitung von Mafia-Organisationen, die mit der Globalisierung des legalen Geschäftsverkehrs einherging, trug auch zur enormen Erhöhung der Kundenzahl bei Clearstream bei. Innerhalb dieses Kundenstamms hat sich die Zahl derer, die unveröffentlichte Konten benutzen, drastisch erhöht. In umfangreichen Recherchen hat sich immer wieder bestätigt, dass – abgesehen von Ermittlungsrichtern in der Schweiz – die Kenntnisse über Clearingverfahren sehr spärlich sind und selbst das Swift-System kaum bekannt war.

Will man einer zweifelhaften Investition auf die Spur kommen und Geldwäschedelikte aufklären, muss man über das System unveröffentlichter Konten informiert sein und die gültigen Codes kennen. Dann muss man in den Aufzeichnungen zu diesen Konten nach einer präzisen Transaktion suchen (also etwa das Datum kennen). Erfolg ist – wenn überhaupt – nur möglich, wenn man die Hintergründe des Clearingverfahrens kennt.

Hauptproblem ist die Kontrolle der Firmen, welche die Grenzen für Geld und Wertpapiere durchlässig machten. Dies hat man schon vor mehr als zwanzig Jahren erkannt. Die Kontrolle mag bei Euroclear besser organisiert und strikter sein als bei Clearstream. In beiden Fällen ist sie aber das Vorrecht der Banken. Sie haben sich untereinander darauf geeinigt, sich gegenseitig zu kontrollieren. Die Buchführung der Clearingstellen gehört zu den am schwersten greifbaren Dingen.

Insider behaupten, dass es seit 1983 keine wirksamen Kontrollen durch öffentlich-rechtliche Instanzen gegeben habe. Beamte hätten nur Jahr für Jahr Fragebögen versandt. Sie hätten aber keine Neigung gezeigt, sich vor Ort zu begeben und weitere Kontrollanstrengungen zu unternehmen. Nationale Kontrollinstanzen (in Luxemburg) verfügen nicht über das nötige Instrumentarium, um ein international ausgerichtetes Unternehmen wie Clearstream zu kontrollieren. Innerhalb dieser Firma habe die Verschleierung Methode.[24] Es wird heftige Kritik daran geübt, dass Firmen wie Swift, Euroclear und Clearstream allein von Banken kontrolliert werden. Angebracht sei es, in Clearingfirmen und in den Unternehmen der Finanzrouter Beobachtungsposten einzurichten, besetzt mit unabhängigen Personen. Man habe Politiker, Journalisten und Bürger von den grenzüberschreitenden Wertpapierspediteuren absichtlich fern gehalten. Eine demokratische Kontrolle sei indes leicht zu bewerkstelligen. Damit stünde der Einblick in den weltweiten Finanzverkehr offen. Darin liege die geeignetste und gerechteste Lösung im Kampf gegen das organisierte Verbrechen.[25] Das System der veröffentlichten und nicht veröffentlichten Konten und Kunden sei entstanden, weil es den Interessen einiger weniger diene. Einerseits stehe Cedel hilfreich zur Verfügung, um ein Lösegeld für im Iran festgehaltene Geiseln zu bezahlen oder eine antikommunistische Bewegung zu finanzieren. Andererseits ermögliche es die Clearingstelle einer russischen oder italienischen Bank, ihre Devisen zu waschen oder man verhelfe einem höchstprivilegierten Kunden zu seinen Drogendollars. Einmal unterstütze also damit eine luxemburgische Firma die (republikanische) Regierung Amerikas oder den Vatikan, ein anderes Mal eine (ebenso erfolgreiche) Mafia-Organisation.

Auf diese Weise wird ein »Gleichgewicht« gewahrt. Luxemburg, seine Bankenvertreter und die luxemburgische Politik spielen Feuerwehr. In den Medien schreibt man sich den Kampf gegen das organisierte Verbrechen auf die Fahnen. Hinter den Kulissen duldet man aber die Undurchsichtigkeit eines anrüchigen Clearingsystems. Vertreter der luxemburgischen Bankenwelt sind der Ansicht, dass die politische Kaste des Landes eher aus Nationalgefühl, ja sogar aus Naivität denn aus Geldgier »gesündigt« habe. Die Finanzwelt brauche »Ventile« wie Clearstream. Und sie brauche Luxemburg.

Diese Argumente sind möglicherweise fadenscheinig. Die Abschaffung nationaler Handelsschranken und der Beginn globaler Finanzgeschäfte zu Beginn der siebziger Jahre sollten zu uneingeschränkter Transparenz auf den Finanzmärkten führen.[26] Der Markt beruht auf dem Austausch von Wertpapieren, auf Schnelligkeit und Verlässlichkeit. Bankenclearing wird als »Treibriemen des Liberalismus« bezeichnet. Hinter dieser technologischen, leistungsstarken Fassade, die von Börsenindizes und äußerst strikten Reglementierungen geprägt werde, existieren immer einflussreicher werdende Parallelkreisläufe. In diesem Zusammenhang gibt es eine wichtige Frage: Welchen Anteil hat Schwarzgeld am Zustandekommen des Dow Jones, des Cac 40 oder des Eurostoxx 50?

Es bestehen berechtigte Zweifel daran, dass die Entstehung von Offshore-Plätzen und Kleinststaaten mit absolutem Bankgeheimnis Randerscheinungen oder Ventile des Finanzsystems sind. Diesen »Finanzstaaten« kommt eher die Funktion eines Motors zu. Die Parallelfinanz wird nicht als Wurmfortsatz angesehen, sondern als Komponente des Systems. Das »teuflische Paar«, die Verbindung von internationalem Clearing und Bankenparadies, bietet überaus geschützte Nischen, die nur Eingeweihten zugänglich sind: Geheimdiensten und Ministerien, vor allem aber Banken, multinationalen Konzernen und dubiosen Gesellschaften.[27] Man glaubt, das »Hinterzimmer des Financial Village« ausgeleuchtet und die Funktionsweise einer Schnittstelle der Finanzglobalisierung entdeckt zu haben. Einer der beiden großen internationalen Verrechnungsstellen, über deren Konten Beträge in unvorstellbarer Höhe liefen, sei ein »Finanzmonster«.[28] Man sei an einen Punkt gelangt, an dem die Wirtschaft sich nicht mehr entschlüsseln lasse, weil unterschiedliche Kategorien und unterschiedliche Gelder ineinander aufgingen. Das System begleite den Boom auf den Finanzmärkten und habe sich auf die Interessen entscheidender Kreise bestens eingestellt. Die Selbstkontrolle der Finanzmärkte und die herrschende Eintracht bei einigen Großbanken und multinationalen Konzernen hätten unerträgliche Missstände hervorgebracht – auf Kosten der Markttransparenz.[29]

Vor diesem Hintergrund verdienen auch die Anstrengungen, den Finanzplatz Deutschland zu fördern, besondere Aufmerksamkeit. Am 8. Mai 2003 hat der Deutsche Bundestag einen entsprechenden Antrag angenommen.[30] Die Regierungsfraktionen gehen davon aus, dass die Bilanz der Finanzmarktförderung in Deutschland positiv ausfällt. Mit der Schaffung der Bundesanstalt für Finanzdienstleistungsaufsicht (BaFin) hat sich die Bundesregierung für einen integrierten, sektorübergreifenden Aufsichtsansatz entschieden, den auch andere führende europäische Finanzmärkte praktizieren. Durch die Modernisierungen im Bereich des Börsenrechts ist der Handlungsspielraum der Börsen erweitert und ihre internationale Wettbewerbsfähigkeit erhöht worden. Marktintegrität und Anlegerschutz habe man durch Schärfungen im Bereich der Marktaufsicht, die Schaffung neuer Schadensersatzvorschriften und durch erhöhte Transparenzanforderungen verbessert.

Die Bundesregierung will sich auf dem Erreichten aber nicht ausruhen. Die Integration der Finanzmärkte entwickelt sich im Zeichen einer globalisierten Wirtschaft und der Schaffung eines einheitlichen europäischen Marktes für Finanzdienstleistungen mit zunehmender Dynamik. Im Antrag wird auf das 10-Punkte Programm der Bundesregierung zur Stärkung der Unternehmensintegrität und zur Verbesserung des Anlegerschutzes sowie den Finanzmarktförderungsplan 2006 verwiesen, die angeblich gute Grundlagen zur Verbesserung des ordnungspolitischen Hintergrunds und der rechtlichen Rahmenbedingungen für den Finanzplatz Deutschland sind.

Zu den grundsätzlichen Erwägungen der Antragsteller gehört, die Finanzplatzförderung noch stärker als in der Vergangenheit als wirtschaftspolitisches Ziel zu betrachten. Die gemeinschaftliche Idee von einem »Finanzplatz Deutschland« wird als ein weit über die Grenzen Deutschlands hinaus wirkender Standortvorteil angesehen. Die Bundesregierung soll daher auf die Entwicklung eines Identität stiftenden Zusammengehörigkeitsgefühls unter den deutschen Kapitalmarktakteuren hinwirken. Der Aktie komme als Anlage und Finanzierungsinstrument große Bedeutung zu. Dem Rückschlag bei der Entwicklung der »Aktienkultur« soll gegengesteuert werden.

Es wird darauf hingewiesen, dass ca. 80 Prozent der deutschen Finanzmarktgesetzgebung ihren Ursprung in Rechtsakten der Europäischen Union haben und dass bis 2005 ein einheitlicher europäischer Finanzmarkt entstehen soll. Die Regulierung der Wertpapierdienstleistungsunternehmen sei kein Selbstzweck. Dabei will man auch die Wettbewerbsfähigkeit der deutschen Finanzdienstleistungsbranchen, insbesondere die unabhängigen Finanzdienstleister, berücksichtigen.

Immerhin wird erkannt, dass das Anlegervertrauen in jüngerer Zeit unter anderem durch Bilanzmanipulationen und die Verbreitung falscher Unternehmensinformationen schweren Schaden genommen hat. Man scheint ernsthaft der Auffassung zu sein, dass die Bundesregierung mit einer zeitnahen Umsetzung des 10-Punkte-Programms einen gewichtigen Beitrag zur Überwindung der gegenwärtigen Vertrauenskrise an den Finanzmärkten leisten kann. Anzustreben sei die Einrichtung einer zentralen Schwerpunktstaatsanwaltschaft zur Verfolgung von Finanz- und Kapitalmarktdelikten. Durch die Einrichtung einer solchen Verfolgungszentrale könne das für eine erfolgreiche Prävention und Repression im Kapitalmarktbereich erforderliche umfangreiche Know-how an einer Stelle gebündelt werden.

Die Strafverfolgung leidet gegenwärtig an der Zersplitterung der Zuständigkeiten. Dies hat in der Vergangenheit zu einer großen Zahl von Verfahrenseinstellungen geführt. Diesem Missstand soll durch die Einrichtung einer Schwerpunktstaatsanwaltschaft begegnet werden.

Der »Deutsche Corporate Governance Kodex« soll fortentwickelt werden. Ausgelöst durch die bei spektakulären Unternehmenszusammenbrüchen zu Tage getretenen Mängel in der deutschen Unternehmensverfassung will man einen detaillierten Katalog mit Grundsätzen für eine verantwortungsvolle Unternehmensführung vorlegen. Vor dem Hintergrund der aktuellen Diskussion (z.B. Verantwortlichkeit von Vorstand und Aufsichtsrat, Vergütungsfragen) sei der Kodex konsequent anzuwenden, weiterzuentwickeln und anzupassen. Mit einem Wort: Alles wird gut.

Die Wölfe fressen nicht aus der Hand

Mythos Hedge Funds

Derivate entsprechen im Kern den »Termingeschäften«. Es handelt sich grundsätzlich um Kontrakte zwischen zwei Parteien. Sie betreffen eine Abmachung, die in Zukunft eingelöst werden kann oder muss. Praktisch wird eine Wette abgeschlossen. Die Termingeschäfte laufen auf ein Nullsummenspiel hinaus. Einer der Partner gewinnt, was der andere verliert. Gewinne und Verluste resultieren aus der Differenz zwischen dem vertraglich festgelegten Preis des zugrunde liegenden Gutes oder des – synthetischen oder echten – Wertpapiers und dessen Marktpreis bei Auslaufen des Kontrakts. Es geht also immer um den Unterschied zwischen dem zukünftigen Wert irgendeines Gutes oder einer Wertschrift und dem vertraglich festgelegten Basispreis, dem Preis also, zu dem der Kontrakt erfüllt wird. Bei Finanzkontrakten kann der Basiswert eine Aktie, eine Anleihe, ein Aktienindex, Devisen oder Ähnliches sein.[1]

Der Phantasie sind keine Grenzen gesetzt. Der Kontrakt muss nicht unbedingt einen direkten Bezug zu Sachwerten haben. Heute beziehen sich nur 2 Prozent der täglichen Devisentermingeschäfte in Höhe von 1500 Milliarden USD auf den Handel mit Gütern, Dienstleistungen oder auf Sachinvestitionen. Der Rest ist reine Spekulation und durch den Handel oder andere realwirtschaftliche Aktivitäten nicht zu erklären. Diese Spekulation findet praktisch ausschließlich unter den Global Players statt, also den großen Banken, Investmenthäusern, finanzkräftigen Unternehmen und den Hedge Funds. Die Spekulation kam mit dem Zusammenbruch der festen Wechselkurse, potenziert durch die Globalisierung des Handels und die vielfältigen Möglichkeiten moderner Kommunikationstechnologie.[2]

Der wichtigste Impuls für erfolgreiche Finanzinnovationen ist natürlich dem Wunsch entsprungen, regulierende staatliche Auflagen und Steuern zu umgehen oder zu vermeiden. Im Ergebnis ist die Verminderung der Steuerlasten u.a. den von den Derivaten geschaffenen Instrumenten zur Steuerumgehung geschuldet.[3]

Unter den außerbörslich gehandelten Kontrakten nehmen die »Swaps« (Tausch) eine Spitzenstellung ein. Sie machen rund drei Viertel aller Derivatkontrakte aus. Es handelt sich um eine altbekannte Technik, welche die Möglichkeit zur Kurssicherung auf Termin oder zur Spekulation auf die zukünftige Kursentwicklung einer Währung bietet. Zu unterscheiden ist zwischen »Währungsswap«, »Devisenswap« und »Zinsswap«. Grundsätzlich geht es um den Austausch von Zahlungsströmen, basierend auf einem zuvor abgeschlossenen Finanzgeschäft.[4] Der moderne Derivat- und Spekulationsboom ist angelsächsischen Ursprungs. Für manche symbolisiert er den Sieg des US-Kapitalismus über den sowjetischen Kommunismus. Damit ist auch ein Hegemonialanspruch der US-Wirtschaft in der amerikanischen Außenpolitik verbunden, wie er in den Worten der ehemaligen Außenministerin Albright deutlich wird: »Der beste Kurs für unsere Nation ist nicht, über die Globalisierung zu lästern, sondern sie im Interesse Amerikas zu gestalten.«[5]

In diesem Zusammenhang sei daran erinnert, dass Globalisierung auch den Verlust an Eigenständigkeit und damit die Gefahr des Vergessens der eigenen Geschichte bedeutet.[6]

Mit dem gewaltigen Anschwellen der Devisenspekulation, den umgesetzten Volumina und den gleichzeitig erzielten Gewinnen ist das Publikum nicht mehr in der Lage, die Verluste zu tragen. Vielmehr werden nun ganze Staaten zum Ziel der Spekulation und können sich deren Manipulationen nicht einmal entziehen. Es kommt periodisch zu Wetten in mehrfachen Milliardenbeträgen, die häufig die betroffenen Staaten verlieren. Dabei findet eine riesige Umverteilung von »unten«, das heißt von den betroffenen Staaten bzw. deren Bevölkerung, nach »oben«, das heißt zu Hedge Funds, Investmenthäusern sowie den dahinter stehenden milliardenschweren Privatpersonen statt. Staatsvermögen wird »pulverisiert«, um dann in den Händen von Spekulanten zu landen. Besonders beeindruckend ist das Vorgehen von Georges Soros mit seinem »Quantum Fund«, der auf die Überbewertung des englischen Pfundes setzte und dabei Milliarden gewann. Letztlich kann sich niemand den Auswirkungen der Derivate entziehen.[7] Sie eignen sich auch gut zur Geldwäsche. Im Prinzip folgt ihr Einsatz den gleichen Regeln wie denen der Geldwäsche mit Wetten. Die Rahmenbedingungen müssen so manipuliert werden, dass das schmutzige Geld durch die Wette verloren geht, während das saubere Geld dem Wettgewinn entspricht.[8] Manche Investmentmanager interessieren sich mittlerweile aber nur noch am Rande für den Trend des Aktienmarktes. Sie haben eine besondere Investmentphilosophie entwickelt. Dabei geht es nicht darum, fundamentale Daten zu analysieren und dann auf den Trend zu wetten. Es interessieren einzig die Kursschwankungen der Aktien (Volatilität). Man will von den Schwankungen der Kurse profitieren und gleichzeitig das Risiko begrenzen. Dazu werden Strategien mit Optionen auf Aktien benutzt. Dahinter steht die Annahme, dass derjenige, dem der Vermögenswert gehört, auch über dessen Volatilität verfügt. Dabei, so glaubt man, handele es sich um eine Komponente, die Vermögensverwalter in der Regel nicht ausnutzen. Eine Möglichkeit für die Besitzer von Aktien, eine zusätzliche Rendite zu erwirtschaften, ist der Verkauf einer Kaufoption (Call). Der Besitzer der Aktien erhält dabei vom Käufer der Option eine Prämie. Die Aktien muss er nur abgeben, wenn der Kurs innerhalb einer vereinbarten Zeitspanne stark steigt – wie stark, ist abhängig von den Konditionen der Option. Wenn die Option nicht ausgeübt wird, streicht der Besitzer der Aktien die Prämie als zusätzlichen Gewinn ein. Manch einer meint, dass mit dem Verkauf von Call-Optionen der Ertrag mancher Indizes (z.B. S & P 500) um 200 bis 250

Basispunkte gesteigert werden könne (100 Basispunkte entsprechen 1 Prozent). Bei einzelnen Aktien seien sogar Ertragssteigerungen um 300 Basispunkte und bei stärker schwankenden Titeln (z. B. Microsoft) eine zusätzliche Rendite von 700 bis 800 Basispunkten möglich.

Schätzungen gehen dahin, dass bei einem gesamten amerikanischen Börsenwert von 10 Billionen USD derzeit (April 2003) zusätzliche Ertragschancen von 2 bis 3 Billionen USD nicht genutzt werden. Institutionelle Anleger wie Fonds oder Pensionskassen hatten in den siebziger und achtziger Jahren Optionen zwar häufig angewandt. Während der Hausse der neunziger Jahre ging ihr Gebrauch aber stark zurück, weil Investoren sich ausschließlich auf die Aktienanlage konzentrierten. Zusatzerträge von nur wenigen Prozent hatten in dieser Phase niemand interessiert. Man war während der Hoch-Zeit eingeschlafen. Nach drei Jahren Baisse werden jetzt aber zusätzliche Renditen von ein paar hundert Basispunkten auch nicht mehr verschmäht.[9]

Um Hedge Funds ranken sich Mythen. Sie werden für spektakuläre Kurseinbrüche an den Börsen verantwortlich gemacht. Andere erwarten von ihnen – mitten in der Baisse – zweistellige Renditewunder. Die Wirklichkeit ist nüchterner. Viele Hedge Funds machen Geschäfte jenseits des Aktienmarktes – mit Anleihen, Rohstoffen oder Währungen –, statt wild zu spekulieren. Die Erträge bleiben unter dem Strich aber oft enttäuschend. Hedge Funds sind also keine Produkte, die immer Geld verdienen, egal, was der Markt macht. Dennoch: Auch diejenigen, die davon ausgehen, dass Hedge Funds keine Wunderwaffe sind, behaupten, dass sie als eigene »Vermögensklasse« neben Anleihen, Aktien und Immobilien in jedes Depot gehörten. Ihr besonderer Charme liege darin, dass die Wertschwankungen, wenn es gut geht, ähnlich niedrig seien wie bei Anleihen. Langfristig sollten sie aber Renditen wie Aktien bringen. Vermögensberater empfehlen deshalb, den Anteil von Hedge Funds im Depot auf 10 bis 20 Prozent anzusetzen. Das senke das Risiko des gesamten Portfolios und steigere die Rendite. Im Schnitt haben Hedge Funds seit Anfang des Jahres 2000 gut 15 Prozent Gewinn gebracht, während Aktien weltweit 43 Prozent verloren.

Für die Wahl eines Funds hält man die Qualität des Managements für entscheidend. Bei einem Markt, der zu groß und undurchsichtig ist, wird der Laie hilflos. Daher ist ein Trend zu Dach- oder Indexfonds entstanden, die dem Anleger die Auswahl und Überwachung der einzelnen Hedge Funds abnehmen. Das Ganze wird dann als Zertifikat verbrieft. Gegenwärtig konkurrieren etwa 30 börsengehandelte Scheine um die Gunst der Anleger. Die Wertentwicklung zeigt indes, dass selbst ein professionelles Management nicht allen Erwartungen gerecht wird. Das liegt (auch) an horrenden Gebühren, aktienlastigen statt marktneutralen Strategien und dem (schwachen) Kurs des USD. Manche sehr erfolgreichen Zertifikate haben sich vom Markttrend abgekoppelt und setzen auf Arbitrage-Geschäfte, die Profit aus Preisdifferenzen für bestimmte Wertpapiere schlagen.

Gleichwohl: Für Raphael Kanza, der seit vielen Jahren mehrere Portfolios mit Hedge-Funds-Strategien betreut, liegt die Erklärung dafür, dass Hedge Funds derzeit einer der größten Modetrends sind, darin, dass die Menschen entweder nur Aktien wollen oder gar keine Aktien. Nach den Kursverlusten der vergangenen Jahre sei nun der »Absolute-Return-Ansatz« en vogue. Es gehe nicht darum, einen Index zu schlagen, sondern um ein absolutes Ertragsziel. Auf die Frage, ob es noch Sinn macht, einen Vergleichsindex zu schlagen, räumt Kanza ein, dass man nach drei Jahren Baisse bei so einem Ansatz nachdenklich wird. Einfacher ist es natürlich, sich an einem Index zu messen. Auch Kanza hält es für extrem schwierig, mit gezielten Käufen und Verkäufen Geld zu machen. Man erwischt beim Verkauf nie die Kursspitze und beim Kauf nie das Kurstal. Mit diesem so genannten Trading werde niemand reich. Wer aber in einer Hausse den Index kauft, könne nicht viel falsch machen. Kanza glaubt, dass es den vielen Hedge-Funds-Managern weniger um Bezahlung als um Erfolg gehe. Die meisten Manager hätte schon genug Geld, und viele verwalteten in den Fonds auch ihr eigenes Vermögen. Kanza empfiehlt den Kunden, an die Manager immer zwei Fragen zu stellen. Zum einen sollten sie wissen, ob der Manager auch eigenes Geld eingesetzt hat. Zum anderen sollte man sich über die richtige Größe des Fonds informieren.

Hedge Funds sind im Hinblick auf Größe nicht vollkommen flexibel. Bestimmte Strategien funktionieren nur mit kleineren Volumina. Deswegen nehmen viele Hedge Funds ab einer gewissen Größe keine neuen Mittel mehr auf. Hedge Funds eignen sich nach der Einschätzung von Kanza nicht als Massenprodukt, wenn überhaupt, dann eher in einem Dachfondskonzept. Aber auch dies sei ein Konzept, das nicht unbegrenzt trage. Selbst in den Vereinigten Staaten gibt es keine Dachfonds, die mehr als 5 oder 10 Milliarden USD haben. Gleichwohl müssen Kleinanleger nicht außen vor bleiben. Selbst wenn diese nicht in Dachfonds investieren, tun es ihre Versicherungen oder Pensionsfonds. Das macht auch Sinn, behauptet Kanza. Er empfiehlt, sich als Kleinanleger nicht als eigener Hedge-Funds-Dachmanager zu gebärden. Der Weg über institutionelle Anleger sei besser. Er weist auch darauf hin, dass man bei einer Aktie »nur« das Risiko trage, das gesamte eingesetzte Geld zu verlieren. Hedge Funds können komplett bankrott gehen. Auf die Frage, ob darin einer der Gründe für die öffentliche Kritik an den Hedge Funds liege, erinnert Kanza daran, dass in Europa seit Beginn des Jahres 2003 von rund 300 Hedge Funds 15 geschlossen wurden – viele aber, weil sie nicht mehr genügend Geld verdient hätten, nicht weil sie bankrott gegangen seien. Kanza ist dennoch davon überzeugt, dass die Hedge Funds in den kommenden Jahren eine zunehmend wichtige Rolle im Investmentgeschäft spielen werden. Das sei aber nicht problematisch. Kanza scheint den Gipfel seiner Karriere als Experte erklommen zu haben: »Hedge Fonds sind genau so gut oder so schlecht wie alle anderen Dinge auch.«

So stellt sich wahrscheinlich jeder Kleinanleger den Rat vor, den er dringend braucht, um seine Investitionsentscheidung sachgerecht vorzubereiten.[10]

Der Gedanke, Hedge Funds bei einem diversifizierten Portfolio zu nutzen, scheint sich in Deutschland dennoch nur langsam durchzusetzen. Generell besteht die Ansicht, dass solche Anlagestrategien nur zu einem geringen Teil als Beimischung geeignet sind. In den USA ist man, etwa im Bereich der Stiftungen, anderer Meinung. Im Jahr 2002 entsprach der prozentuale Anteil von »Alternative Investments« mit

32 Prozent in den Portfolios der Stiftungen durchschnittlich dem Anteil an US-Aktien im Jahr zuvor. Innerhalb der »Alternative Investments« erhöhte sich der Anteil von Hedge Funds von 28 Prozent (2001) auf 42 Prozent im Folgejahr. Da in den USA das Interesse an den Hedge Funds immer größer wird, plant die Börsenaufsicht, sich intensiv damit zu befassen. 2003/2004 will die SEC ein neues Regelwerk vorlegen, das auf einen stärkeren Anlegerschutz ausgerichtet sein soll. Die französische Börsenaufsicht COB plant, noch 2003 Anlegern den Zugang zu Hedge Funds zu gestatten. Für Privatanleger will sie eine Mindestinvestitionssumme von 10 000 Euro vorsehen.[11]

Manche zählen die Hedge Funds zu den »Leitwölfen der internationalen Spekulation«. Sie sind meistens in Offshore-Zentren beheimatet und »steueroptimiert«. Dort erfolgt die Ausnutzung der internationalen Arbeitsteilung zur Ausreizung des regulatorischen Gefälles und zur Umgehung von Steuern. Sie setzen an der Londoner Börse bis zur Hälfte aller Aktien um. Ihre Strategie prägt das Geschehen an den Märkten.[12] Es handelt sich größtenteils um private Vereinigungen von spekulativen Anlegern. Hedge Funds sind postmoderne und schwer fassbare Phänomene. Die Übergänge zu anderen Anlageformen (Investmentfonds) sind fließend. Hedge Funds sind meistens global orientiert. Hin und wieder sind sie auch auf einzelne Wirtschaftssektoren ausgerichtet. Sie verhalten sich »amöbenartig«, passen ihre Strategie den sich wandelnden Umständen an und nutzen die Hebelwirkung von Derivaten.[13] Die Funktionalität von Hedge Funds ist nicht zu verstehen, wenn man sich nicht von der Vorstellung löst, dass die einzige Aufgabe der Finanzmärkte darin besteht, Kapital für Investitionen in Unternehmen zu besorgen. Moderne Anleger und Spekulanten wollen vor allem Kursschwankungen und örtliche Kursunterschiede in den Weltmärkten für sich ausnutzen. Dabei spielt es keine Rolle, ob die Kurse steigen oder sinken, wenn sie sich nur bewegen. Diese Bewegungen führen zu jeweils großen Kapitalverschiebungen unter den Beteiligten, entsprechend den Gesetzen der Derivate: Die einen gewinnen, was die anderen verlieren.[14]

Der Ursprung der Hedge Funds lag – wie bereits angedeutet -in der Erkenntnis, dass der Verkauf von geborgten Wertpapieren und weitere Formen von Kreditaufnahmen für den Handel mit Wertpapieren sehr riskant sind. Um diese Risiken einzugrenzen und sich abzusichern, versucht man, die Risiken zu analysieren. Es handelt sich einerseits um das Risiko, dass einzelne Aktienposten falsch gewählt wurden, andererseits um das Risiko eines allgemeinen Preisverfalls. Um sich gegen die Folgen eines allgemeinen Preisverfalls abzusichern, verkaufte man zunächst stets eine Anzahl von überbewerteten Aktien. Gleichzeitig wurden Aktien auf Kredit gekauft, die man für unterbewertet hielt.[15] Hedge Funds gehören zu den undurchsichtigsten Anlagevehikeln überhaupt. In Kombination oder in Ergänzung zu den Derivattransaktionen spielen sie mittlerweile eine entscheidende Rolle bei der Reinigung schmutzigen Geldes unbekannter Herkunft.[16]

Es gibt beeindruckende Beispiele dafür, wie komplex und intransparent die Abwicklung, Verwaltung und das Management im Zeitalter des Internets und im Rahmen der hoch entwickelten internationalen Arbeitsteilung ist.[17] In jüngster Zeit hat sich dank des Internets ein neues Forum für Kontraktangebote eröffnet, die den Käufern und Verkäufern die gewünschte Anonymität bietet. Gemeint sind die »Electronic Communication Networks (ECN)«. Es handelt sich um Internetplattformen, auf denen jeder der angeschlossenen Teilnehmer jede Art von Kauf oder Verkauf von Wertpapieren oder anderen börsengehandelten Instrumenten offerieren oder auf entsprechende Angebote eingehen kann. Es ist die Anonymität, die diese ECNs für potenzielle Geldwäscher und für andere Arten von missbräuchlichen Transaktionen interessant macht. Mit dem zunehmenden Marktanteil der ECNs am Handel mit Wertpapieren und deren Derivaten wird der Zugang der Behörden zu möglicher Geldwäscherei noch zusätzlich erschwert, wenn nicht gar faktisch ausgeschlossen.[18] So entpuppen sich die Weltfinanzmärkte (auch) aus der Perspektive der Geldwäsche als ein von der Realität weitgehend abgelöstes Gebilde, das zu einem Selbstläufer geworden ist. Sie produzieren aus sich selbst heraus ihren eigenen Sinn, ihre globale Dynamik, die kaum auf lokale Gegebenheiten Rücksicht nimmt. Regulatorische Differenzen und steuertechnische Unterschiede bilden die Basis für den weltweit ausgetragenen Wettbewerb der Standorte untereinander. Dabei ist jeder an diesem Geschäft beteiligt, als Betroffener oder indirekt – durch Pensionskassen oder Bankeinlagen – als Mitwettender. Manch einer sieht sich nur noch vor eine groteske Wahl gestellt: Sich selbst spekulativ zu engagieren ist ebenso absurd wie der Verzicht darauf.[19] Welche Schlussfolgerungen lassen sich daraus ziehen ?

Die weitgehende Deregulierung weltweiter Kapitaltransaktionen und die Ablösung des Finanzgeschehens von »realen« wirtschaftlichen Prozessen haben die negativen Wirkungen der Globalisierung gesteigert. Die Globalisierung hat Möglichkeiten zur kriminellen Bereicherung eröffnet, denen durch einzelstaatliche Sanktionen nicht mit der erforderlichen Wirksamkeit zu begegnen ist. Die internationalen Finanzmärkte haben sich in global verstreute Tatorte verwandelt. Die dort auftretenden Akteure sind durch die Strafdrohungen konventioneller Tatbestände nicht zu beeindrucken. Die verursachten Schäden liegen weit jenseits des Horizonts »innerer« Sicherheit. Auf den internationalen Finanzmärkten werden sich Geldwäscher, gewerbs- und bandenmäßige Steuerhinterzieher sowie andere organisierte Kriminelle weiterhin mit äußerst geringem Entdeckungs- und Sanktionsrisiko betätigen und auf ihre Weise zu einer weltweiten und sozialschädlichen Verzerrung der »terms of trade« beitragen.

Gegenwärtig sind keine überzeugenden Strategieentwürfe erkennbar, mit deren Hilfe das hochkomplexe Geflecht wirtschaftlicher Interessen und krimineller Ambitionen wirkungsvoll angegangen werden könnte. Dies gilt insbesondere für eine deliktspezifische und risikoorientierte Strukturprävention.

Die jüngsten Versuche der Regierung der Bundesrepublik Deutschland zur Verbesserung der Geldwäschebekämpfung und zur Bekämpfung der Finanzierung des Terrorismus beseitigen wichtige Defizite der Geldwäschebekämpfung nicht. Die Annahme, dass es den Polizeibehörden des Bundes und der Länder in Deutschland bei der gegenwärtigen Rechtslage gelingen könnte, in die besonders komplexen und gefährlichen Dimensionen der Geldwäsche vorzudringen, ist auf einer nach oben und unten offenen Skala zwischen »naiv« und »absurd« einzuordnen. Sie dürfte zu den mittlerweile nicht mehr seltenen Irrtümern gehören, die dann entstehen, wenn Zuständigkeit mit Kompetenz verwechselt wird. Offen ist nur, ob diese Fehlvorstellung mittlerweile die Politik insgesamt oder zumindest die Sicherheitspolitik bestimmt. Der nach wie vor sehr mäßige Erfolg der Geldwäschebekämpfung provoziert schließlich die Frage, ob im Hinblick auf die Allokation enormer Kapitalmengen eine (Teil-)Identität der Interessen in Wirtschaft, Kriminalität und Politik besteht, welche die bisherige Gesetzgebung im Ergebnis zu einem entwürdigenden (Selbst-)Täuschungsmanöver verkommen lässt.

Wie bereits erwähnt, sind die Hedge Funds in das Visier der amerikanischen Börsenaufsicht geraten. Deren Chef, William Donaldson, demonstriert Entschlossenheit. Der Wildwuchs in der Branche soll nicht länger geduldet werden. Nach dem ungezügelten Wachstum der neunziger Jahre soll nun eine stärkere Regulierung durchgesetzt werden. Die SEC will damit auch auf zahlreiche Beschwerden von Unternehmen reagieren, wonach die Hedge Funds durch kurzfristige Spekulationen die Aktienkurse nach unten getrieben und dadurch den betroffenen Firmen dramatische Wertverluste zugefügt hätten. Die SEC spricht von manipulativen Praktiken und will die Fondsgesellschaften an die kurze Leine nehmen. Die Manager der Fonds haben die Vorwürfe entschieden zurückgewiesen. Man stelle die Hedge Funds als Sündenböcke hin. Dabei seien sie ein wichtiges Instrument der Kapitalbeschaffung. Die SEC war dadurch nicht beeindruckt. Künftig sollen die Manager nicht nur über ihre Geschäftspraktiken Auskunft geben. Die bislang freiwillige Registrierung der Gesellschaften soll obligatorisch werden. Die Einnahmestrukturen sollen offen gelegt werden. Die Fonds sollen insgesamt transparenter werden. Auch die amerikanischen Steuerbehörden (Internal Revenue Service – IRS) haben Gefallen an den Hedge Funds gefunden, weil diese ihre wohlhabende Klientel mit Steuersparmodellen ködern. Das investierte Kapital wird in »Steuerparadiesen« angelegt. Betroffener eines

Musterverfahrens wurde die Firma »Offshore Advisors«. Dabei handelt es sich um einen der führenden amerikanischen Hedge Funds mit Sitz in Florida. Der Gesellschaft wird vorgeworfen, in den Jahren 1994 bis 1997 Einnahmen in Höhe von 192 Millionen USD am Fiskus vorbeigemogelt zu haben. Der IRS arbeitet dabei auch eng mit der amerikanischen Bundespolizei (Federal Bureau of Investigation – FBI) zusammen, um illegale Geldwäschepraktiken aufzudecken. Dies soll im Zusammenhang mit den Bemühungen der amerikanischen Regierung stehen, die internationalen Finanzierungsquellen des Terrorismus auszutrocknen. Das FBI hat erklärt, dass die Hedge Funds nicht den besten Ruf haben und dass eine stärkere Kontrolle erforderlich ist. Es stelle sich die Frage, wohin das Kapital fließt. Die Fonds haben in den Jahren 2001 und 2002 während der Börsenkrise überdurchschnittlich gut verdient. Gleichwohl haben es Newcomer in der Branche wegen des knallharten Wettbewerbs schwer. Etwa die Hälfte der in den Jahren 1999 bis 2002 neu gegründeten Hedge Funds musste schließen. Die SEC vermutet vor diesem Hintergrund in der Branche viele schwarze Schafe. Die Börsenaufsicht hat auch gegen führende Manager der Gesellschaft »Beacon Hill Asset Management« Verfahren eröffnet, weil die Anleger um erhebliche Summen betrogen worden seien. Gegen »Lipper Convertibles Funds« ist ein ähnliches Verfahren eingeleitet worden. Dieser Fall hat eine besonders pikante Note, weil die Schauspielerin Julia Roberts (»Pretty Woman«) zu den Kunden dieser Gesellschaft zählt.

Der SEC wird von Teilen der deutschen Presse empfohlen, auch nach Europa zu schauen. Die Europäische Union und insbesondere Deutschland streben eine stärkere Liberalisierung des Marktes an. In den USA befürchtet man angeblich, dass die Europäer den amerikanischen Fonds-Gesellschaften den Rang ablaufen könnten, falls die SEC zu stark auf Regulierung setzen sollte.[20] An derselben Stelle und zur gleichen Zeit war der deutschen Presse zu entnehmen, dass der amtierende Bundesminister der Finanzen, Hans Eichel, mit eine Reihe von Gesetzesänderungen die Wettbewerbsfähigkeit des Finanzplatzes Deutschland erhöhen möchte. Die starren Regeln für Investmentfonds sollen gelockert werden. Insbesondere sei die Zulassung von Hedge Funds geplant. Der Bundesfinanzminister hatte am Donnerstag, den 6. März 2003, den Finanzmarktförderplan 2006 vorgestellt. Damit sollen Wettbewerbsnachteile beseitigt werden, die die deutsche Fondsindustrie seit Jahren beklage. Mit einem »Investmentgesetz 2003«, so die Ankündigung, solle die Zulassung von Fonds vereinfacht und beschleunigt sowie innovative Produkte ermöglicht werden. Ein vereinfachter Verkaufsprospekt solle die Transparenz für Fondsanleger erhöhen. Damit werde eine Richtlinie der Europäischen Union (»Organismen für die gemeinsame Anlage in Wertpapieren – OGAW-Richtlinie«) umgesetzt. Ein eigener Abschnitt des Investmentgesetzes soll den bislang in Deutschland nicht zugelassenen Hedge Funds gewidmet werden. Das Gesetz soll inländischen und ausländischen Hedge Funds den Vertrieb von Anteilen an institutionelle und auch private Anleger in Deutschland ermöglichen. Die Bundesregierung reagiere damit auf die wachsende Nachfrage nach Anlageprodukten, die unabhängig von der Entwicklung am Aktienmarkt Gewinn abwerfen könnten – ein genialer Gedanke. Die Bundesregierung will damit Anschluss halten an die Entwicklung im Bereich alternativer Investments, die insbesondere im angelsächsischen Finanzmarkt weit vorangeschritten sei. Mit dem erstmals in Deutschland zu schaffenden Rahmen für Anbieter von Hedge-Funds-Anteilen sollen mühsame Umwege, etwa durch den Vertrieb strukturierter Produkte wie Hedge-Funds-Zertifikaten, überflüssig werden. Dem Anleger werde ein klar definiertes Produkt an die Hand gegeben. Die Bundesregierung will dafür sorgen, dass Hedge Funds gegenüber herkömmlichen Fonds auch in steuerlicher Hinsicht nicht benachteiligt werden. Die Neugestaltung der steuerlichen Rahmenbedingungen sei eine wesentliche Voraussetzung dafür, die Attraktivität des Finanzplatzes Deutschland für Hedge Funds zu erhöhen. Damit werde auch kapitalmarktspezifisches Know-how in Deutschland entwickelt. Ein klares und einfaches Zulassungsverfahren soll durch die Bundesanstalt für Finanzdienstleistungsaufsicht normiert werden. Im Grundsatz werde es außer dem allgemeinen Prinzip der Risikostreuung keine speziellen gesetzlichen Vorgaben mit Anlageentscheidungen geben. Auch der Einsatz von Kreditmitteln und die Durchführung von Leerverkäufen soll unbeschränkt zugelassen werden. Die Bundesregierung glaubt, dass der Einsatz dieser Instrumente eine wichtige Rolle im Rahmen der Anlagestrategien von Hedge-Funds-Managern spiele. Von ihnen erwartet man eine hohe Bereitschaft zu den erforderlichen Maßnahmen im Risikomanagement und bei der Transparenz, um jegliches Risiko für den Finanzplatz Deutschland gering zu halten. Um die Transparenz zu verbessern, denkt die Bundesregierung an eine Meldepflicht für Wertpapier-Leerverkäufe. Der Anlegerschutz, insbesondere der Schutz des privaten Anlegers, werde auch bei der Anlage in alternative Investments groß geschrieben. Die Neuregelung werde nicht nur Vorgaben für Produktinformationen im Prospekt und in den Vertragsbedingungen enthalten. Zudem soll der private Anleger nur in Dachfonds mit breiter Risikostreuung investieren dürfen. Gefordert wird darüber hinaus, dass dem Anleger das mögliche Risiko eines Totalverlusts seines eingesetzten Kapitals über einen ausdrücklichen Warnhinweis, wie er sich in der Schweiz bewährt habe, deutlich gemacht werde.

Die Überraschung war perfekt. Selbst die Banken und Vermögensverwalter rieben sich verwundert die Augen. Der gleiche Bundesfinanzminister hatte die Hedge Funds wenige Monate zuvor noch an den Pranger gestellt und überlegt, ob man den Managern dieser Kapitalsammelstellen die regelmäßig eingesetzte Strategie des »Leerverkaufs von Aktien« verbieten sollte. Tritt das neue Investmentgesetz tatsächlich im Jahre 2004 in Kraft, ist damit nach dem Empfinden von Beobachtern eine wichtige Grundlage für eine neue Anlagekultur geschaffen. Hedge Funds sind aus struktureller wie aus rechtlicher Sicht zwar keine Investmentfonds. Experten wie Alexander Ineichen von der UBS Warburg sehen sie aber als »Mini-Investmentbanken«. Mit den in Deutschland mittlerweile etablierten Dachfonds sind bereits Strukturen geschaffen worden, Hedge-Funds-Strategien näher an das Spektrum der Investmentfonds heranzurücken. Für Hedge Funds sind »absolute Erträge« eine Kernthese. Während sich traditionelle Investmentfonds an Messlatten wie Aktienindizes orientieren, zielen

Hedge Funds auf Erträge, die sich an keiner derartigen »Benchmark« orientieren. Bei UBS Warburg kann man sich die Schaffung eines »Hedge-Fund-Hotels« vorstellen, in dem die Bank die Rolle des Gastgebers und Sponsors für Anlageexperten übernimmt, der alte und/oder neue Strategien verfolgt.

Allerdings ist nicht zu übersehen, dass die Aufbruchsstimmung in der deutschen Bankenwelt durch einige Unsicherheiten gedämpft wird. Die Hedge Funds waren nicht in der Lage, ihre Performance-Versprechen einzuhalten. Der Einfluss auf die Kursgestaltung werde weit überschätzt. Das in Hedge Funds investierte Vermögen erreichte nur 3 Prozent jenes Kapitals herkömmlicher Investmentfonds. Der dort beliebte Einsatz von Derivaten, die die Bewegung hoher Nominalbeträge mit geringem Einsatz erlauben, ändert daran wenig. Dennoch, so wird behauptet, seien Geldanlagen in Hedge Funds im Sinne der Risikostreuung vernünftig. Rund 70 Prozent der am Weltmarkt tätigen Hedge Funds haben 2002 wegen der geringen Anlageresultate keine Erfolgsgebühr erhalten. Mit einer weiteren Marktbereinigung ist zu rechnen. Im Jahre 2002 haben 800 Hedge Funds die Segel gestrichen.[21]

Der Bundesregierung dürfte klar sein, dass die Hedge Funds auch in Deutschland umstritten sind, weil sie in dem Ruf stehen, für Anleger besonders riskant zu sein. Auch hierzulande werfen Kritiker der Branche vor, an den Finanzmärkten mit großen Wetten auf fallende Kurse Schieflagen auslösen zu können.

Die Verteidiger der Investorenfreiheit halten dagegen, dass die Kapitalsammelstellen bei Kursübertreibungen nach oben wie nach unten als Korrektiv wirken, da sie angeblich Fehlbewertungen aufdecken. Auch hier sei wieder an die Charakteristika von Hedge Funds erinnert, die durch Leerverkäufe und den Einsatz von Termingeschäften von fallenden Aktienkursen profitieren können. Der Plan des Bundesfinanzministers sieht vor, dass das Gesetz dies ausdrücklich zulässt. Auch die Aufnahme von Krediten soll uneingeschränkt erlaubt sein. Damit könnten Fonds künftig ein Vielfaches des von Investoren eingezahlten Geldes investieren – entsprechend höher ist jedoch auch das

Verlustrisiko für die Anleger. Das ist für die SEC ein Grund, über Höchstgrenzen für die Kreditaufnahme durch die Hedge Funds nachzudenken. In Deutschland war es Fonds bislang nicht erlaubt, Leerverkäufe zu tätigen und auf Kredit zu kaufen. Es kann dahinstehen, ob es ein besonderer Ausdruck sozialdemokratischer Fürsorge ist, dass der Finanzminister den Privatanlegern lediglich die Anlage in Dachfonds ermöglichen will, um deren Risiken zu begrenzen, den institutionellen Anlegern, z.B. Pensionskassen, dagegen gestatten will, in Einzelfonds zu investieren.

Deutsche und ausländische Anbieter haben seit dem Jahre 2000 Zertifikate und Genussscheine auf den deutschen Markt gebracht, über die Anleger indirekt in Hedge Funds investieren können. Die steuerliche Behandlung von Erträgen aus diesen Produkten war von Anfang an umstritten. Ein neues Investmentsteuergesetz soll gewährleisten, dass Hedge Funds steuerlich wie herkömmliche Fonds behandelt werden. Ein führender Lobbyist der Branche, Dietmar Bahr, Vorstandsmitglied des Bundesverbandes Alternative Investments – BAI, hat die Pläne des Bundesministers der Finanzen sofort als »Quantensprung« begrüßt. Er sprach sich jedoch dafür aus, eine Zertifizierung für Berater einzuführen, um zu gewährleisten, dass keine unseriösen Produkte verkauft werden. Hedge Funds seien ein komplexes Thema, das viele Berater und erst recht Anleger überfordern könnte.[22]

Umso wichtiger ist, dass der Bundesfinanzminister in der Lage ist, rechtzeitig für Aufklärung zu sorgen: In Deutschland sei der Finanzdienstleistungssektor von zentraler Bedeutung für die wirtschaftliche Stabilität von Staat und Gesellschaft. Die Branche bringt mit einer Bruttowertschöpfung von 86 Milliarden Euro einen maßgeblichen Wertschöpfungsanteil (4,6 Prozent des gesamten Volumens) in die Volkswirtschaft ein. Damit liegt der Finanzdienstleistungssektor weit über der Wertschöpfung bedeutender Branchen wie Energie, Telekommunikation und Transport. Mit insgesamt 1,5 Millionen Beschäftigten stellt der Finanzdienstleistungssektor einen der größten Arbeitgeber in Deutschland dar. Im Jahre 2002 waren etwa 3,6 Prozent der erwerbstätigen Bevölkerung in Deutschland im Finanzsektor beschäftigt.

Der Finanzminister sieht die deutsche Finanzmarktpolitik vor zwei große Herausforderungen gestellt: Das Vertrauen der Anleger müsse wiederhergestellt werden, und man müsse sich den Aufgaben stellen, die mit der Schaffung eines gemeinsamen Finanzmarktes in Europa verbunden seien. Durch das Platzen einer übermäßigen Spekulationsblase, Börsenbetrügereien, eine enttäuschende Weltkonjunktur und durch eine unsichere geopolitische Lage befinden sich die Finanzmärkte nach der Einschätzung des Ministers in einer schwierigen Phase. Die Lösung liegt auf der Hand: Die Bundesregierung muss nur ihre (vermeintlich) erfolgreiche Reformpolitik fortsetzen. Das Investmentgesetz soll nicht nur die europäische Investmentrichtlinie umsetzen, sondern auch die Modernisierung der Rahmenbedingungen bei der Auflegung und Verwaltung von Investmentfonds bewirken und damit einen wesentlichen Beitrag zur Stärkung des Finanzplatzes Deutschland leisten. Die Aufsicht über Investmentfonds soll effizienter werden, indem Genehmigungsverfahren für die Auflegung neuer Fonds gestrafft und die Genehmigungsdauer erheblich verkürzt werden.

Im Bereich der Regelungen für Derivate soll sichergestellt werden, dass neue Marktentwicklungen kurzfristig vom Verordnungsgeber aufgegriffen werden können. Die Rechtssicherheit der Fondsanlage für die Marktteilnehmer soll erhöht werden. Die Folge leuchtet ein: Die internationale Wettbewerbsfähigkeit deutscher Kapitalanlagegesellschaften wird gestärkt. Wie? Ganz einfach: Die Eigenkapitalanforderungen nach Vorbild der OGAW-Richtlinie werden dynamisch ausgestaltet. Markteintrittsbarrieren für neue Fondsgesellschaften werden beseitigt. Zugleich wird natürlich ein effizienter Anlegerschutz gewährleistet. Gleichzeitig, so das Versprechen von Hans Eichel, wird im Investmentgesetz erstmals die Regelung von Hedge Funds aufgenommen.

Warum? Auch ganz klar: »Damit wollen wir neuen Dienstleistern, die bisher nur vom Ausland aus agieren können, auch in Deutschland ein Betätigungsfeld geben. Dies steigert die Attraktivität des Finanzplatzes Deutschland und führt zu mehr Wettbewerb auch im internationalen Rahmen. Bislang sind die aufsichtsrechtlichen und steuerrechtlichen

Rahmenbedingungen in Deutschland nicht dazu geeignet, dass sich Hedge Funds hierzulande ansiedeln. Das wollen wir ändern.«[23]

Die Mühen der Ebenen sind vorbei. Das gelobte Land kommt in Sicht: »Die Anlage in Hedge Fonds soll nicht nur den institutionellen Anlegern zugute kommen, sondern anders als in anderen europäischen Staaten mit restriktiveren Regelungen sollen auch private Anleger von den höheren Renditen der Hedge Fonds profitieren. Allerdings wird aus Gründen des Anlegerschutzes lediglich die Anlage in Dachfonds freigegeben. Dachfonds investieren breit gestreut in verschiedenen Zielfonds mit unterschiedlichen Anlagestrategien, so dass das Anlagerisiko geringer ist als bei der Anlage in nur einen einzelnen Hedge Fonds. Bei der Besteuerung im Rahmen des neuen Investmentgesetzes sollen inländische und ausländische Fonds, anders als bisher, steuerlich gleich behandelt werden. Hedge Fonds sollen gegenüber herkömmlichen Investmentfonds nicht diskriminiert werden.«[24]

Der Begriff »Geldwäsche« kommt in diesen Belehrungen nicht ein einziges Mal vor. Das ist vielleicht dadurch erklärbar, dass die hier zitierten risikoorientierten Folgeabschätzungen neben der Sache liegen. Immerhin ist dafür (unfreiwillig) deutlich geworden, welche Richtgrößen für den Gesetzgeber vorrangig sind (Ertragslage der Banken, Attraktivität des Finanzplatzes Deutschland). Das Bundesgesetzblatt dürfte in absehbarer Zeit eine interessante Neuerung bieten: Eine formvollendete Einladung an alle Global Players zur noch erfolgreicheren Geldwäsche. Selbstverständlich wird man früher oder später von mehr oder weniger verantwortlichen Politikern hören, dass dies nicht so gemeint war und dass man eine Vielzahl von sicherheitsrelevanten Vorkehrungen getroffen habe. Das ist belanglos: Die Wölfe werden kommen. Und sie werden bleiben.

Alles nur irrationale Schwarzmalerei und Panikmache?

Erstaunlich genug ist dieser »Paradigmenwechsel« zweifellos. Vor wenigen Jahren galten die Hedge Funds noch als Inbegriff einer kalten, herzlosen Finanzwelt, die ganze Staaten ohne Hemmungen an den Rand des Abgrunds bringen kann, als Teufelsspielzeug für wild gewordene Banker.[25] Und nun – nach drei Jahren Diät auf dem Aktienmarkt

– sind sie salonfähig geworden, gar zu neuen Lieblingen der Anleger mutiert?

Für manche liegt der Grund auf der Hand: In Zeiten schwindsüchtiger Portfolios liege der Charme eines Hedge Funds in seinem Strategieansatz. Nicht die relative Wertentwicklung im Vergleich mit einem Index – die im Zweifelsfall nur bedeutet, dass man etwas weniger als der Index verliert –, sondern die absolute Wertentwicklung zähle. Und da seien den Anlegern die zwei Prozentpunkte über dem Geldmarktsatz im Zweifelsfalle lieber als die minus 40 Prozent, wie es im vergangenen Jahr bei den Dax-Werten war.

Natürlich ist die Fondsbranche in Deutschland schon seit einiger Zeit ins Grübeln gekommen. Neben den Garantiefonds hat sie bereits Produkte auf den Markt geworfen, die mit einer absolut zu erwirtschaftenden Rendite hausieren gehen. Aber das sind eben keine richtigen Hedge Funds. Zwar dürfen Fonds – auch Publikumsfonds – bis auf wenige Ausnahmen wie Leerverkauf und ungedeckte Verkaufsoptionen das ganze Spektrum der Derivate nutzen, das auch den Hedge Funds zur Verfügung steht. Das Gesetz über Kapitalanlagegesellschaften in Deutschland verhinderte aber bislang, dass deutsche Fonds Hedge-Fund-Strategien verfolgen können. Ein deutscher Fonds muss mit mindestens 51 Prozent in Wertpapieren investiert sein. Für Hedge Funds gibt es eine derartige Hürde nicht. Sie können im Zweifelsfall die gesamten Anlagevermögen in Derivate stecken und damit entsprechend riskante Wetten abschließen. In einem deutschen Fonds darf der Investitionsgrad nicht über 100 Prozent liegen.

Das Risiko, das der Fonds eingeht, darf also nicht über dem Risiko liegen, welches er hätte, wenn er vollständig investiert wäre. Damit können deutsche Fonds nicht den oft so erfolgreichen Strategien ihrer unregulierten Konkurrenten folgen. Dies wird sich wohl mit der Umsetzung der OGAW-Richtlinie in deutsches Recht ändern, aufgrund derer Hedge Funds und entsprechende Strategien auch in Deutschland zugelassen sein werden. Die dann bestehenden Möglichkeiten für Dachfonds könnten dazu führen, dass diese bis zu 30 Prozent ihres Vermögens in Hedge Funds investieren. Anderen Fonds könnte sich die Chance eröffnen, bis zu 10 Prozent des Vermögens in Hedge-Funds-Zertifikaten zu investieren. Es könnte sogar möglich werden, dass Fonds – also auch Publikumsfonds – einen Investitionsgrad von mehr als 100 Prozent wählen. Beobachter halten sogar bis zu 200 Prozent für möglich. Ein Fonds könnte dann mit Hilfe von Derivaten das Doppelte seines eigentlichen Volumens investieren. Verwandeln sich damit biedere Publikumsfonds in »Kamikaze-Fonds«? Wohl nicht. Nach wie vor dürften mindestens 51 Prozent des Portfolios in Wertpapieren gehalten werden. Damit werden die Verlustmöglichkeiten nach unten stärker eingeschränkt als bei Hedge Funds, die in dieser Hinsicht keinerlei Beschränkungen unterliegen. Darüber hinaus darf man nicht vergessen, dass Hedge Funds auch die Möglichkeiten haben, nicht nur auf steigende Kurse zu wetten, sondern sich gegen fallende Kurse zu sichern: »Risiko ist keine Frage der Instrumente, sondern der Strategie.«[26]

Die Anleger, also doch die Masse der werktätigen Bevölkerung in Deutschland, mögen auch Positives entdecken. Bislang konnten sie nur unregulierte im Ausland aufgelegte Produkte erwerben. Zukünftig könnten sie endlich auf Produkte zurückgreifen, die der deutschen Aufsicht unterliegen. Dabei bleibt aber dahingestellt, ob das eher eine beunruhigende als eine beruhigende Aussicht ist. Das Ziel der Branchen soll gleichwohl klar sein. Es sind angeblich nicht die legendären, oft unbestätigten Erfolge weniger, spektakulärer Fonds. Ausgerechnet die Akrobaten des Geldes wollen die soliden Ergebnisse vieler Investmentvehikel erreichen, die bei verringertem Risiko immer noch positive Renditen erwirtschaften? Ein Vertreter der Zunft, Rüdiger Päsler, Geschäftsführer des Bundesverbandes »Investment und Asset Management – BVI«, demonstriert abgewogenes Urteilsvermögen und erklärt, dass Hedge Funds nur für wenige Anleger geeignet seien, und das auch nur zur »Beimischung«.

Dann fällt der Volkssturm auf das Goldene Kalb wohl aus?

Immerhin, so schätzt die Beratungsfirma »Mercer Management Consulting«, könnten die Investmentgesellschaften für deutsche Anleger in fünf Jahren 85 Milliarden Euro in Hedge Funds verwalten. Die jährlichen Einnahmen der Asset-Manager und Banken dürften dann die Marke von 2 Milliarden Euro deutlich übersteigen. Das Investmentgesetz könnte mit der Bündelung mit dem Gesetz über Kapitalanlagegesellschaften (KAG), dem Auslandinvestment-Gesetz, der fälligen Umsetzung der europäischen Investmentrichtlinie und Mindeststandards für die Hedge Funds zum »großen Wurf« werden, glaubt man in Juristenkreisen. Einer, der es wissen muss, Rechtsanwalt und Partner im Anwaltskonzern Clifford Chance Pünder, Sven Zeller, wirkt fast euphorisch und empfindet die Absichten des Bundesfinanzministers zur Öffnung für Hedge Funds als »revolutionär«. Die Aussichten sind in der Tat ermutigend, gehört Zeller doch der »internen« Arbeitsgruppe des Bundesministeriums für Finanzen an, welche die Vorschläge erarbeitet. Zeller ist schon jetzt zum Kern der Thematik vorgedrungen: »Von der Ertragsperspektive her gesehen kann das für Anbieter und Anlieger ein Knüller werden.«[27] Wolfgang Stolz, Vorstandsmitglied der UBS Warburg in Frankfurt am Main, hält die Hedge Funds und deren auf »absoluten Return« abzielenden Strategien für einen integralen Bestandteil effizienter Finanzmärkte. Hedge Funds seien gerade durch den uneingeschränkten Einsatz von Risikomanagementstrategien und wegen geringer oder gar nicht vorhandener Beschränkungen erfolgreich. Die Flexibilität ist anscheinend ein Erfolgskriterium.[28] Auch Stolz bringt die Erfahrungen seines Instituts in die momentane Diskussion mit dem Finanzministerium und den Interessenvertretern in Deutschland ein: Welches Gesetz hätten Sie denn gern?

Die Juristen wissen alles besser

Geldwäsche und Steuerhinterziehung

Für den Richter am Bundesgerichtshof, Honorarprofessor für Strafrecht und Strafprozessrecht an der Universität Würzburg, Prof. Dr. Thomas Fischer, ist das Konzept der Geldwäscheverfolgung, das der Gesetzgeber in Deutschland entwickelt hat – je nach Blickwinkel – einfach oder einfältig: Wenn keine Möglichkeit besteht, Gewinne aus Straftaten zu realisieren, so entfällt der Anreiz, sie zu begehen; auf Bereicherung abzielende Kriminalität verschwindet. Dieses Konzept sei nicht ganz neu. Erfolge seien in den letzten 100 Jahren nur aus totalitären Staaten bekannt geworden. Der versprochene Erfolg sei ausgeblieben. Die Bilanz der Geldwäscheverfolgung wird als »jämmerlich« empfunden. Verurteilungen erfolgten kaum; Einziehungen von Vermögenswerten noch seltener. 98 Prozent aller Verdachtsanzeigen erwiesen sich als unberechtigt. Je erfolgloser das Bekämpfungssystem sei, desto unabweisbarer scheine freilich sein Ausbau. Seit die Steuerhinterziehung großen Ausmaßes zur Vortat der Geldwäsche geworden ist, trage sich das System materiell-rechtlich quasi selbst. Strafbar sei nun auch das Erwerben von Gegenständen, hinsichtlich derer Steuern hinterzogen wurden, also von ganz legal erworbenen Vermögensteilen. Die Organisierte Kriminalität werde »von hinten aufgerollt«, indem man kurzerhand die Steuerhinterziehung hinzudefiniere. Der Richter Fischer bezweifelt, dass das Strafrecht solche »Kunststücke« unbeschadet erträgt. Er hört das Strafrecht unter einer Last von Gefährdungs- und Bekämpfungstatbeständen, deren Verheißungen es nicht erfüllen könne, ächzen. Richter Fischer sieht im Strafrecht eine höchst voraussetzungsvolle Form der Grenzbestimmung. Für die Vernichtung des Feindes tauge es nur dann, wenn vom Bürger nichts übrig bleibe. Eine Rechtsordnung, in der, um das Verbrechen zu bekämpfen, alle zu Verdächtigen definiert werden, verliere ihren Sinn. Sie schiebe den Rechtsstaat beiseite und ersetze ihn durch die Vision eines Sicherheitsstaates, aus dessen Blickwinkel das Verbrechen gerade dadurch allgegenwärtig sei, dass es sich als Legalität tarne. Es steige die Neigung zur »Ausmerzung« des Feindes. Die Spur des Geldwäschers führt indes nach den Erkenntnissen von Richter Fischer auf jedes Konto und jede Festplatte. Gewaltige Ströme illegalen Geldes hätten binnen vieler Jahre das Umlaufvermögen »kontaminiert«. Richter Fischer stellt eine interessante Frage: Sollte eine klare Grenze zwischen legaler und illegaler Ordnung womöglich gar nicht bestehen? Nach seinem Empfinden gewinnt die Annahme, Organisierte Kriminalität funktioniere nach denselben Prinzipien wie die legale Wirtschaftsordnung, ihre »beunruhigende« Sprengkraft durch den darin enthaltenen Gegenschluss. Und der lautet so: Um mittels Geldwäscheverfolgung die Kriminalität auszumerzen, muss man das Geld abschaffen oder ein totalitäres Kontrollsystem errichten. Ein solches Konzept gefährde womöglich die Grundlagen dessen, was es zu schützen verspreche.[1]

Geldwäscherei ist – vereinfacht ausgedrückt – eine Technik, mit der die Herkunft illegal erworbenen Vermögens verdeckt werden soll.[2] Dementsprechend hatte man in den Vereinigten Staaten von Amerika zunächst einen phänomenologischen Ansatz gewählt: »Money Laundering is the process by which one conceals the existence of an illegal source, or illegal application of income, and disguises that income to make it appear legitimate«.[3]

Als organisierte Form des Finanzmanagements ist Geldwäsche keine neue Erscheinung. So haben schon im Jahre 1957 die Mafia-Bosse Luciano, Sindona und Lansky in Palermo die Transportrouten für Heroin, Finanzierungstechniken und Geldwäschemethoden verabredet. Natürlich gab es auch bereits vor diesem Zeitpunkt Anstrengungen zur Tarnung inkriminierten Geldes. Die Professionalisierung begann jedoch erst in jenen Jahren. Geldwäsche ist auch ein Rechtsbegriff. Geldwäscher ist derjenige, der einen Gegenstand, der aus einer bestimmten rechtswidrigen Tat herrührt, verbirgt oder dessen Herkunft verschleiert. Geldwäsche liegt auch dann vor, wenn bestimmte Dinge vereitelt oder gefährdet werden: Ermittlung der Herkunft; Auffinden; Verfall; Einziehung; Sicherstellung.

Wegen Geldwäsche kann auch derjenige bestraft werden, der einen aus gewissen Straftaten herrührenden Gegenstand sich oder einem Dritten verschafft oder verwahrt oder für sich oder einen Dritten verwendet, wenn er die Herkunft des Gegenstandes zu dem Zeitpunkt, zu dem er ihn erlangt hat, gekannt hat.

Der deutsche Gesetzgeber hat sich für das Katalogprinzip entschieden. Das bedeutet, dass nur gesetzlich bestimmte Straftaten geeignete Vortaten einer Geldwäschehandlung sein können. Dazu gehören alle Verbrechen, also Straftaten, die mit einer Mindeststrafe von einem Jahr Freiheitsstrafe bedroht sind, und bestimmte andere Straftatbestände (Vergehen), die Teil eines mittlerweile umfangreichen gesetzlichen Katalogs sind: Bestechlichkeit und Bestechung; Rauschgifthandel; Schmuggel; Menschenhandel; Zuhälterei; Diebstahl; Unterschlagung; Erpressung; Hehlerei; Betrug; Computerbetrug; Subventionsbetrug; Urkundenfälschung; Fälschung beweiserheblicher Daten; Unerlaubte Veranstaltung eines Glücksspiels; Unerlaubter Umgang mit gefährlichen Abfällen; Unerlaubter Umgang mit radioaktiven Stoffen und anderen gefährlichen Stoffen und Gütern, wenn sie gewerbsmäßig oder von einem Mitglied einer Bande, die sich zur fortgesetzten Begehung solcher Taten verbunden hat, begangen worden sind. Zum Kreis der Vortaten des Geldwäschetatbestandes (§ 261 Absatz 1 StGB) gehören auch noch ausländerspezifische Delikte (§ 92 a Ausländergesetz und § 84 Asylverfahrensgesetz) sowie alle Vergehen, die von einem Mitglied einer kriminellen Vereinigung (§ 129 StGB) begangen worden sind.

Es gibt auch auf europäischer Ebene Versuche, die Geldwäsche in abstrakter Weise zu beschreiben. Dies ist mit der Ende Dezember 2001 in Kraft getretenen Richtlinie 2001/97/EG des Europäischen Parlaments und des Rats vom 4. Dezember 2001 zur Änderung der Richtlinie 91/308/EWG des Rates zur Verhinderung der Nutzung des Finanzsystems zum Zwecke der Geldwäsche geschehen.[4]

Geldwäschehandlungen sind demnach folgende Aktivitäten:
- Umtausch oder Transfer von Vermögensgegenständen in Kenntnis der Tatsache, dass diese Vermögensgegenstände aus einer kriminellen Tätigkeit oder der Teilnahme an einer solchen Tätigkeit stammen, zum Zwecke der Verheimlichung oder Verschleierung des illegalen Ursprungs der Vermögensgegenstände oder der Unterstützung von Personen, die an einer solchen Tätigkeit beteiligt sind, damit diese den Rechtsfolgen ihrer Tat entgehen;
- Verheimlichen oder Verschleiern der wahren Natur, Herkunft, Lage, Verfügung oder Bewegung von Vermögensgegenständen oder entsprechender Rechte in Kenntnis der Tatsache, dass diese Gegenstände aus einer kriminellen Tätigkeit oder aus der Teilnahme an einer solchen Tätigkeit stammen;
- Erwerb, Besitz oder Verwendung von Vermögensgegenständen, wenn dem Betreffenden bei der Übernahme dieser Vermögensgegenstände bekannt war, dass diese Gegenstände aus einer kriminellen Tätigkeit oder aus der Teilnahme an einer solchen Tätigkeit stammen;
- Beteiligung an einer der genannten Handlungen, Zusammenschlüsse zur Ausführung einer solchen Handlung, Versuche eine solchen Handlung, Beihilfe, Anstiftung oder Beratung zur Ausführung einer solchen Handlung oder Erleichterung ihrer Ausführung.

Der Tatbestand der Geldwäsche liegt auch dann vor, wenn die Tätigkeiten, die den zu waschenden Vermögensgegenständen zugrunde liegen, im Hoheitsgebiet eines anderen Mitgliedstaates oder eines Drittlandes vorgenommen werden.

Den Begründungen des Gesetzgebers ist zu entnehmen, dass es sich bei dem geschützten Rechtsgut, ähnlich wie bei dem Straftatbestand der Begünstigung (§ 257 StGB), um die staatliche Rechtspflege handeln soll. Aber es geht zugleich auch um den Schutz des durch die Vortat verletzten Rechtsgutes. Neben der Rechtspflege ist auch der »legale Wirtschafts- und Finanzkreislauf« geschützt. Weitere Auslegungen kommen zu dem Ergebnis, dass nur der in § 261 Absatz 1 StGB enthaltene »Vereitelungstatbestand« die Rechtspflege schütze, während als Rechtsgut der übrigen Tatbestände des § 261 StGB, dem es um den vorverlagerten Schutz der durch die Organisierte Kriminalität potentiell gefährdeten Rechtsgüter gehe, das »Universalrechtsgut der inneren Sicherheit« anzusehen sei.

Die Rechtsprechung des Bundesgerichtshofs geht zwar von einem eigenständigen Unrechtsgehalt des § 261 StGB aus, beschreibt diesen aber nicht näher. Da Gelderlöse ständig aus einer unübersehbaren Vielzahl von Straftaten entstehen und im Geldkreislauf verbleiben, verwischen sich die Spuren sehr schnell. Gerade wenn man annimmt, dass es wesentliches Ziel der Geldwäsche sei, illegal erworbenes Geld in »legale« Vermögenswerte (z.B. Unternehmensbeteiligungen, Immobilien etc.) umzuwandeln, kann ein eigenständiges Rechtsgut des Tatbestandes nur schwer gefunden werden. Der Ursprung der Vorschrift sei daher eher prozessualer Natur. Sie ziele nach gängiger Betrachtung auf eine Bekämpfung der Vortaten ab. Von der Pönalisierung des Umgangs mit Straftaterlösen über den Bereich der Begünstigung und der Hehlerei (§§ 257, 259 StGB) hinaus habe man sich eine Verbesserung der Aufklärung der Vortaten erhofft, da die Umwandlung großer Mengen illegal erworbenen Geldes (sehr häufig Bargeld in kleiner Stückelung, etwa aus dem Rauschgifthandel) als eine logistische Schwachstelle organisiert arbeitender Banden gelte. Darüber hinaus strebt man eine verbesserte Abschöpfung von Verbrechensgewinnen an. § 261 StGB habe sich aber in beiden Richtungen als weitgehend wirkungslos erwiesen. Der Regelungsgegenstand und damit die kriminalpolitische Zielrichtung des Tatbestandes werden deshalb »allenfalls im Kernbereich« als klar empfunden. Kritiker behaupten, dass der Ursprung des § 261 StGB im Beweisrecht liege. Es gehöre zu den Vorzügen dieser Bestimmung, dass sie Ermittlungsansätze für die Verfolgung von Katalogtaten schaffe.

Durch die Verkehrsunfähigkeit von Straftaterlösen solle die Begehung von Vortaten »unattraktiv« gemacht werden. Diese Zielsetzung könne aber nur für einen kleinen Teil der Katalogtaten gelten. Sie sei auch nur dann realistisch, wenn eine annähernd vollständige Kontrolle denkbar wäre. Dieses präventive Argument offenbare im Übrigen ein dem strafrechtlichen Tatbestand zuwider laufendes Verständnis. Da der Vortat-Beteiligte nicht nach § 261 StGB strafbar ist (§ 261 IX 2 StGB), müssten sich potentielle Täter einer Katalogtat durch das Strafbarkeits-Risiko eines Dritten von der Tat abhalten lassen. Eine derartige Wirkung sei nicht naheliegend. Insgesamt stehe also der präventive Charakter des § 261 StGB im Vordergrund. Die Vorschrift ziele eher auf sekundäre Effekte ab als auf die Verfolgung klar bestimmbaren Unrechts.[5] Die Hervorhebung der Bedeutung des Geldwäschetatbestandes im rechtspolitischen Raum und in der Literatur stehe im Missverhältnis zur praktischen *strafrechtlichen* Bedeutung. Forderungen nach Ausweitung des materiellen Strafbarkeitsbereichs und des prozessualen Instrumentariums knüpften zumeist an dem Befund an, der Straftatbestand habe bislang die erhoffte Wirksamkeit nicht entfalten können. Gerade die Ineffektivität des Tatbestandes scheine so immer wieder die Gefahr zu bestätigen, welche er bekämpfen solle. Die Ankündigung der »Ausmerzung« der Geldwäsche, welche vom Vorsitz der Sondertagung des Europäischen Rates vom 15./16. Oktober 1999 in Tampere gefordert wurde, erscheine in Anbetracht des Umstandes, dass die Geldwäsche als typische, wenn nicht gar *zwingende* Begleiterscheinung eines weit gespannten Bereichs der Kriminalität angesehen werde, fast skurril und sei in einer »freien Gesellschaft« nicht realisierbar. Obschon der Versuch, ein polizeiliches Fahndungskonzept in die Form eines Straftatbestandes zu gießen, dogmatisch, polizeitaktisch und kriminologisch gescheitert und kriminalpolitisch überholt sei, habe der Gesetzgeber nicht inne gehalten. Stattdessen habe er mit dem Steuerverkürzungsbekämpfungsgesetz und mit dem Fünften Gesetz zur Änderung des Steuerbeamten-Ausbildungsgesetzes und zur Änderung von Steuergesetzen vom 23. Juli 2002 weitere Schritte unternommen, welche den Geldwäschetatbestand vom Ziel der Abschöpfung illegaler Verbrechensgewinne weiter als zuvor entfernt hätten. Dahinter stehe die Hoffnung, dass sich mit Hilfe einer möglichst weiten »Einstiegsnorm«, ähnlich wie bei § 129 StGB, und der an sie anknüpfenden prozessualen Möglichkeiten wirkungsvollere Verfolgungsmöglichkeiten in bestimmten Kriminalitätsbereichen ergeben.[6] Die mit § 261 StGB verfolgte Bekämpfungsstrategie[7] wird als »im Ansatz zweifelhaft« bezeichnet. Selbst in ihrem Kernbereich seien Zweifel an dem Ziel angebracht, die Organisierte Kriminalität »von rückwärts aufzurollen«. Unter Berufung auf Rechenbeispiele aus dem illegalen Betäubungsmittelhandel wird behauptet, dass nach wenigen Jahren das gesamte umlaufende Vermögen mit einer Wahrscheinlichkeit von 90 Prozent objektiv taugliches Objekt der Geldwäsche sei und dem guten Glauben wenig Raum bleibe. Bei den Verfolgungsbemühungen bleibe auch weithin die Durchsetzung des Anlagevermögens mit Straftaterlösen unberücksichtigt. Das empfindet man schon deshalb als überraschend, weil das Konzept davon ausgehe, dass seit vielen Jahren unermessliche kriminelle Vermögenswerte erfolgreich ihren Weg in die legale Wirtschaft fänden.[8]

Der Ansatz »Jede Steuerordnung ist ein kriminogenes Milieu«[9] könne sich zwar auf die funktionalistische Grunderkenntnis stützen, dass jede Rechtsordnung ein »kriminogenes Milieu« sei. Eine Rechtsordnung, in der, um das Verbrechen zu bekämpfen, zunächst einmal alle zu Verbrechern definiert werden, um dann »pragmatisch« die Schlimmsten herauszusuchen, verliere allerdings ihren Sinn. Sie lasse die Tatbestands-Garantie, den fragmentarischen Charakter des Strafrechts und die Unschuldsvermutung, kurz: den Rechtsstaat beiseite und ersetze ihn durch die Vision eines Sicherheitsstaates, aus dessen Blickwinkel das Verbrechen gerade dadurch allgegenwärtig sei, dass es von der Legalität nicht zu unterscheiden sei.[10] Auch unter der Annahme, dass bestimmte Deliktsfelder (z.B. Drogenhandel, Korruption und Terrorismus – selbst Kinderpornographie) die »Grundlagen des gesellschaftlichen Austausches« bereits erreicht haben und ihre »aufzurollenden Spuren« auf jedem Girokonto, in jedem Geldbeutel und auf jeder Festplatte zu finden sind, müsse eine Vielzahl weiterer Deliktsbereiche in Betracht gezogen werden (z.b. Schwarzarbeit, Völkermord, Gewässerverunreinigung, Betrug und Embargoumgehung). Selbst bei höchstmöglichem Optimismus könne aber nicht mit der Möglichkeit gerechnet werden, dass z.b. die mit Mitteln aus (unverjährten!) Völkermordtaten kontaminierten Teile des deutschen Volksvermögens »verkehrsunfähig« gemacht oder Hunderte von Milliarden Euro daran gehindert werden könnten, in den legalen Wirtschaftsverkehr zurückzufließen. Eine solche Zielsetzung, die, hätte sie Erfolg, zur Beendigung der Kriminalität oder zur Abschaffung des Geldes führen müsste, sei ersichtlich lebensfremd. Sie führe fast zwingend zu der Schlussfolgerung, dass eine greifbare Grenze zwischen legaler und illegaler Ordnung womöglich gar nicht bestehe und dass zumindest der überwiegende Teil der Bevölkerung, so er am Sozialleben teilnehme, sich ständig jedenfalls im »Status des Verbrechens-Verdachts« befinde. Den (vorgeblich offenkundigen) Gefahren eines »Sicherheits«-Konzepts, welches die Steuerhinterziehung als »Kriegserklärung gegen den Staat als Ordnungsmacht«[11] beschreibe, seien mit Hilfe der Adäquanztheorie sowie durch wirtschaftliche, phänomenologische und pragmatische Erwägungen keine rechtsstaatlichen Grenzen zu setzen. Die Verfolgung der Geldwäsche habe sich weitgehend als selbstreflexives System erwiesen, dessen materielle Kosten den Wert abgeschöpfter Straftat-Gewinne leicht um das Tausendfache überstiegen. Ein Rückgang der Organisierten Kriminalität sei nicht zu verzeichnen. Der Kampf sei nicht zu gewinnen.[12] Die mit hohem Polemik-Aufwand geführte Debatte um die Geldwäsche durch Strafverteidiger-Honorierung[13] zeige beispielhaft, in welchem Maße die konzeptionell zwingenden Folgen eines »modernen Polizei-Strafrechts« unterschätzt und fehlgedeutet werden. Das Gesamtsystem des Geldwäsche-Bekämpfungskonzepts habe eine Dichte erreicht, welche sich nur noch schwer steigern lasse. Das eklatante Missverhältnis zwischen seiner rechtspolitisch behaupteten Notwendigkeit und seiner

Wirkungslosigkeit erregt Bedenken. Das Konzept des § 261 StGB treffe bislang fast ausschließlich Unschuldige. Es begründe eine seit Bestehen der Bundesrepublik Deutschland beispiellose Pflicht Privater zur Unterstützung der Sicherheitsbehörden bei der Abwehr von Gefahren, welche in den Freiheitsgarantien und Legitimationsgründen der Gesellschaft selbst ihren Ursprung hätten. Dem sei mit »pragmatischem« Lobbyismus im Kern schwerlich beizukommen, erst recht nicht mit der *Exemtion* einzelner privilegierter Berufsgruppen: »Das Konzept selbst gefährdet womöglich die Grundlagen dessen, was es zu schützen verspricht.«[14]

Diese Argumentation beruht auf zweifelhaften dogmatischen Vorannahmen und kultiviert vermeidbare Missverständnisse. Es handelt sich um eine polemisch verkürzte rechtspolitische Agitation, die mit dem uneingelösten Anspruch auf Wissenschaftlichkeit einhergeht.

Der Begriff der Geldwäsche hat in den juristischen Sprachgebrauch erst mit der Schaffung der entsprechenden Tatbestände in internationalen wie nationalen Normen Einzug gehalten. Selbstverständlich gab es aber immer schon Geldwäsche in Gestalt eines organisierten Finanzmanagements. Wissenschaftler haben schnell herausgefunden, dass der in § 261 StGB normierte Begriff der Geldwäsche für kriminologische Untersuchungen viel zu eng ist, da er nur die Wäsche von Vermögenswerten aus bestimmten deliktischen Handlungen unter Strafe stellt. Wichtiger als Legaldefinitionen ist der Umstand, dass sich die Geldwäscherei parallel zu dem innovativen Potenzial der Finanzmärkte verändert. Werden neue finanztechnische Methoden entwickelt, wie etwa Derivate, wirkt sich das auf das Vorgehen der Geldwäscher aus.[15] In der früheren kleinräumig organisierten Welt waren nur wenige Schritte nötig, um Geld zu waschen. In einer globalisierten Welt wird Geldwäsche zu einem sehr komplexen Vorgang.[16] Weit verbreitet ist gleichwohl immer noch ein Drei-Phasen-Modell, dessen Schwächen immer offenkundiger werden.

In der ersten Phase (Placement) geht es um die Unterbringung des auf illegalen Märkten eingenommenen Bargeldes bei Finanzinstitutionen. In der zweiten Phase (Layering) wird versucht, die illegale Herkunft des Geldes durch ein »Verwirrspiel« zu verschleiern. In der dritten Phase (Integration) wird das gewaschene Geld in die legale Wirtschaft reintegriert.

Soweit die technokratische Variante der Geldwäschebekämpfung das Placement als zentralen Ansatzpunkt behandelt, liegen dem kleingewerbliche Vorstellungen zugrunde, die davon ausgehen, dass Kriminelle ihre Beute wie jeder anständige Handwerksmeister auf die Bank bringen. Angesichts der modernen Zahlungsmethoden und der entsprechenden Kapitalflüsse muten viele der vor ca. 15 Jahren entstandenen Vorstellungen über Geldwäscherei in der Tat romantisch an.[17] Das Layering geschieht zumeist durch systematische Transaktionskaskaden über Staaten mit ausgeprägtem Bankgeheimnis oder über wenig regulierte Offshore-Standorte. Dabei sind die Erträge aus Steuerhinterziehung und die Beute aus anderen Straftaten schwer voneinander zu trennen. Mit der Integration ist immer auch die Gefahr verbunden, dass kriminelle Organisationen wichtige Positionen in einer nationalen Wirtschaft übernehmen könnten.[18]

Das geschilderte Konzept unterstellt die Dualität des Ost-West-Konfliktes mit seinen klar abgegrenzten wirtschaftlichen Hemisphären sowie weitgehend noch national orientierten Wirtschaftskreisläufen. Dieses Weltbild der Strafverfolger war schon zum Zeitpunkt seiner Entstehung – zumindest aus ökonomischer Sicht – veraltet. Es entsprach im Wesentlichen einer juristischen, auf Verfehlungen von Personen ausgerichteten Denktradition. Man berücksichtigte allenfalls indirekt, dass sich Broker, Banken und Investmenthäuser in organisierter Weise missbräuchlich verhalten können. Das Modell entspricht keinesfalls dem Prozess der Globalisierung, der nach dem Zusammenbruch der kommunistischen Regime zu einer ausdifferenzierten internationalen Arbeitsteilung führte, an der entlang sich die Finanzwirtschaft und mit ihr gekoppelt die Geldwäscherei entwickelte. Praktisch heißt das u. a., dass das Waschen von Bargeld zunehmend in die Staaten des ehemaligen Ostblocks oder in andere wirtschaftlich instabile Länder ausgelagert wurde. Bargeldtransaktionen haben in hoch entwickelten Ländern im Großen und Ganzen an Bedeutung verloren.[19] Die Geldwäschebekämpfung in Westeuropa, den USA und anderen wirtschaftlich fortgeschrittenen Ländern konzentriert sich dennoch überwiegend auf das Placement, also auf Fälle unbedeutender Art. Sie hat deshalb nur symbolischen Charakter.[20] Zur hintergründigen Erklärung dieser Lage gehört möglicherweise ein Dilemma. Kontrollen zur Verhinderung der Geldwäsche können die Attraktivität des Dollars als Mittel des internationalen Zahlungsverkehrs verringern und zudem den Zustrom von Kapital, das aus (vermeintlich) weniger gewichtigen Vergehen (z.b. Steuerhinterziehung) stammt, behindern. Damit wird die Wettbewerbsfähigkeit der nordamerikanischen Banken und des dortigen Finanzplatzes berührt. Das Dilemma liegt darin, dass einerseits das Recht durchgesetzt werden muss, andererseits Schaden von der eigenen Wirtschaft abgewendet werden soll.

Die Geldwäscherei ist – das ist vor diesem Hintergrund kaum verwunderlich – nach wie vor stark von nationalen Definitionen geprägt. Der nationale Spielraum, in dem sich Machtkalküle entfalten, ist nach wie vor sehr groß. Die Politik zur Bekämpfung der Geldwäsche ist in der Willkür, mit der sie umgesetzt wird, das heißt in der Vehemenz, mit der sie verkündet, andererseits aber nur sehr selektiv durchgesetzt wird, ein typisches Produkt der Deregulierung und ihrer Ambivalenz. Die marktorientierte Deregulierung führt nicht nur zur Privatisierung. Gleichzeitig erleichtert sie das Entstehen illegaler Bereiche und Branchen, z.b. Schattenwirtschaft, Steuerhinterziehung, Waffen-, Kinder-, Frauen- und Organhandel. Funktionell ist die Geldwäsche die finanztechnische Ergänzung zum ungehinderten Spiel der Marktkräfte und seinen illegalen Ausprägungen. Sie ist gewissermaßen der Transformationsriemen zwischen einander widersprechenden gesellschaftlichen, politischen und ökonomischen Systemen.[21] Außerdem ist die Möglichkeit, ungehindert Geld waschen zu können, Ausdruck einer Machtposition. In den Zeiten des Kalten Krieges wiesen Geheimdienste verdeckt Geld politischen Gruppierungen zu, um missliebige, aber legal gewählte Regierungen zu stürzen. Häufig werden Geheimdienste mit dem (juristisch in diesem Zusammenhang allerdings manchmal auch fragwürdigen) Begriff Geldwäsche assoziiert. Damit geht auch die Trennschärfe zwischen »legal« und »illegal« verloren. Ethische Leitmotive sind in diesem Zusammenhang auch nicht immer erkennbar. Im Ergebnis dürfte es zutreffen, dass die Ähnlichkeit zwischen Kriegsführung und Staatengründung auf der einen Seite und Organisierter Kriminalität auf der anderen Seite größer geworden ist.[22] Noch bedeutender ist aber die Erkenntnis, dass die Finanzmärkte die Gewichte verschoben haben. Es spricht einiges dafür, dass sie den Einfluss der traditionellen Herrschafts- und Spitzelsysteme wie die der Geheimdienste drastisch verringert haben. Immer häufiger kommen die Grundlagen zur Bewertung außenpolitischer Vorgänge nicht mehr von der CIA, sondern von Investmentgesellschaften. Letztlich hat auch das zur Deprofessionalisierung und zum Versagen der Dienste im Vorfeld des 11. September 2001 geführt.[23] Investmentgesellschaften erhalten damit eine gute Grundlage zur Bestimmung einer (angeblich) wichtigen Tätigkeit der Geheimdienste: Geldwäsche. In diesem Zusammenhang hat allerdings nicht mehr das Zuschieben von verdeckten Geldern zur Beeinflussung einer bestimmten Gruppe eine zentrale Funktion. Vielmehr geht es um die Versorgung der Günstlinge mit Hilfe von Insidertipps oder die Destabilisierung von potenziellen und tatsächlichen Gegnern und Konkurrenten durch börsenwirksame Gerüchte.[24]

Noch viel wichtiger als philologische Kleinkrämerei und pseudowissenschaftliche Glasperlenspiele ist die Differenzierung zwischen rechtsdogmatischen Postulaten und gesellschaftspolitischen Interessen bzw. ökonomischen Konsequenzen. Im Recht der Geldwäschebekämpfung spiegelt sich wie in kaum einer anderen Materie die Verlogenheit eines Systems, das den Eindruck vermitteln möchte, dass es sich bestimmten Idealen der Gerechtigkeit und Gesetzmäßigkeit verpflichtet fühlt, das aber die Unglaubwürdigkeit seiner Institutionen und Funktionäre kaum noch verbergen kann. Die Systemgrenzen einer wirklich durchgreifend wirksamen Geldwäschebekämpfung werden in zwei Komplexen deutlich. Es handelt sich um die Einbeziehung der Steuerhinterziehung in den Vortatenkatalog und um die Annahme von Geld, das aus deliktischem Handeln stammt, als »Honorar«, etwa im Zusammenhang der Strafverteidigung[25], aber auch bei anderen Dienstleistungen.

Die Organisierte Kriminalität und die bürgerliche Erfolgsgesellschaft haben mindestens eine Gemeinsamkeit. Ihr jeweiliges Interesse an der Gewinnmaximierung und an der Minimierung der Steuerlast sind gleich groß. Geldwäsche und Steuerhinterziehung stehen in wirtschaftlicher Funktionseinheit. Die Methoden ähneln sich. Die Aufnahme der Steuerhinterziehung in den Vortatenkatalog des Geldwäschetatbestandes hätte von Anfang an (1992) Teil einer umfassenden Gesetzgebungsstrategie und administrativer Maßnahmen sein müssen. Das war aber nicht der Fall. Über zehn Jahre gab es nur juristische Spiegelfechtereien. Dogmatische Palaver überdeckten die involvierten politischen und wirtschaftlichen Interessen.

Die Forderung nach Einbeziehung der Steuerhinterziehung in den Tatbestand des § 261 StGB wurde in der juristischen Literatur immerhin schon 1993 erhoben.[26] Umso bemerkenswerter ist es, dass die (Regierungs-)Fraktionen von SPD und Bündnis 90/Die Grünen der Bundesregierung Nachhilfe erteilen mussten, indem sie einen Änderungsantrag in das Gesetzgebungsverfahren zum Steuerverkürzungsbekämpfungsgesetz einbrachten, mit dessen Hilfe schließlich nach über achtjährigen (!) Bemühungen eines einzigen Abgeordneten des Deutschen Bundestages, Prof. Dr. Jürgen Meyer, immerhin die gewerbs- und bandenmäßige Steuerhinterziehung im Jahre 2002 endlich zur Vortat des Geldwäschetatbestandes wurde.

Jürgen Meyer hatte diese Forderung schon bei den fraktionsübergreifenden Verhandlungen erhoben, die in der letzten Amtsperiode der von Kohl geführten Bundesregierung über ein Jahr lang stattfanden. Unter Führung des Abgeordneten Schily hatte sich die damalige Opposition schließlich auf ein Kompromisspaket verständigt, das auch die Änderung des Art. 13 des Grundgesetzes ermöglichte. Damit wurde die akustische Wohnraumüberwachung ermöglicht (»Großer Lauschangriff«). Als »Gegenleistung« akzeptierte die damalige Bundesregierung eine Rechtsänderung im Geldwäschebereich, aufgrund derer ein Interventionsverbund durch informationelle Verknüpfung zwischen den Polizei-, Justiz- und Finanzbehörden ermöglicht wurde (§ 10 II GwG).

Die in einer Verhandlungsrunde zum wiederholten Male vorgetragene Forderung von Jürgen Meyer nach Einbeziehung der Steuerhinterziehung lehnte der damals amtierende Bundesminister des Innern, Manfred Kanther, kategorisch ab. Der Bundesinnenminister schlug vor, sich doch auf die schwerwiegenden Fälle der Organisierten Kriminalität zu konzentrieren und sich nicht mit den »hundsgemeinen Fällen der Steuerhinterziehung« zu beschäftigen. Das war zu einer Zeit, in der Kanther selbst an der grenzüberschreitenden Transferierung von Geldern ungeklärter Herkunft für Zwecke der Parteienfinanzierung beteiligt war, die später wahrheitswidrig als Gegenstand von Vermächtnissen verstorbener Mitbürger jüdischen Glaubens deklariert wurden. Immerhin darf man vermuten, dass die über ein Jahrzehnt verweigerte Integration der Steuerhinterziehung nicht monokausal auf rechtsdogmatische Hindernisse zurückzuführen ist.

Wer aber glaubt, dass die von der SPD und den Grünen gestellte Bundesregierung nach der Wahl im Jahre 1998 in diesem Zusammenhang versucht hätte, ihre als Opposition vorgetragenen eigenen Forderungen zu realisieren, irrt. Womöglich hatte auch die amtierende Bundesregierung erkannt, dass sich bei diesem Thema spezifische Verträglichkeitsgrenzen abzeichnen. Das Verhältnis zwischen wichtigen Grundsätzen des Rechtsstaats (Gleichheitsgrundsatz/Steuergerechtigkeit) wirtschaftlichen (Kapitalflucht/Investitionsverweigerung) und politischen (Wirtschaftsfreundlichkeit/Wählerstimmen) Interessen ist vielleicht mit prohibitiver Zwanghaftigkeit berührt. Kriminalpolitische Untätigkeit mag dann die Bindung der Gesetzgebung an die verfassungsmäßige Ordnung (Art. 20 III GG) als eine der Lebenslügen des (vorgeblich) demokratischen Systems entlarven. Der Gesetzgeber hätte von Anfang an erkennen können, dass Geldwäsche notwendig ist, wenn Vermögen aus kriminellen Aktivitäten herrührt. Es ist unerheblich, aus welcher konkreten Vortat es stammt. Sachliche Kriterien für die Aufnahme bestimmter Strafvorschriften in den Katalog und das Fehlen anderer sind nicht vorhanden. Die Herkunft aus Straftaten ist vom Grundsatz her unteilbar. Deshalb ist es angebracht, auf einen Vortatenkatalog zu verzichten und die Herkunft aus jeder rechtswidrigen Tat genügen zu lassen.

Jede Steuerordnung ist ein kriminogenes Milieu. Steuerhinterziehung gilt aber heutzutage fast als »normale« Form sozialer Selbstverteidigung. Im Verhalten gegenüber dem Anspruch des Staates auf Zahlung der gesetzlich geschuldeten Steuern verbinden sich natürliche Vermeidungsreflexe (steuerliche Gestaltung) und kriminelle Energie (Steuerhinterziehung). Wie bereits angedeutet, wird die Bedeutung der Geldwäsche im Zusammenhang mit der Organisierten Kriminalität besonders klar, wenn man die entsprechenden Aktivitäten so betrachtet, als ob sie in einem illegalen Wirtschaftsunternehmen stattfinden. Auch dort ist Gewinnmaximierung das oberste Gebot, dem man nur mit ökonomischer Rationalität zu entsprechen vermag. Auch kriminelle Unternehmen sind den Gesetzen der Betriebswirtschaft unterworfen. Modifizierungen gelten je nach Deliktsfeld. Unterschiede zu Betriebsabläufen in legalen Unternehmen sind u.a. durch die mangelnde legale Durchsetzbarkeit von Forderungen und durch Tarnungserfordernisse begründet. Die Realität der Steuerhinterziehung lässt aber die Arbeitshypothese nicht als abwegig erscheinen, dass sowohl legale als auch illegale Unternehmen versuchen, in dem weiten Spektrum zwischen Steuervermeidung durch günstige Gestaltung und Hinterziehung durch planvolles kriminelles Vorgehen dem Gewinnmaximierungsgebot auch durch Minimierung der steuerlichen Belastung zu entsprechen.

Steuerhinterziehung ist kein exklusives Charakteristikum der Organisierten Kriminalität, auch wenn sie dort im Verhältnis zur rechtstreuen Unternehmerschaft häufiger anzutreffen ist. Dabei ist jedoch zu berücksichtigen, dass für legale Wirtschaftsunternehmen der Druck zur Steuerhinterziehung manchmal deshalb nicht so stark ist, weil es ihnen durch ihre Lobby gelungen ist, den Gesetzgeber von der angeblich investitionsfördernden Wirkung einer bestimmten Steuerpolitik zu überzeugen. Umso bemerkenswerter ist in diesem Zusammenhang die Auffassung, dass sich in der Investition der illegal erlangten Gewinne in legale Geschäftszweige die »hohe Form der Organisierten Kriminalität« offenbart, weil die Täter bei erfolgreichem Verlauf die Möglichkeit haben, aus einem seriösen Unternehmen heraus unbehelligt zu handeln. Die Organisierte Kriminalität verfolgt insoweit »Unmerklichkeitsstrategien«. Diese sind allerdings nicht überall perfekt umsetzbar. Das gilt beispielsweise auch für die Sicherung des erwirtschafteten Kapitals. Der Angriff sollte daher sinnvollerweise an der Schwelle der Sichtbarkeit erfolgen. Die Abschöpfung illegaler Gewinne sollte deshalb operativen Vorrang erhalten.

Es bleibt festzuhalten, dass die Steuerhinterziehung schon immer als Vortat der Geldwäsche in Betracht gekommen ist, wenn »schwarze«, d. h. in den Büchern nicht erfasste Gewinne in den legalen Finanzkreislauf integriert werden. Steuerhinterziehung und Kapitalflucht sind zumindest Grenzfälle der Geldwäsche, die allerdings in vielen Ländern nach wie vor nicht gesetzlich als Vortaten definiert sind. In diesem Bereich ist der Täterkreis sehr viel weiter zu ziehen. In jedem Fall sind die Übergänge fließend. Viele Handlungen, die der Steuerhinterziehung sowie der Kapital- und Steuerflucht dienen, lassen sich nur schwer von den Methoden der Geldwäsche unterscheiden. Man muss »schmutzige« und »schwarze« Gelder auseinander halten. Die ersten sind immer kriminellen Ursprungs. Die zweiten entstehen beispielsweise durch legale, aber nicht deklarierte und versteuerte Verkäufe. Das Motiv liegt auf der Hand: Steuervermeidung bzw. -hinterziehung. Schwarze Gelder werden meist ebenso schwarz weiterverwendet (steuerfreie Zuwendungen an Mitarbeiter, illegale Beschäftigung, Schmiergeldzahlungen etc.). Oft ergänzen schwarze Kassen die offizielle Finanzbuchhaltung. Das alles ist Teil des banalen Wirtschaftslebens, dessen Leugnung zu den ältesten Traditionen bürgerlicher Bigotterie gehört. Jede Regierung und jedes Gesetzgebungsorgan wird zum Scharnier zwischen den sozialschädlichen, auf Steuerhinterziehung gerichteten Praktiken ansonsten »ehrbarer« Unternehmer und den kriminellen Raubzügen der Mafia, wenn sie hier nicht eingreift. Die unscharfen Abgrenzungen und die sehr unterschiedliche Kategorisierung der Vortaten zeigen, dass Geldwäsche und die damit verbundenen Formen der Organisierten Kriminalität nicht als Einzeldelikte zu fassen sind. Es besteht ein komplexes System illegaler und legaler Aktivitäten, die untereinander verflochten und verwoben sind. Darin ist die Steuerhinterziehung eine feste und stabilisierende Größe. Auch insoweit ist die Organisierte Kriminalität als Wirtschaftsform etabliert.

Im Zuge der Beratungen über das von Jürgen Meyer vorgelegte Besteuerungsmodell im Zusammenhang mit der Reform der Geldwäschevorschriften wurden fast schon Züge einer Kumpanei zwischen der Bankenwelt, des steuerhinterziehenden wohlanständigen Bürgertums und der Mafia erkennbar. Im Gesetzgebungsverfahren hatte der Bundesverband der Deutschen Banken den Vorschlag unterbreitet, die in einer bestimmten Vorschrift vorgesehene Mitteilung an das Finanzamt nicht sofort, sondern erst dann zu machen, wenn das strafrechtliche Hauptverfahren eröffnet ist. Das ist eine besonders reizvolle Idee. Zu diesem Zeitpunkt ist eine Anklage schon erhoben. Der Betroffene ist also informiert und hat genügend Zeit, um Geld und sonstiges Vermögen in Sicherheit zu bringen.

Jürgen Meyer hat darin zu Recht einen »schamlosen Versuch der Unterstützung von Steuerhinterziehung« gesehen. In der Tat dürften die Banken nicht nur die Bewahrung des gesamtwirtschaftlichen Gleichgewichts beabsichtigt haben. Ihre leitenden Interessen sind offenkundig. Etliche von ihnen waren über Jahre bereit, an Kapitaltransaktionen mitzuwirken, obschon der dringende Verdacht der Steuerhinterziehung gegeben vorlag. Nicht die Legalität ist der entscheidende Parameter. Es ist der Wert des zu transferierenden Vermögens und die daran gekoppelten Gewinnerwartungen sowie der Status des Kunden. Zahlreiche Verurteilungen auch führender Bankmitarbeiter wegen Beihilfe zur Steuerhinterziehung haben das in den letzten Jahren in Deutschland hinreichend deutlich gemacht. Ohne Einbeziehung der Steuerhinterziehung in den Geldwäschetatbestand konnten sich die Betreffenden mehr oder minder glaubwürdig von entsprechenden ordinären kriminellen Aktivitäten (Geldwäsche) distanzieren.

Die dogmatischen Einwände sind auf den ersten Blick anspruchsvoller. Sie haben aber nur zu rhetorischen Straßenkämpfen in einem Potemkinschen Dorf juristischer Begrifflichkeit geführt. Die Aufnahme der Steuerhinterziehung in den Vortatenkatalog erforderte natürlich keinen strafrechtlichen oder steuerrechtlichen Systemsturz. Es war nur ein politischer Entschluss erforderlich, damit die (ohnehin kaum noch) vorhandenen Grenzen zwischen Geldgier, Gemeinwohl, Gerechtigkeit und Geschäft nicht völlig verschwinden. Gleichwohl hat – wie bereits erwähnt – die sozialdemokratisch geführte Bundesregierung auch Jahre nach der Wahl 1998 das Projekt nicht in Angriff genommen. Jürgen Meyer ist es schließlich doch noch gelungen, die SPD-Bundestagsfraktion zum Gebrauch ihres Initiativrechts zu bewegen. Damit half sie der »eigenen« Regierung auf die Sprünge, ein Vorgang von peinlicher Erklärungskraft.

In der neueren abgabenrechtlichen Literatur wird mittlerweile erkannt, dass sich im Steuerstrafrecht ein Quantensprung vollzogen hat. Erstmals wurde durch § 370 a AO ein Verbrechenstatbestand in die Abgabenordnung eingefügt. Der Tatbestand stellt einen bedeutsamen Einschnitt in das bestehende System des Steuerstrafrechts dar, der zu folgenschweren Konsequenzen führt. Die Norm ist auch im Hinblick auf den Vortatenkatalog des § 261 StGB konzipiert worden, um so auf materiell-rechtlicher Ebene eine Verknüpfung der Steuerhinterziehung mit den Sanktionen der Geldwäsche zu erreichen. Mit der Einstufung der Steuerhinterziehung als taugliche Vortat einer Geldwäsche i. S. des § 261 I Nr. 1 StGB eröffnen sich auch in verfahrensrechtlicher Hinsicht für die Ermittlungsbehörden weitreichende Kompetenzen. Es handelt sich nicht um einen Anwendungsfall der so genannten »Regel-Beispielstechnik« wie bei § 370 III AO oder um eine unselbständige Qualifizierung wie § 373 AO, sondern um einen eigenständigen Qualifikationstatbestand gegenüber dem allgemeinen Tatbestand der (»einfachen«) Steuerhinterziehung gemäß § 370 AO, der eine Strafverschärfung durch Hochstufung zum Verbrechen für den Fall der gewerbs- oder bandenmäßigen Begehung enthält. § 370 AO wird von § 370 a AO verdrängt.[27]

Die Interessenverbände der Wirtschaft und der rechts- und steuerberatenden Berufe haben sich vehement gegen das Gesetzesvorhaben ausgesprochen. Ein führender Standesvertreter hat die Regelung als »Teufelsvorschrift« bezeichnet.[28] Ein anderer Kommentator will zwar nicht ausschließen, dass Handlungsbedarf zur Bekämpfung des Umsatzsteuerbetruges bestanden haben mag. Der wahre Grund für die Schaffung des § 370 a AO habe aber darin bestanden, die Steuerhinterziehung zu einer Vortat der Geldwäsche zu machen und damit auch mit den Meldepflichten des § 11 GwG zu verknüpfen. Unter dem Deckmantel der Geldwäschebekämpfung nutze man die doppelfunktionalen Befugnisse der Steuerbehörden in verfassungsrechtlich bedenklicher Weise zweckwidrig und erweitere sie, um im Besteuerungsverfahren Gewinnabschöpfung zu betreiben, ohne dass es auf den im Strafverfahren notwendigen Nachweis einer Straftat oder der deliktischen Herkunft von Geldern ankomme. In diesem Zusammenhang wird nicht nur die Verfassungsmäßigkeit des Geldwäschetatbestandes bezweifelt, sondern auch behauptet, dass die Steuerhinterziehung kein Delikt der »Schattenwirtschaft« sei, sondern regelmäßig nur eine Begleiterscheinung. Aus der Steuerverkürzung an sich ließen sich keine eigenständigen Erträge erwirtschaften. Anders sehe es bei der Steuervorteilserlangung (Umsatzsteuer-Karusselle) oder im Zoll- und Verbrauchssteuerstrafrecht (z.B. Zigarettenschmuggel) aus. Zudem seien die kontaminierten Vermögensbestandteile nicht bestimmbar. Deshalb leide § 370 a AO i.V. m. § 261 StGB an einem »letalen« Geburtsfehler.[29] Zur effektiven Bekämpfung der Geldwäsche hätte es gereicht, die gewerbs- oder bandenmäßige Steuerhinterziehung mit in den Vortatenkatalog des § 261 I 2 Nr. 4 StGB aufzunehmen und den Tatbestand als Vergehen mit einer erhöhten Mindeststrafe auszugestalten.[30] Zudem habe es bislang schon die Möglichkeit gegeben, Steuerhinterziehungen großen Umfangs als besonders schweren Fall gem. § 370 III Nr. 1 AO mit einer Strafe bis zu 10 Jahren zu ahnden, so dass eine Strafverschärfung durch Anhebung der Mindeststrafe von 6 Monaten auf 1 Jahr Freiheitsstrafe nicht notwendig gewesen sei. Unter den jetzt gegebenen Voraussetzungen gehörten auch »normale«

Steuerhinterzieher in den Bereich der Organisierten Kriminalität. Man befürchtet, dass weite Teile der Bevölkerung in übertriebener Art und Weise kriminalisiert werden. Das verstoße eindeutig gegen das verfassungsrechtlich verankerte Übermaßverbot.[31] Der Gesetzgeber habe eine Vielzahl von Auslegungsproblemen provoziert, die nicht mehr aus der Welt zu schaffen seien. Die Strafverfolgungsbehörden sähen sich einem unverhältnismäßigen Ermittlungsaufwand gegenüber, da eine einvernehmliche Erledigung von Verfahren auf »informelle« Weise oder durch Strafbefehl bei § 370 a AO ausgeschlossen sei. Finanzbehörden und Staatsanwaltschaften gingen bislang sehr zurückhaltend mit der neuen Vorschrift um. Dies sei »sicher« auch auf die Zweifel zurückzuführen, welche Art von Steuerstraftaten konkret davon erfasst werden. Es hätte näher gelegen, das Steuersystem zu reformieren, das zum Betrug einlade, anstatt das Strafrecht zu bemühen.[32]

An anderer Stelle betonen die Kommentatoren, dass es bei der Einführung des § 370 a AO (nur) vordergründig um die Bekämpfung der Umsatzsteuerkarussellgeschäfte gegangen sei. Die Hintergründe der Entstehung des § 370 a AO sieht man in einem Interview des »spiritus rector« des Gesetzes, Jürgen Meyer, erhellt. Beabsichtigt war danach eine Neubewertung einer besonders schweren Form der Steuerhinterziehung.

Zum anderen sollte der Weg zur Anwendbarkeit des § 261 StGB eröffnet werden. Das dritte Motiv war, dass bei der Einleitung eines Geldwäscheverfahrens die Staatsanwaltschaft das zuständige Finanzamt informieren soll. Jürgen Meyer hat anerkannt, dass der Effekt der Geldwäschestrafbarkeit auch durch eine explizite Aufführung in § 261 I 2 StGB hätte erfolgen können.[33] Entsprechende ausgearbeitete Gesetzesvorschläge waren auch präsentiert worden.[34] Die Bundesregierung hatte es aber nicht für nötig gehalten, diese Anregungen aufzugreifen. Die darin enthaltene Kritik an der mangelnden Einbeziehung der Steuerhinterziehung in den Vortatenkatalog des Geldwäschetatbestandes betont, dass sich die (tabuisierte Frage) aufdrängt, ob und ggf. in welchem Umfang die Banken (und bestimmte Berufsgruppen) von der Geldwäscherei profitieren.[35]

Erst mit dem Gesetz zur Bekämpfung von Steuerverkürzungen bei der Umsatzsteuer und zur Änderung anderer Steuergesetze (Steuerverkürzungsbekämpfungsgesetz – StVBG) vom 19. Dezember 2001[36] hat sich die Rechtslage insoweit geändert. Der Gesetzgeber wollte damit nicht nur den Schutz des steuerehrlichen Unternehmers vor Wettbewerbsverzerrungen, die durch den gezielten Missbrauch des Vorsteuerabzugs entstehen, verbessern.[37] Art. 2 Nr. 3 StVBG führte nach § 370 AO folgenden § 370 a AO ein:

»Gewerbsmäßige oder bandenmäßige Steuerhinterziehung
Mit Freiheitsstrafe von einem Jahr bis zu zehn Jahren wird bestraft, wer gewerbsmäßig oder als Mitglied einer Bande, die sich zur fortgesetzten Begehung solcher Taten verbunden hat, Steuern verkürzt oder für sich oder einen anderen nicht gerechtfertigte Steuervorteile erlangt.«

Nach Art. 4 StVBG wurde § 261 I 3 StGB in der bislang geltenden Fassung durch folgenden neuen Satz 3 ersetzt:

»In den Fällen des Satzes 2 Nr. 3 sowie im Falle des § 370 a der Abgabenordnung gilt Satz 1 auch für unrechtmäßig erlangte Steuervergütungen sowie für Vermögensbestandteile, hinsichtlich derer Abgaben hinterzogen worden sind.«

Manch einer sieht in dem Gesetz vom 19. Dezember 2001 eine »Revolution«, die sich unbeobachtet ohne parlamentarischen oder rechtspolitischen Diskurs ereignet habe.[38] Die mit dem neuen Verbrechenstatbestand einschlägigen Geldwäschetaten würden sich von vornherein, etwa durch die so ermöglichte Überwachung des Fernmeldeverkehrs (§ 100 a Nr. 2 StPO) in den Vordergrund schieben. Von der Verzahnung des § 261 StGB mit dem Geldwäschegesetz werden besonders dramatische Auswirkungen erwartet. De facto bestehe ein Informationsverbund. Die Schleusen seien geöffnet. Finanzbehörden, Kreditinstitute und die Polizei könnten sich jetzt auf dem Weg befinden, die jeweils gespeicherten Daten der Bürger nach Bedarf miteinander abzugleichen. § 30 VI AO könne dabei eine nach allen Seiten befahrbare Datenautobahn werden. Insgesamt werde das mit den neuen Vorschriften erschlossene Vorfeld zum Ermittlungsgegenstand. Die nunmehr mögliche Überwachung der Telekommunikation werde dazu beitragen, dass größere Verfahren für die davon Betroffenen erst spät transparent seien. Anders als heute könnten Durchsuchungen dann eher den Abschluss der Ermittlungen markieren als deren Beginn. Ein solcher »Paradigmenwechsel« werde die Verteidigung im Steuerstrafrecht tief greifend verändern.[39] Die wenigen Zeilen des Gesetzes vom 19. Dezember 2001 hätten »immense Tragweite«. Der Gesetzgeber sei jedoch, was die Begründungen angehe, auffällig wortkarg geblieben.[40]

In dem von der Bundesregierung am 10. September 2001 veröffentlichten Entwurf des Steuerverkürzungsbekämpfungsgesetzes (StVBG-E)[41] war die Einbeziehung der Steuerhinterziehung noch nicht vorgesehen. Erst am 13. November 2001 stellten die Fraktionen von SPD und Bündnis 90/Die Grünen im Deutschen Bundestag im laufenden Gesetzgebungsverfahren Änderungsanträge, die Ergänzungen des Entwurfs mit den bezeichneten Inhalten zum Ziel hatten. Zur Begründung für die Einfügung eines § 370 a in die Abgabenordnung wurde vorgetragen, dass zwar nicht jede Form der Steuerhinterziehung Teil der Organisierten Kriminalität ist. Die Ergänzung trägt aber der Tatsache Rechnung, dass Verdächtige, die der Organisierten Kriminalität zuzurechnen sind, in der Regel ihre steuerlichen Verpflichtungen nicht in ordnungsgemäßer Weise erfüllen. Systematisch, d. h. gewerbs- oder bandenmäßig betriebene Steuerhinterziehung gehört schon wegen des Entdeckungsrisikos bei kriminellen Aktivitäten zum Funktionsmodus der Organisierten Kriminalität. Die hinterzogenen Steuern vermehren die Finanzmacht der Organisierten Kriminalität und erhöhen damit ihre ohnehin schon bestehende außerordentliche Gefährlichkeit. Durch die vorgesehene Mindeststrafe von einem Jahr wird die Tat als Verbrechen eingestuft und unterfällt gemäß § 261 I 2 Nr. 2 StGB ohne weiteres dem Vortatenkatalog der Geldwäsche.

Die Höchststrafe von 10 Jahren entspricht dem Strafmaß der möglichen Freiheitsstrafe in besonders schweren Fällen der Steuerhinterziehung gemäß § 370 III AO. Zur Begründung der Neufassung des § 261 I 3 StGB heißt es, dass das geltende Recht im Fall unrechtmäßiger Steuerverkürzung die »Ersparnis« des Steuerhinterziehers als Gegenstand im Sinne von § 261 I 1 StGB nicht eindeutig bestimmen könne. Diese Ersparnis sei zwar die Folge einer unterlassenen oder unvollständigen Steuererklärung. Da sich die eigentliche Steuerforderung aber gegen das gesamte Vermögen des Täters richte, sei korrespondierend die Ersparnis des Täters ein integraler Bestandteil des Gesamtvermögens und lasse sich von diesem nicht trennen. Die Ersparnis sei zwar konkret bezifferbar, ohne sich jedoch in einem bestimmten – vom sonstigen Vermögen abtrennbaren – Vermögensbestandteil niederzuschlagen. Deshalb werde eine gesetzliche Klarstellung des Tatbestandsmerkmals »Gegenstand« im Sinne des § 261 I 1 StGB für den Bereich der in § 261 I 2 Nr. 3 StGB genannten Vergehen und des § 370 a AO vorgesehen, die über die Steuerersparnis hinaus den gesamten Gegenstand, hinsichtlich dessen die Steuer hinterzogen wurde, dem Schutzbereich des Geldwäschetatbestandes unterwerfe. Damit werde sichergestellt, dass auch die Vermögensbestandteile erfasst werden, die zwar nicht aus der Steuerstraftat selbst hervorgegangen sind, jedoch in einem klaren Zusammenhang mit dieser stünden.

In den Beratungen zum »Entwurf eines Fünften Gesetzes zur Änderung des Steuerbeamten-Ausbildungsgesetzes«[42] hat die Fraktion der CDU/CSU beantragt, in § 370 a AO den Tatbestand der gewerbsmäßigen Steuerhinterziehung zu streichen.

Die Fraktion der FDP hat den Antrag gestellt, die Vorschrift des § 370 a AO insgesamt zu streichen und zugleich die Steuerhinterziehung als Mitglied einer Bande als besonders schweren Fall der Steuerhinterziehung auszugestalten.[43]

Diese Fraktionen waren der Auffassung, dass die Vorschrift über ihr Ziel hinausschieße. Die weite Definition des Begriffs »gewerbsmäßig« lasse befürchten, dass »normale« Steuerhinterziehung auch geringeren Umfangs, sofern wiederholt begangen, als Verbrechen eingestuft wird.

Dadurch würde eine Vielzahl von Steuerpflichtigen in einem erheblichen Umfang unangemessen kriminalisiert.

Zudem sei eine Selbstanzeige nach § 371 AO nicht möglich. Diese habe aber ihren Sinn darin, Steuerquellen zu öffnen, die dem Fiskus sonst verschlossen blieben, und darüber hinaus dem Steuerpflichtigen durch die Aussicht auf Straffreiheit die Umkehr zur Steuerehrlichkeit zu erleichtern.

Ungeklärt sei auch, wie sich § 370 a AO bei der Entgegennahme von Honoraren durch Steuerberater oder Rechtsanwälte im Hinblick auf den Tatbestand der Geldwäsche auswirke.[44] Die angemessene Vertretung eines Mandanten, der der gewerbsmäßigen Steuerhinterziehung verdächtigt wird, sei dadurch nicht mehr möglich, auch nicht in steuerlichen Fragen, die von der gewerbsmäßigen Steuerhinterziehung unabhängig sind.

Diese Anträge wurden zunächst abgelehnt. Die Bundesregierung hat auf die Interpretation des Begriffs »gewerbsmäßig« in Rechtsprechung und Literatur hingewiesen, wonach der Täter mit der Absicht handeln muss, sich durch wiederholte Begehung von Straftaten eine fortlaufende Einnahmequelle von einiger Dauer und einigem Umfang zu verschaffen. Bagatellfälle sind durch § 370 a AO also nicht betroffen. Die Bundesregierung hat erklärt, dass sie mit den Ländern eine Verständigung darüber suchen wird, die Vorschrift »äußerst restriktiv« anzuwenden, um die Fälle geringeren Umfangs auch mit Blick auf den Verhältnismäßigkeitsgrundsatz nicht als Verbrechenstatbestand zu qualifizieren und dabei das Instrument der Selbstanzeige zu erhalten. Die Fraktion der SPD hat sich dieser Erklärung angeschlossen und betont, es müsse verhindert werden, Steuerpflichtige, die Steuerdelikte geringeren Umfangs begehen, zu kriminalisieren. Im Interesse der Bekämpfung des schweren Steuerbetrugs, der das Steuerverkürzungsbekämpfungsgesetz dient, sollten jedoch zunächst Erfahrungen mit der Vorschrift des § 370 a AO gesammelt werden.

Die Fraktionen von CDU/CSU und FDP halten die von der Bundesregierung in Aussicht genommene Vereinbarung mit den Ländern für unzureichend. Die Problematik müsse vom Gesetzgeber gelöst werden, um die in diesem Bereich bestehenden Unsicherheiten zu beseitigen.

Die Fraktion der FDP behauptet, die von der Bundesregierung herangezogene Definition des Begriffs »gewerbsmäßig« beinhalte mehrere unbestimmte Rechtsbegriffe. Diese könnten durch eine Vereinbarung mit den Ländern nicht ausgefüllt werden.[45] Das vom Deutschen Bundestag in seiner 234. Sitzung am 26. April 2002 beschlossene Fünfte Gesetz zur Änderung des Steuerbeamten-Ausbildungsgesetzes und zur Änderung von Steuergesetzen wurde nach Maßgabe eines Beschlusses des Vermittlungsausschusses vom 27. Juni 2002 geändert.[46] Danach erhält § 370 a AO folgende Fassung:

»Mit Freiheitsstrafe von einem Jahr bis zu zehn Jahren wird bestraft, wer in den Fällen des
§ 370
1. gewerbsmäßig oder
2. als Mitglied einer Bande, die sich zur fortgesetzten Begehung solcher Taten verbunden hat,
in großem Ausmaß Steuern verkürzt oder für sich oder einen anderen nicht gerechtfertigte Steuervorteile erlangt. In minder schweren Fällen ist die Freiheitsstrafe von drei Monaten bis zu fünf Jahren. Ein minder schwerer Fall liegt insbesondere vor, wenn die Voraussetzungen des § 371 erfüllt sind.«

Aufgrund der Empfehlungen des Vermittlungsausschusses wurde § 261 I 3 StGB wie folgt gefasst:

»Satz 1 gilt in den Fällen der gewerbsmäßigen oder bandenmäßigen Steuerhinterziehung nach § 370 a der Abgabenordnung für die durch die Steuerhinterziehung ersparten Aufwendungen und unrechtmäßig erlangten Steuererstattungen und -vergütungen, sowie in den Fällen des Satzes 2 Nr. 3 auch für einen Gegenstand, hinsichtlich dessen Abgaben hinterzogen worden sind.«

Der Bundesrat hatte den Vermittlungsausschuss insbesondere mit dem Ziel angerufen, die Fälle gewerbsmäßiger Steuerhinterziehung, die nach dem Gesetz mit Freiheitsstrafe von einem Jahr bis zu zehn Jahren bedroht sind, auf besonders schwere Fälle zu beschränken und eine strafbefreiende Selbstanzeige zu ermöglichen.

Der Deutsche Bundestag ist den Empfehlungen des Vermittlungsausschusses gefolgt.

Der Bundesrat hat den Empfehlungen am 12. Juli 2002 zugestimmt. Der neuen Rechtslage zufolge werden gewerbs- oder bandenmäßige Steuerhinterziehung zukünftig dann als Verbrechen mit einem Strafrahmen von einem Jahr bis zu zehn Jahren verfolgt, wenn Steuern in »großem Ausmaß« verkürzt werden. Bei Steuerverkürzungen ohne großes Ausmaß wirkt eine Selbstanzeige strafbefreiend. Nur Fälle großen Ausmaßes können also Vortaten der Geldwäsche sein. Die Einführung dieses gesetzlichen Merkmals wird gegenüber der alten Fassung als wesentlicher Gewinn angesehen. Auf dieses »Korrektiv« sei von dem Initiator des § 370 a AO, Jürgen Meyer, in der Hoffnung auf eine restriktive Handhabung durch die Praxis verzichtet worden. Die Rechtsprechung wäre aber keineswegs an Erwartungen des »personifizierten historischen Gesetzgebers« gebunden gewesen, da sie sich nicht im Gesetzeswortlaut niedergeschlagen hätten. Die Änderung habe Bemühungen, die gewerbs- wie bandenmäßige Begehung einschränkend zu interpretieren, nicht dogmatisch, aber praktisch weitgehend entbehrlich gemacht. Künftig komme es entscheidend auf die Konkretisierung des »großen Ausmaßes« an.[47]

Diese Überlegungen überzeugen nicht. Zum Methodenkanon der Gesetzesauslegung gehört auch die Berücksichtigung der Motive des Gesetzgebers. Diese waren von Anfang an hinreichend klar und nachvollziehbar. Sie zeigen, dass nicht nur die Methodik (banden- und gewerbsmäßige Begehung), sondern auch der eingetretene Schaden (Umfang der hinterzogenen Beträge) Anlass und Gegenstand der bereits vor der Änderung getroffenen gesetzlichen Regelung waren. Die Änderungen, die mit dem Steuerverkürzungsbekämpfungsgesetz in Kraft getreten sind, waren notwendig. Die Einbeziehung der gewerbs- und bandenmäßigen Steuerhinterziehung in den Geldwäschetatbestand entspricht den seit vielen Jahren vorgetragenen kriminalpolitischen Forderungen und den kriminalistischen Notwendigkeiten. Es mag sein, dass die jetzt eröffneten verbesserten Möglichkeiten der Geldwäschebekämpfung in einzelnen Aspekten dogmatisch anfechtbar sind. Das ändert aber nichts daran, dass es im Rahmen rechtsstaatlicher Vertretbarkeit geboten ist, soziale und wirtschaftliche Tatsachen zu berücksichtigen, hinter denen sich enorme Rechtsgutverletzungen abzeichnen. Bei Steuerhinterziehung und Kapitalflucht gibt es jedenfalls viele fließende Übergänge zur Geldwäsche. Es bedarf keiner weiteren Erläuterungen, dass »schwarze Gelder« gewaschen werden müssen, wenn sie in den offiziellen und deklarierten Finanzkreislauf zurückgeführt werden sollen. Die unscharfen Abgrenzungen und die unterschiedlichen Kategorisierungen der Vortaten zeigen, dass Geldwäsche und die mit ihr verbundenen Formen der Organisierten Kriminalität nicht als Einzeldelikte zu fassen sind. Es besteht ein komplexes System illegaler und legaler Aktivitäten, die untereinander verflochten und verwoben sind. Darin ist Steuerhinterziehung eine feste und stabilisierende Größe. Auch insoweit ist die Organisierte Kriminalität als Wirtschaftsform etabliert.[48]

Es wird schon seit geraumer Zeit beobachtet, dass professionelle Geldwäscheorganisationen Techniken anwenden, die nicht nur der Geldwäsche, sondern auch der Steuerhinterziehung dienen. Deshalb erwartet man zu Recht, dass durch die Aufdeckung von Steuerdelikten auch Anhaltspunkte für weitere Geldwäscheermittlungen zu erlangen sind, die dazu beitragen können, umfangreiche Geldwäschekartelle zu enttarnen.[49]

Der Gesetzgeber hat aber erst 9 Jahre nach Beginn der Diskussion Konsequenzen gezogen!

Allerdings hat er bis heute noch nicht das »Kardinalproblem« der Geldwäschebekämpfung gelöst, das in der häufig mangelnden Beweisbarkeit der Vortaten liegt. Auch dafür gibt es konkrete Vorschläge, die der Gesetzgeber bislang ebenfalls nicht aufgegriffen hat.[50] Cui bono?

Das Ende führt zum Anfang

Geldwäsche und Sicherheitsphilosophie

Spätestens seit Beginn der siebziger Jahre gibt es einen wachsenden illegalen Weltmarkt, der im Wesentlichen von der Organisierten Kriminalität geprägt ist. Ihr ist es gelungen, der Geldwäschebekämpfung mit immer neuen Gegenstrategien zu begegnen. Sie bedient sich der globalisierten offiziellen und informellen Finanzmärkte. Aber auch brave Bürger, die »nur« Steuern hinterziehen und Fluchtgelder in enormer Höhe verschieben, haben neben gut beleumundeten Politikern, die Schmiergelder und »Spenden« transferieren, verdeckte Geldkreisläufe installiert und ziehen Profite aus Insidergeschäften.[1]

Die Spur krimineller Gelder ist im Finanzkreislauf – wenn überhaupt – nur sehr schwer aufzunehmen. Es muss nicht nur eine unglaublich hohe Zahl von Kontoverbindungen überprüft werden. Die Ermittlungsbehörden müssen auch gegen eine geschlossene Front vieler Tausend Treuhänder, Wirtschaftsprüfer, Anwälte und anderer Helfershelfer ankämpfen. In manchen Ländern (nicht nur des Südens) haben die finanzkriminellen Machenschaften korrupter »Eliten« eine dramatische Dimension angenommen. Die Beispiele sind Legion. Kriminelle wie Abacha (Nigeria), Marcos (Philippinen), Mobutu (Zaire) sind nur die Spitze des Eisbergs. Es versteht sich fast von selbst, dass diese äußerst erfolgreichen Geldwäscher in ihrer Amtszeit für zahlreiche Unternehmen der Weltwirtschaft begehrte Geschäftspartner waren.

Erst die Anschläge vom 11. September 2001 in New York scheinen zur Entdeckung einer Selbstverständlichkeit geführt zu haben: Auch Terroristen müssen Rechnungen bezahlen. Terroristische Netzwerke bedienen sich der gleichen Methoden wie die rechtstreue Geschäftswelt und die Organisierte Kriminalität, um an Finanzmittel zu kommen und Geld zu transferieren. Es bedurfte dieses gewaltigen Schocks, um Anstrengungen zu unternehmen, die Verhältnisse zu ändern. Das terroristische Prinzip scheint über die Politik triumphiert zu haben. Auch den amerikanischen Administrationen ist das kriminelle Potential der internationalen Finanzmärkte seit langem bekannt. Der Missbrauch von Offshore-Zentren ist weitgehend offenkundig. Es ist leicht zu erkennen, welche Finanzplätze von international organisierter Steuerhinterziehung profitieren. Seit vielen Jahren wird über die Notwendigkeit einschneidender ordnungspolitischer Änderungen diskutiert. Wirkungsvolle Maßnahmen unterblieben, weil wirtschaftliche Interessen stärker waren.

Den Terroristen ist es gelungen, die sofortige weltweite Verbreitung der Bilder, die Börsenspekulation, die Informationstechnologie und die Luftfahrt für ihre Zwecke zu nutzen. Nach dem 11. September 2001 hat sich – ungeachtet der »Preemptive Strike«-Strategie der USA – zwar nicht das Grundgefüge internationaler Beziehungen wesentlich verändert. Regierungen und die Öffentlichkeit haben aber – wieder einmal – erkennen müssen, dass hochkomplexe Gesellschaften leicht anzugreifen sind. Der dadurch eingetretene Verlust an Selbstgewissheit ist evident. Insbesondere für nichtstaatliche Akteure, deren politische Ziele und Methoden sowie Organisations- und Kommunikationsstrukturen unabhängig von den Ressourcen, nationalen Interessen und Funktionen eines Staates definiert werden können, ist das Umfeld günstiger geworden. Deren destruktive Energie entwickelt sich in einer Grauzone halblegaler und legaler Aktivitäten. Sie wird durch die weltumspannenden Kommunikations- und Transfermöglichkeiten für Geld, Waffen und Menschen noch vermehrt. Neu sind Quantität und Qualität des destruktiven terroristischen Potentials. Erst nach dessen Einsatz scheint man einige Positionen ändern zu wollen, deren Änderungsbedürftigkeit analytisch schon lange vor dem 11. September 2001 nachgewiesen war.

Die Geldwäschebekämpfung ist der Lackmustest für die Glaubwürdigkeit einer Rechtsordnung, deren Repräsentanten nicht müde werden zu behaupten, dass sich Verbrechen nicht lohnen dürfe. In der (Un-)Ordnung der internationalen Finanzmärkte ist die Essenz eines Gesellschaftssystems versammelt, das immer noch vorgibt, auf Arbeit gegründet zu sein und in dem immer noch Glücksversprechen unter dem Leitmotiv »Leistung muss sich wieder lohnen« wohlfeil sind.

Die Geschichte der Geldwäschebekämpfung der letzten zehn Jahre in Deutschland erweckt nicht den Eindruck eines strategisch durchdachten konsequenten Vorgehens. Gesetzgebungstechnische Mängel und politisch motivierte Rücksichtnahmen rufen Erinnerungen an die Echternacher Springprozession hervor.

Wirtschaft und Organisierte Kriminalität sind gleichermaßen auf weltumspannende Kooperation angewiesen. Die Zwänge legaler und illegaler Märkte ähneln sich. Es ist eine globale »Industrie des Verbrechens« entstanden, die sich – unter Nutzung bürgerlicher Verkehrsformen und unter Beanspruchung politischer Prozesse – zu immer leistungsfähigeren Einheiten verbindet. Deren Erfolgsaussichten steigen, wenn Regierungen zu willfährigen Ausführungsorganen von »pressure groups« der Wirtschaft werden oder kriminelle Cliquen einen Staatsapparat kapern.

Ein besonders beeindruckendes Beispiel ist das (ehemalige) Jugoslawien. Mafiöse Strukturen durchziehen die Nachfolgestaaten. Die »ethnischen« Konflikte des vergangenen Jahrzehnts waren zu einem ganz beträchtlichen Teil Bandenkriege um Einflussgebiete. In der Europäischen Union sind die Verbindungen der amtierenden und vergangenen Regierungen zur Unterwelt bekannt. Die schon seit längerem befürchtete Ermordung des serbischen Premierministers Zoran Djindjic gehört in diesen Zusammenhang. Nationale Befreiungsbewegungen entpuppen sich als kriminelle Organisationen. Die neuen Kleinstaaten, die man für Produkte eines verspäteten Nationalismus hielt, drohen quasi zu Flugzeugträgern der Organisierten Kriminalität zu werden. Das politische Engagement von Mafia-Gruppen ist nahe liegend. Wer einen Staat kontrolliert oder sich wenigstens zu einem innenpolitischen Faktor entwickelt hat, braucht sich vor polizeilichem Zugriff nicht zu fürchten. Der Milosevic-Clan schaffte ein unübersehbar großes Vermögen ins Ausland. Serbische Berufsverbrecher haben unter seinem Schutz kroatische und muslimische Dörfer geplündert. Der Kriegsverbrecher Veljko Raznatovic (»Arkan«) war ein international gesuchter Gangster. Das Regime vergab Polizeiausweise an Kriminelle und setzte diese auch für »Säuberungen«, also Mord und Totschlag, ein. Die Sanktionen der internationalen Gemeinschaft führten zur Geburt eines Schmugglerwesens. Man handelte mit staatlichen Lizenzen für die Beschaffung defizitärer Güter. Das serbische System des organisierten Verbrechens, das von Zoll, Finanzamt und Polizei gefördert und gedeckt wurde, war nach dem Sieg der politischen Opposition zwar erschüttert worden. Die nach wie vor aktiven Banden haben ihr Terrain aber bis heute nicht aufgegeben. Die Ermordung von Djindjic war eine Kampfansage.

Die kosovarische Befreiungsarmee ist in eine Reihe von verbrecherischen Kartellen zerfallen, die die Güter vertriebener Serben unter sich verteilen. Im benachbarten Albanien sind Frauen- und Drogenhandel sowie organisierte Erpressung an der Tagesordnung. Allein die Europäische Union hat in den vergangenen zehn Jahren mehr als 5,5 Milliarden Euro in den Balkanländern investiert. Dies hat bis jetzt nichts daran geändert, dass aus der Sicht manch eines Beobachters die neuen Nationalstaaten allenfalls als kalte, wenig komfortable Wartesäle für die spätere Westintegration taugten.[2] Andere empfinden die Erfolge, die die serbischen Behörden unter den Bedingungen des Ausnahmezustands im Kampf gegen die Organisierte Kriminalität erzielen konnten, als beeindruckend – und zwar weniger wegen der schieren Zahl von mehr als 3000 Verhaftungen, sondern wegen der Qualität vieler Festnahmen. Viele Personen, die unter Milosevic in die Führung von Armee, Geheimdiensten, Sicherheitskräften und Justiz gelangt waren, sitzen nun im Gefängnis. Manche konnten sich gegen den Willen von Djindjic nach dem Sturz von Milosevic noch monatelang in ihren Ämtern halten, weil sie die Rückendeckung des (ehemaligen) jugoslawischen Präsidenten Kostunica hatten. Diese Kontinuität in den Schaltstellen der Macht erkläre auch, weswegen die serbische Regierung so lange nicht gegen diese Kräfte vorgegangen sei. Vieles spreche dafür, dass Djindjic ermordet wurde, weil er den Kampf mit dieser Hinterlassenschaft des alten Regimes aufnehmen wollte. Nach den Verhaftungen bestehe die Chance, jene von Milosevic während der Balkankriege systematisch geschaffene Symbiose aus Sicherheitskräften und Mafia zu zerschlagen, die auf der politischen Bühne unter dem Etikett eines extremen serbischen Nationalismus aufgetreten sei.[3] Diese Chance hat sich aber wohl eher deshalb eröffnet, weil die Ermordung von Djindjic eine Schockwirkung entfaltete. Auch insoweit könnte man zu der Auffassung gelangen, dass Gewalt politische Prozesse ersetzt, wiederum ein Triumph des Terrors über die Politik. Der Amtsnachfolger von Djindjic, Zoran Zivkovic, vertritt die Ansicht, dass die Verflechtung von Kriminalität und Politikern an der Spitze der Macht mit der Regierungsübernahme am 5. Oktober 2000 beendet worden sei. Aber auf niedrigerem Niveau ginge diese Symbiose natürlich weiter. Wie überall auf dem Balkan habe die Organisierte Kriminalität auch in Serbien Verbindungen zu Polizei, Medien oder Justiz.[4]

Nicht nur auf dem Balkan ist die »innere« Sicherheit zu einer abhängigen Variablen geworden, die mit einzelfallbezogenen polizeilichen Mitteln nicht zu beherrschen ist. Nötig ist eine strukturelle Kriminalpolitik. Der Standpunkt der neoliberalen Ökonomie, wonach der Staat nur als »Ordnungshüter« auftreten darf und die Kapitalfonds wie die Unternehmen in ihrer Investitionspolitik völlig frei sein sollten, scheint sich durchgesetzt zu haben. Deshalb muss die Kriminalpolitik mit einer fast revolutionären Umgestaltung der Wirtschaftsstrukturen verbunden sein. Die Globalisierung zwingt sogar zur Entwicklung einer Sicherheitsphilosophie. Daneben muss mit der Schaffung wirksamer operativer Instrumente möglichst bald begonnen werden.

Die internationalen Finanzmärkte haben sich in globale Tatorte verwandelt. Die dort erfolgreich aktiven Täter sind durch die Strafdrohungen klassischer Straftatbestände nicht zu beeindrucken. Die

Deregulierung weltweiter Kapitaltransaktionen und die Ablösung des Geschehens auf den Finanzmärkten von »realen« wirtschaftlichen Prozessen haben nicht nur die negativen Wirkungen der Globalisierung gesteigert. Sie haben auch Möglichkeiten individueller Bereicherung eröffnet, die von der Organisierten Kriminalität, Unternehmen, Wirtschaftsführern, Regierungen und ehrbaren Bürgern gleichermaßen genutzt werden. Es gibt keine überzeugenden Strategieentwürfe, mit deren Hilfe das komplexe Geflecht wirtschaftlicher Interessen, politischer Rücksichtnahmen und krimineller Ambitionen aufgebrochen werden könnte.[5]

Wie ist dieser existentiell bedrohliche Mangel zu erklären? Verfügt die politische Führung in vielen Ländern dieser Erde nicht über den analytischen Sachverstand? Fehlt es ihr an der erforderlichen Entschlossenheit? Hat sie Angst vor Repressalien? Macht sie gemeinsame Sache mit dem wirtschaftskriminellen Establishment? Ordnet sie den Rechtsgüterschutz und die Förderung des Gemeinwohls (partei-)politischer Opportunität unter?

Tatsächlich sind Organisierte Kriminalität, Geldwäsche und Korruption nicht nur Merkmale defizitärer, strukturschwacher Gesellschaften. Sie kommen in allen, auch demokratischen, politischen Systemen vor. Man könnte zwar auf die Idee kommen, dass es sich um Episoden handelt und nicht um ein weltweit gültiges Prinzip oder ein global agierendes System. In etlichen Teilen der Welt ist es aber objektiv beinahe unmöglich geworden, politische Parteien, Regierungen, Wirtschaftsunternehmen, Justiz, Polizei und Armee von der Organisierten Kriminalität zu unterscheiden. Nicht nur das Regime des ehemaligen Präsidenten Serbiens und der Bundesrepublik Jugoslawien, Milosevic, hat am Ende die Züge einer »scheindemokratischen Diktatur« angenommen, in der Politik, Unterwelt und Polizei nicht mehr auseinander zu halten waren.

Jeder Staat hat die Wirtschaftsordnung und die Organisierte Kriminalität, die er verdient. »Insider« auf den Finanzmärkten und weltweit operierende Unternehmen, beraten von internationalen Anwaltskonzernen, haben gegenüber dem einfachen »Rechtsunterworfenen«

einen uneinholbaren strategischen Vorteil. Sie bilden grenzüberschreitende Macht- und Einflusszentren aus, in denen Gesetzesgehorsam und Rechtstreue (nur) kalkulatorische Größen sind. Dort werden Prozesse und Entscheidungen vorbereitet, die den Behörden nur die Duldung rechtswidrigen Verhaltens übrig lassen. Nicht nur die (Staats-)Monopole provozieren unwirtschaftliche Ausgaben und begünstigen ein System, das nicht durch effizientes Verhalten gesteuert wird, sondern von einer Kameraderie der Bereicherung und der politischen Ambitionen. In vielen als nicht manifest korrupt angesehenen Demokratien westlichen Zuschnitts sind es vielmehr die gängigen Quersubventionen der öffentlichen Haushalte, die entsprechende Effekte erzielen. Inzwischen findet zudem die Filetierung ganzer Volkswirtschaften statt. Der rücksichtslose Zugriff parasitärer alter und neuer Eliten auf das »Volksvermögen« (nicht nur in den GUS-Staaten) hat zu Kapitalverlagerungen geführt, welche die Gesetze des fairen Wettbewerbs aushebeln. Aber auch die schon länger etablierte »freie« Marktwirtschaft weist (mindestens) irritierende Züge auf. Die großen internationalen »Wirtschaftskanzleien« sind nicht Teil einer parasitären Elite. Sie scheinen eher wichtige Funktionselemente in einem geschlossenen Kreislauf des Irrsinns zu sein. Es ist Gemeingut, dass 70 Prozent aller Unternehmensfusionen die damit verbundenen Erwartungen nicht erfüllen. Mit sehr teurem (Beratungs-)Aufwand wird ein Flop nach dem anderen produziert. Das ist aber nicht weiter tragisch. Auf das (gegenwärtig nicht mehr so ganz) florierende Geschäft mit Übernahmen und Zusammenschlüssen (Mergers & Acquisitions – M & A) folgt die Hilfe am Krankenbett der Firmenkunden. Die internationale Arbeitsgruppe für Insolvenzberatung und Sanierungen hat im Jahre 2002 im Anwaltskonzern »Freshfields Bruckhaus Deringer« erheblich an Bedeutung gewonnen. Neben der Vertragsgestaltung für Investoren und dem Umbau gefährdeter Konzerne geht es auch immer wieder um Hilfe bei der Beschaffung von frischem Kapital. Seitdem die Ausgabe neuer Aktien schwierig geworden ist, kommen auch forderungsbesicherte Anleihen (asset-backed securities – ABS) in Mode. Mit diesen Instrumenten lassen sich Ansprüche aus laufenden Verträgen, die nicht selbständig verbrieft werden können, am Kapitalmarkt dennoch schon vor ihrer Fälligkeit zu Geld machen.[6] Natürlich geht dies alles nicht ohne teuren Rechtsrat ab, der sich allerdings bei der Klientel dieser Advokaten in der Nettobelastung wegen der Absetzbarkeit von Rechtsberatungskosten als Betriebsausgaben und wegen der Abwälzbarkeit über Preise nicht ganz so schmerzlich auswirkt. Dies zeigt, dass es Unternehmen gibt, die sich konstitutiv in »win-win-win«-Situationen bewegen. Das hängt jedoch weniger mit der Brillanz der Dienstleistungen zusammen als mit der Tatsache, dass wir eine Wirtschaftsordnung haben, die es bestimmten Wirtschaftsteilnehmern ermöglicht, sich auch an Misserfolgen, an denen sie selbst mitgewirkt haben, zu bereichern. Das ökonomische Perpetuum mobile funktioniert.

In den Kreisen der anwaltlichen Beihelfer ist die Liste der gefallenen Helden noch nicht so lang wie in den Reihen der Unternehmensführer. Dort sind die Verluste fast täglich neu zu bilanzieren. Richard Scrushy war zum Zeitpunkt der Drucklegung der (vorerst) Letzte in einer langen Reihe illustrer Pleitiers. Dem ehemaligen Chef von Health South wirft die US-Börsenpolizei Bilanzbetrug in Milliardenhöhe (USD) vor. Die Spitzenmanager des Medizin-Dienstleisters haben das Unternehmen, das einst als Börsenstar an der Wall Street gefeiert wurde, in den Abgrund getrieben. Heute (Mai 2003) ist die Aktie, die einst mit 30 USD gehandelt wurde, nur noch wenige Cents wert. Wie bei Enron und WorldCom wurden die Papiere von Analysten hochgejubelt. Alle waren sie beteiligt: Unternehmensmanager, Investmentbanken, Rechtsanwälte, Wirtschaftsprüfer und Rating-Agenturen. Niemand fragte nach einer soliden Gewinn-Verlust-Kalkulation. Um die Börsenparty anzuheizen, wurden Luftgeschäfte abgeschlossen, Bilanzen gefälscht und fragwürdige Firmenfusionen vorangetrieben. Kein Wunder, dass in Amerika die hochbezahlte Managerelite, die im Durchschnitt 200-mal soviel verdient wie ein mittlerer Angestellter, in Verruf geraten ist. Es handelt sich nicht nur um zahlreiche Einzelfälle. Die Unternehmen sind systematisch heruntergewirtschaftet worden. Der ehemalige Tyco-Boss Dennis Kozlowski verbringt seine Tage geruhsam auf seiner antiken Segelyacht in der Karibik. Tausende von entlassenen Mitarbeitern müssen dagegen von karger Sozialhilfe leben. Betrogene Anleger, die ihr erarbeitetes Geld in Aktienfonds investiert hatten, um eine Alterversorgung aufzubauen, stehen vor dem Nichts. Das amerikanische Pensionssystem steht vor dem Kollaps. Niemand weiß, wie die Rente einer ganzen Generation zu finanzieren ist.

Der amerikanische Kapitalismus ist unter der Ägide der Republikaner zu einem System der Bereicherung und der Raffgier degeneriert, so der US-Ökonom Paul Krugman. Im Jahre 1970 verfügten in den Vereinigten Staaten 0,01 Prozent der Spitzensteuerzahler über 0,7 Prozent des gesamten Einkommens. Ende der neunziger Jahre hat diese kleine Gruppe ihren Anteil auf 3 Prozent vergrößert. Dabei handelt es sich um rund 13 000 Spitzenverdiener, die addiert das Einkommen von 20 Millionen Amerikanern der Unterschicht haben. Innerhalb eines Jahrzehntes gelang es einem Prozent der Spitzenverdiener, das Bruttoeinkommen von 483 auf 1,38 Billionen USD zu erhöhen. Auch in den Zeiten der Wirtschaftskrise ist das Gehalt der amerikanischen Spitzenmanager im Jahr 2002 durchschnittlich um 6,1 Prozent gestiegen.[7]

Die Berufung auf den Terrorismus scheint zum Passepartout der Sicherheitspolitik geworden zu sein. Im Hinblick auf die kriminogenen Potentiale der internationalen Finanzmärkte und die kriminelle Energie in Kreisen der Wirtschaftsführer führt dies jedoch nicht zum Nervus rerum. Die Inanspruchnahme des Terrorismus spiegelt eher die intellektuellen Kapazitäten der verantwortlichen Politiker und die Verführbarkeit verängstigter Massen. Sie konzentrieren sich überwiegend auf leicht fassbare Oberflächenphänomene. Die strukturellen Probleme einer globalisierten Wirtschaftsordnung sind mit den Instrumenten, die sich noch nicht einmal zur Bekämpfung des Terrorismus eignen, nicht zu lösen.

Die Behandlung der Hedge Funds ist insoweit lehrreich. Selbst in Amerika scheint man allmählich zu begreifen, dass das Missbrauchspotential in einem anderen Bereich siedelt. Nach einer zwei Tage dauernden Anhörung im Mai 2003 erklärte die amerikanische Börsenaufsicht SEC erneut, dass sie die Regulierung der Hedge-Funds-Branche verstärken wolle. Deren Vertreter sollten angehalten werden, sich registrieren zu lassen. Angedacht ist auch die Anhebung des Mindestvermögens für Investoren. Im Jahre 2002 hatte die Aufsichtsbehörde 12 Betrugsfälle bei Hedge Funds registriert. 1999 waren es nur zwei Fälle (2000: 6; 2001: 7). Die jüngsten Untersuchungen der SEC betreffen die falsche Darstellung der aktuellen oder vergangenen Wertentwicklung gegenüber Anlegern, die Höhe der Engagements und der Qualität der Funds-Manager. In einigen Fällen wirft die SEC den Hedge-Funds-Gesellschaften vor, nach einem Schneeballsystem zu arbeiten. Dabei werden frühe Anleger mit dem Geld bezahlt, das die Hedge Funds später eingesammelt haben. Immer mehr Privatinvestoren peilen Hedge Funds als Anlage an. Der Vorsitzende des Unterausschusses »Kapitalmärkte« des Repräsentantenhauses, Richard Baker, fordert deshalb ausreichende Schutzmaßnahmen für die Investoren.[8]

Auch in Deutschland lassen sich anhand zahlreicher Geschäftsverläufe bei der einen oder anderen (Landes-)Bank, beim Gang mancher Immobiliengeschäfte, bei den Finanzierungstechniken politischer Parteien und vagabundierender einzelner Gestalten aus dem Politikbetrieb sowie bei Investitionsentscheidungen in Leuna, Berlin, Wuppertal, Köln, Düsseldorf, Hamburg, München, Frankfurt etc. die Zusammenhänge zwischen politischen Ambitionen, krimineller Energie, wirtschaftlicher Gier und persönlicher Verantwortungslosigkeit zumindest erahnen. Die von den Betroffenen vehement behaupteten Unterschiede zwischen (formal) legalen Beziehungsnetzen und Strukturen, die im Kern mafiös sind, werden selbst in demokratischen Systemen marginal. Patronage im weitesten Sinne und korrumpierender Lobbyismus bleiben solange erfolgreich, wie die entsprechenden Verhaltensweisen als »business as usual« empfunden werden. In Wahrheit geht es um potentielle oder aktuelle Organisierte Kriminalität. In diesem Zusammenhang hat das Bundesverfassungsgericht einen wichtigen Gedanken formuliert. Das Gericht nimmt auf einige Bereiche schwerer Kriminalität (illegaler Handel mit Rüstungsgütern, Drogenhandel,

Geldwäsche) Bezug und betont, dass es dabei nicht nur um internationale Kriminalität gehe. Diese Aktivitäten seien vielmehr dadurch gekennzeichnet, dass sie häufig von Staaten oder von Organisationen, die mit staatlicher Unterstützung operieren, ausgehen, jedenfalls aber Dimensionen annehmen, die internationale Gegenmaßnahmen erfordern.[9]

Wie bereits angedeutet, verdienen nicht nur blutrünstige und schnauzbärtige abenteuerliche Gestalten vom Balkan Aufmerksamkeit. In einem Land, in dem ein ehemaliger persönlicher Referent eines Ministerpräsidenten, Chef des Bundesamtes für Verfassungsschutz und Staatssekretär im Bundesministerium der Verteidigung (Pfahls) sich der Beantwortung von Fragen über seine Mitwirkung am Export von Rüstungsgütern durch Flucht entzieht, sollte man sich nicht über Quantität und Qualität Organisierter Kriminalität auf dem Balkan mokieren.

Auch in Deutschland gibt es immer wieder Beispiele, die Anlass zur Beobachtung der eigenen Verhältnisse bieten.

13. Mai 2003, 9:00 Uhr: In Mörfelden und anderen Orten der Bundesrepublik beginnen über 200 Polizisten mit der Durchsuchung von insgesamt 27 Firmen und Wohnungen. Die Besuche betreffen vor allem die St. Petersburg Immobilien und Beteiligungs AG (SPAG). In das Visier der Staatsanwaltschaft bei dem Landgericht Darmstadt sind neun Beschuldigte geraten, darunter ein Rechtsanwalt, der Aufsichtsratsvorsitzende, ein ehemaliger Vorstand, Ex-Aufsichtsräte und der Manager einer Investmentbank. Nach Presseberichten hegen die Ermittler denselben Verdacht, den schon lange vor ihnen der Bundesnachrichtendienst (BND) gehabt habe: Jahrelang soll die seit 1997 börsennotierte Immobiliengesellschaft der St. Petersburger Mafia als Geldwaschanlage gedient haben. In seiner Zeit als stellvertretender Oberbürgermeister von St. Petersburg soll der amtierende Präsident der Russischen Föderation, Wladimir Putin, bis März 2000 im SPAG-Beirat gesessen haben.

Wladimir Smirnow, der bis vor eineinhalb Jahren ein hochrangiger Mitarbeiter in der Wirtschaftsverwaltung war, soll zuvor Direktor einer SPAG-Tochter gewesen sein. Von Teilen der Presse wird vermutet, dass er bis heute über eine Offshore-Firma Aktien des Unternehmens besitzt.

Nach der (in der Presse zitierten) Einschätzung der Fahnder sei Geldwäsche über ein internationales Netzwerk gelaufen. Profite aus Menschenhandel, Alkoholschmuggel, Schutzgelderpressung und Autoschiebereien sollen über ausländische Konten, Liechtensteiner Stiftungen sowie Briefkastenfirmen in Finnland und auf den Kanalinseln verschoben worden sein. Schließlich, so der Verdacht, seien die Gelder über Aktienkapitalerhöhungen in die Buchhaltung der SPAG geflossen. Mit Hilfe der beschlagnahmten Aktien versuchen die Behörden, die Finanzströme nachzuweisen. Die bislang vorliegenden Anhaltspunkte reichen nicht. Immerhin glaubt die Justiz, dass über ein Wertpapierhandelshaus (Baader-Bank in Unterschleißheim bei München) 8 bis 9 Millionen Euro »illegaler Russengelder« gewaschen worden seien.

Eigentlich müsste alles in Ordnung sein. Der jetzige Vorstandsvorsitzende der SPAG, Klaus-Peter Sauer, war 1992 Geschäftsführer der Wirtschaftsprüfungsgesellschaft KPMG, der seinerzeit ausländische Investoren zu Engagements in St. Petersburg motivieren sollte. Das Petersburger Komitee für Stadtvermögensverwaltung zeichnete 200 Aktien für insgesamt 10 000 DM. Wladimir Smirnow erwarb die gleiche Stückzahl. Die SPAG hatte das Licht der Welt in Frankfurt am Main erblickt. Erster Vorstandschef war Francisco Guadamillas Cortés, Regionalchef der J. P. Morgan Private Bank für Deutschland, Österreich und die Schweiz. Dabei handelt es sich um einen luziden Geist mit moralischer Sensibilität: »Wer bei Investmentfonds aufs Gewissen achtet, muss nicht weniger zufrieden sein.«[10]

Man wird sehen.

Die Vorwürfe werden entschieden bestritten. Es sei bislang kein einziger Beweis vorgelegt worden. Zudem habe Putin nur »ehrenhalber« im Beirat gesessen und mit dem operativen Geschäft nichts zu tun gehabt. Die Staatsanwaltschaft konnte bislang die Gesamtsumme der angeblich gewaschenen Gelder nicht beziffern. Sie vermutet, dass aus den Kapitalerhöhungen (umgerechnet) mindestens 32 Millionen DM in die Petersburger Unterwelt zurückgeflossen sind. Es gibt Hinweise, dass die transferierten Summen unter Mitwirkung der deutschen Täterseite zweckentfremdet verwendet wurden. Einige Beschuldigte sollen in die eigene Tasche gewirtschaftet und ahnungslose Anleger über den Tisch gezogen haben. Die Bundesanstalt für Finanzdienstleistungsaufsicht geht gleichzeitig dem Verdacht auf Insiderhandel und Kursmanipulation nach. Es konnte bislang nicht festgestellt werden, dass die »Russenmafia« über Liechtenstein Kapitalerhöhungen der SPAG mitfinanziert hat. Man weiß lediglich, dass verschiedene Geldgeber über liechtensteinische Firmen und Stiftungen seinerzeit ca. 3,5 Millionen DM in die SPAG investiert haben.[11]

Lassen sich aus den erwähnten Beispielen grundsätzliche Schlussfolgerungen ableiten?

Im Hinblick auf die sehr späten und immer noch zögerlichen Reaktionen der Staatengemeinschaft auf die kriminogenen Wirkungen der internationalen Finanzmärkte stellt sich unabhängig von bekannten und vielen unbekannten Einzelfällen die Frage, ob das konventionelle Instrumentarium der Kriminal- und Sicherheitspolitik noch erfolgreich eingesetzt werden kann. Vorrangig ist der Aufbau einer politischen Kultur und einer internationalen Wettbewerbsordnung, um die enorm gestiegenen Chancen der Organisierten Kriminalität, sich weiter als Wirtschaftsform und politisches Prinzip zu etablieren, zu verringern. Skepsis ist angebracht. Sieht man in der Organisierten Kriminalität eine »Radikalisierung«[12] wirtschaftlicher Prozesse, entstehen unkontrollierbare Wechselbeziehungen zwischen dem (noch) ehrbaren Kaufmann und dem (schon) salonfähigen Mafioso. Steuerhinterziehung, Fehlallokation von Kapital zum Zwecke der Steuervermeidung, steuerlicher Gestaltungsmissbrauch durch legale Unternehmen zum Nachteil der Allgemeinheit, Ausnutzung von Insiderwissen, die für Finanzmärkte zum Standard gewordene Abkopplung von realer und rationaler Wirtschaftsentwicklung führen strukturell und funktionell zu Überschneidungen mit der Organisierten Kriminalität.[13] Die Aufgabe ist komplex, im Hinblick auf die Re-Regulierung

Wegbeschreibung

telefonische Buchung oder per Fax täglich von 9-12 und 14 - 18,
per email rund um die Uhr

www.dithmarscher-kahnfahrten.de
email: steinhagens@aol.com
mobil 0162 / 23 66 851
Fax   04855 / 891332
Tel.   04855 / 891333,

Hauptstr. 127 - 25715 Averlak
Hans Steinhagen
Dithmarscher Kahnfahrten und Ausflüge
Buchungen

wir bitten um Anmeldung oder Buchung per Telefon, Fax
oder email

Abfahrt Kudener Hafen
von April bis Oktober jeden Mittwoch 15:00 Uhr

Gruppenfahrten + Ausflugsprogramm
Infos und Preise auf Anfrage oder auf unserer Website

und hausgemachtem Kuchen
*inklusive Kaffee satt / Tee satt (Wasser oder Saft für Kinder)
Kinder bis 12 Jahre € 5.00 *
Erwachsene € 8.00 *
kleines "Kaffee-satt und Kuchen Picknick"
zuzüglich 1 Stunde Aufenthalt auf der "Buchholzer Insel" für ein
Kaffeefahrt ca. 2 Stunden

Kinder bis 12 Jahre € 3.50
Erwachsene € 6.50
vertreten und für die kleinen Bedürfnisse
mit kurzer Pause auf der "Buchholzer Insel" zum Beine
"einfache Fahrt" ca. 2 Stunden

Preise:

Dithmarscher Kahnfahrten

Das Sommervergnügen auf Dithmarschen

Lassen Sie sich, in original Spreewaldkähnen, durch das wunderschöne Buchholzer Moor staken

und genießen Sie einen Ausflug in die Dithmarscher Landschaft
zwischen Nord-Ostsee-Kanal, Elbe, Nordsee und Eider

wählen sie zwischen:

einer Kahnfahrt bei der Sie sich einfach nur gemütlich über die Burger Au staken lassen,

oder einer Kahnfahrt mit Stopp auf der "Insel im Buchholzer Moor" und einem "Kaffee satt und Kuchen Picknick"

oder einem Ausflug aus unserem reichhaltigen Ausflugsprogramm der internationalen Finanzmärkte geradezu vertrackt: Der Betrüger ist unsere eigene Frage in Gestalt.

Insbesondere die Entwicklung auf den Finanzmärkten hat in den letzten Jahren die Zusammenhänge zwischen Arbeit, Leistung, Erfolg und Einkommen aufgelöst und völlig neu gestaltet. Sie hat Wege eröffnet, die zu einer skandalösen Entwertung realwirtschaftlicher Wertschöpfung geführt haben. Bereicherung avancierte zum Daseinszweck oder gar Lebenssinn. Der Betrug ist zur Chiffre unserer Zeit geworden. Internationale Finanzspekulationen werden mit krimineller Energie organisiert. Ihre Erfolge führen früher oder später zur Abdankung demokratischer Politik. Sie entwürdigen jetzt schon die Arbeit und das Leben unzähliger Menschen.

Epilog

Wie lese ich den Handelsteil

»Ich lese häufig die Handelsteile,
(von Unterbilanz, Konkurs und Konzern)
verstehe davon nicht eine Zeile –
doch grade deswegen les ich sie gern!

Es ist, als machte ich eine Reise
in einen verzauberten Kontinent.
Aktien gibt's gleich paketeweise,
und jeder will 51 Prozent.

Kredit ist Geld, das keiner besitzt,
und trotzdem kann man damit verdienen.
Mir hat Geldmangel nie genützt.
(Auf eine Sekunde: wie ist das bei Ihnen?)

Diskont, das ist erst etwas Verdrehtes!
Damit beschäftigt sich Hjalmar Schacht.
Wenn er ihn senkt, dann heißt's: Er versteht es.
Wenn er ihn hebt, wird er runtergemacht.

Was Konjunktur ist, zeigt man in Spiegeln.
Fabriken geben oft Junge aus…
Mir sind das Dörfer mit sieben Siegeln.
Ich find mich nicht rein und noch weniger raus.

Und trotzdem komm ich von dieser Lektüre
– da kann man gar nichts machen – nicht los.
Ich habe kein Geld und ich amüsiere,
ob Hausse oder Baisse ist, mich immer gleich groß.

So vieles klingt so ungewöhnlich:
Der Geldmarkt schwimmt im Überfluß!
Grade jetzt? Wo ich persönlich
Geld wie noch nie entbehren muß?

Es gibt viel Geld? Und keiner mag es?
Und das beweise, wie eine Uhr,
den Niedergang der Konjunktur?
Ach, ich und Menschen meines Schlages
verstehn das nicht! Sie lesen's nur.«

Erich Kästner

Anmerkungen

Die Metzger lieben die Lämmer

1 Winand von Petersdorff, Attacken vom Finanzplatz Mallorca, in: *Frankfurter Allgemeine Sonntagszeitung Nr. 6* vom 9. Februar 2001, S. 45.
2 Petersdorff.
3 Petersdorff.
4 Johann-Günther König, *Finanzkriminalität – Geldwäsche, Insidergeschäfte, Spekulation,* Frankfurt am Main, 1. Aufl. 2003, S. 51, 52.
5 Petersdorff.
6 Robert von Heusinger, Der Mann, die Gier, das Debakel, in: *Die Zeit Nr. 15* vom 3. April 2003, S. 24.
7 Sabine Rückert, Darf's noch etwas mehr sein?, in: *Die Zeit Nr. 17* vom 10. April 2003, S. 54, 55.
8 Zitiert nach: James H. Hatfield, *Das Bush-Imperium – Wie George W. Bush zum Präsidenten gemacht wurde,* Bremen, 4. Aufl. Dezember 2002, S. 130.
9 Hatfield, S. 131.
10 Hatfield, S. 134.
11 Hatfield, S. 137.
12 Hatfield, S. 138.
13 Eric Laurent, *Die Kriege der Familie Bush – Die wahren Hintergründe des Irak-Konflikts,* Frankfurt am Main, 4. Aufl. März 2003, S. 37.
14 Laurent, S. 37.

15 Marc Hujer, Skandale unter Verwandten, in: *Süddeutsche Zeitung Nr. 94* vom 24. April 2003, S. 18.

16 *Frankfurter Allgemeine Zeitung Nr. 160* vom 13. Juli 2002, S. 9. Vgl. auch: Thomas Fischermann, White House Connection, in: *Die Zeit Nr. 17* vom 16. April 2003, S. 21.

17 Ausführlich: König, S. 127 ff.

18 *Die Welt* vom 14. März 2003, S. 11.

19 Martin Hesse, Die Macht der Rating-Agenturen, in: *Süddeutsche Zeitung Nr. 74* vom 29./30. März 2003, S. 21. Vgl. auch: Gerd Zitzelsberger, Die Meister der Andeutung, in: *Süddeutsche Zeitung Nr. 107* vom 10./11. Mai 2003, S. 28.

20 Zitiert nach Nicola Liebert, Großer Frank ganz unten, in: *Financial Times Deutschland* vom 25. April 2003, S. 37.

21 Andreas Oldag, Vergleich mit Wall-Street-Banken, in: *Süddeutsche Zeitung Nr. 96* vom 26./27. April 2002, S. 29.

22 Zitiert nach Liebert.

23 Vgl.: *Frankfurter Allgemeine Zeitung Nr. 97* vom 26. April 2003, S. 23 (»Wall Street erwartet pikante Details«).

24 Zitiert nach: *Frankfurter Allgemeine Zeitung Nr. 100* vom 30. April 2003, S. 25.

25 Vgl.: *Frankfurter Allgemeine Zeitung Nr. 108* vom 10. Mai 2003, S. 19. Grasso muss mittlerweile (Mai 2003) selbst um seinen Job fürchten, weil (wieder einmal) an der Wall Street der fatale Eindruck entstanden ist, dass sich alte Kumpel der Finanzszene Posten und fette Gehälter gegenseitig zuschieben (Oldag, Die weiße Weste hat Flecken, in: *Süddeutsche Zeitung Nr. 111* vom 15. Mai 2003, S. 27).

26 Zitiert nach: *Frankfurter Allgemeine Zeitung Nr. 100* vom 30. April 2003.

27 Zitiert nach: *Frankfurter Allgemeine Zeitung Nr. 100* vom 30. April 2003.

28 Georg Bönisch/Frank Dohmen, Geben und Nehmen, in: *Der Spiegel Nr. 9/2003* vom 24. Februar 2003, S. 82 ff. Vgl. auch: Arne Daniels/Richard Rickelmann, Tatort: Chefetage, in: *stern Nr. 16* vom 10. April 2003, S. 188 ff.

29 M. Brost/M. Rowetter, Die Allesgönner, in: *Die Zeit Nr. 32* vom 1. August 2002, S. 20.

30 Dagmar Deckstein, Eine Kette von Halbwahrheiten, in: *Süddeutsche Zeitung Nr. 32* vom 8./9. Februar 2003, S. 2.

31 Georg Bönisch/Frank Dohmen, Höchst tendenziös, in: *Der Spiegel Nr. 11/2003* vom 10. März 2003, S. 40 f.

32 *Der Spiegel Nr. 42/2002* vom 14. Oktober 2002, S. 109. Vgl. insgesamt: Harald Schumann, Transparenz für fette Katzen, in: *Der Spiegel Nr. 21* vom 19. Mai 2003, S. 86.

33 *Der Spiegel Nr. 12/2003* vom 17. März 2003, S. 82.

34 *Frankfurter Allgemeine Zeitung Nr. 33* vom 8. Februar 2003, S. 11.

35 Erwin K. Scheuch/Ute Scheuch, *Manager im Größenwahn*, Reinbek 2003.

36 Karl-Heinz Büschemann, Hochmut kommt vor dem Fall, in: *Süddeutsche Zeitung Nr. 32* vom 8./9. Februar 2003, S. 4.

37 Helge Einecke/Lothar Gries, Zum Durchhalten entschlossen, in: *Süddeutsche Zeitung Nr. 32* vom 8./9. Februar 2002, S. 2.

38 Vgl.: Lothar Gries, Ackermann gibt sich gelassen, in: *Süddeutsche Zeitung Nr. 32* vom 8./9. Februar 2003, S. 21.

39 Martin T. Roth, Abschied vom Bank-Barock, in: *Frankfurter Allgemeine Zeitung Nr. 33* vom 8. Februar 2002, S. 11.

40 Hans Leyendecker, Staatsanwälte im Anzug, in: *Süddeutsche Zeitung Nr. 56* vom 8./9. März 2003, S. 19. Vgl. auch: Sonia Shinde, Tatort Chefetage, in: *Die Zeit Nr. 14* vom 27. März 2003, S. 36.

41 Christoph Pauly/Wolfgang Reuter, Kassieren und abhauen, in: *Der Spiegel Nr. 42/2002* vom 14. Oktober 2002, S. 94, 101.

42 Pauly/Reuter, S. 103 ff.

43 Vgl. insgesamt: Thomas Hammer, Finanzieller Fall-out, in: *Die Zeit Nr. 15* vom 3. April 2003, S. 25.

Die Manager sind keine Mafiosi

1 Herbert Tröndle/Thomas Fischer, Strafgesetzbuch, München, 51. Aufl. 2003, § 129, Rdnrn. 2, 3, 4.

2 Lutz Meyer-Goßner, Strafprozessordnung, München 2003, 46. Aufl., S. 1937 ff.

3 Der Bericht ist als Kurz- und Langfassung abrufbar: http://www.bmi.bund.de und http://bmj.bund.de

4 Hans-Jörg Albrecht, in: Hans-Jörg Albrecht u.a. (Hrsg.), *Organisierte*

Kriminalität und Verfassungsstaat, Deutsche Sektion der Internationalen Juristenkommission; Rechtsstaat in der Bewährung, Bd. 33, 1998, S. 1.

5 Bernhard Falk, in: Bundeskriminalamt (Hrsg.), *Organisierte Kriminalität,* Wiesbaden 1997, S. 127, 128.

6 PSB, S. 240.

7 PSB, S. 240, Fn. 803.

8 Hetzer, Organisierte Kriminalität, *Kriminalistik 2001,* S. 762, 765.

9 PSB, S. 618.

10 Hetzer, Geldwäsche im Schnittpunkt von Wirtschaft und Kriminalität, *Zeitschrift für Zölle und Verbrauchssteuern 1993,* S. 258, 263.

11 In Rheinland-Pfalz, der geographischen und geistigen Heimat von Helmut Kohl, der gebräuchliche Ausdruck für Geld.

12 Rudolf Augstein, in: *Der Spiegel Nr. 52* vom 27. Dezember 1999, S. 30.

13 Friedbert Pflüger, *Ehrenwort – Das System Kohl und der Neubeginn,* München 2000.

14 Hetzer, Parteifinanzen und Rechtsstaat, *Die Kriminalpolizei 2000,* 83.

15 Hetzer, Parteispenden – Eine Spielart der Korruption?, *Kriminalistik 2000,* S. 83 ff.

16 Hetzer, Wirtschaftsform Organisierte Kriminalität, *Zeitschrift für Wirtschaft, Steuer, Strafrecht 1999,* S. 126 ff.

17 Eberhard von Brauchitsch, *Der Preis des Schweigens – Erfahrungen eines Unternehmers,* München 1999, S. 104.

18 *Frankfurter Allgemeine Zeitung Nr. 16/3 B* vom 20. Januar 2000, S. 1.

19 Vgl. die Nachweise bei Hetzer, Ehre oder Untreue?, *Recht und Politik 2000,* S. 96, 106 f.

20 Ausführlich: Salvatore Lupo, *Die Geschichte der Mafia,* Düsseldorf 2002.

21 Hetzer, Vermögenseinziehung, Geldwäsche, Wohnraumüberwachung, *Zeitschrift für Wirtschaft, Steuer, Strafrecht 1994,* S. 176.

22 Giovanni Falcone, *Inside Mafia,* München, 2. Aufl. 1992, S. 137.

23 Heinz-Joachim Fischer, Empörter Berlusconi, in: *Frankfurter Allgemeine Zeitung Nr. 108* vom 10. Mai 2003, S. 5.

24 Christiane Kohl, Die Weste des Silvio Berlusconi, in: *Süddeutsche Zeitung Nr. 106* vom 9. Mai 2003, S. 3.

25 Hetzer, Magna Charta der Mafia?, *Zeitschrift für Rechtspolitik 1999,* S. 471, 472 mit weiteren Nachweisen. Zu den Erkenntnissen im PSB

ebenfalls Hetzer, Wirtschaftskriminalität, *Kriminalistik 2001*, S. 767 ff.

26 Hans-Jürgen Schlamp, Aus Killern werden Banker, in: *Der Spiegel Nr. 47/1999* vom 22. November 1999, S. 216 ff.

27 Diesen Fragen gehen u.a. Erhard Glogowski/Rainer Gömmel, Entzauberung des Unternehmers, in: *Frankfurter Allgemeine Zeitung Nr. 160* vom 13. Juli 2002, S. 11, nach.

28 Zitiert nach Glogowski/Gömmel.

29 Zitiert nach Glogowski/Gömmel.

Die Börsen öffnen sich den Bausparern

1 Wolfgang Hafner, *Im Schatten der Derivate – Das schmutzige Geschäft der Finanzelite mit der Geldwäsche*, Frankfurt a. M. 2002, S. 7, 199.

2 Hafner, S. 7, 8.

3 *Frankfurter Allgemeine Zeitung* vom 19. September 2002. Vgl. auch: Hetzer, Geldwäsche und Terrorismus, *Zeitschrift für Rechtspolitik 2002*, S. 407 ff.

4 Diese Einschätzung ist auf dem Sondergipfel der Europäischen Union in Tampere (1999) entstanden (*Neue Juristische Wochenschrift 2000*, S. 339, 340). Ausführlich: Hetzer, Bekämpfung der Organisierten Kriminalität durch Unterbindung der Geldwäsche, *Zeitschrift für Wirtschaft, Steuer, Strafrecht 1993*, S. 286 ff.

5 BT-Dr 14/2350.

6 BT-Dr 14/9200, S. 79. Vgl. auch: Elmar Altvater/Birgit Mahnkopf, *Globalisierung der Unsicherheit*, Münster, 1. Aufl. 2002, S. 215 ff.

7 Christiane Grefe/Mathias Greffrath/Harald Schumann, *attac – Was wollen die Globalisierungskritiker?*, Berlin, 1. Aufl. 2002, S. 29.

8 Die Zahlenangaben stammen von Heribert Dieter, Globalisierung ordnungspolitisch gestalten – Die internationale Finanzarchitektur nach den Finanzkrisen, in: *Aus Politik und Zeitgeschichte* Beilage zur Wochenzeitung *Das Parlament* vom 27. Januar 2003, B5/2003, S. 17.

9 Dieter, S. 18.

10 Vgl. dazu: Dieter, S. 24.

11 So aber Dieter, S. 26.

12 Entschließung des Europäischen Parlaments zum ersten Bericht der Kommission an das Europäische Parlament und den Rat über die Anwendung der Richtlinie 91/308/EWG zur Verhinderung der Geldwäsche (Punkt 15) – AblEG Nr. C 198/245 vom 8. Juli 1996.

13 Vgl.: Hetzer, Gesetzgebung zur Gewinnabschöpfung und Geldwäschebekämpfung, *Zeitschrift für Rechtspolitik 2001*, S. 266, 267.

Die Wissenschaftler finden die Wahrheit

1 Elmar Altvater/Birgit Mahnkopf, *Globalisierung der Unsicherheit*, Münster, 1. Aufl. 2002, S. 12, 13

2 Altvater/Mahnkopf, S. 18, 19, 20.

3 Altvater/Mahnkopf, S. 186, 187.

4 Zu den Nachweisen Altvater/Mahnkopf, S. 221, 222.

5 Altvater/Mahnkopf, S. 223.

6 Vgl. Gerd Zitzelsberger, Sichere Häfen gesucht, in: *Süddeutsche Zeitung* Nr. *32* vom 8./9. Februar 2003, S. 28.

7 Altvater/Mahnkopf, S. 224 ff.

8 Altvater/Mahnkopf, S. 228

9 Altvater/Mahnkopf, S. 231

10 Altvater/Mahnkopf, S. 235.

11 Vgl. die Nachweise bei Altvater/Mahnkopf, S. 236.

12 Altvater/Mahnkopf. Vgl. auch: Orlin Grabbe, How to Launder Money in the Futures Market (http://freedom.orlingrabbe.com/money_laundering/futlaund.htm).

13 Altvater/Mahnkopf, S. 237, 238.

14 Altvater/Mahnkopf, S. 239.

15 Hetzer, Globalisierung und Innere Sicherheit, in: *Aus Politik und Zeitgeschichte*, Beilage zur Wochenzeitung *Das Parlament* vom 27. Januar 2003, B 5/2003, S. 27, 33.

16 Altvater/Mahnkopf, S. 240.

17 Vgl. die Nachweise bei Altvater/Mahnkopf, S. 240.

18 Altvater/Mahnkopf, S. 241.

19 Insgesamt: Altvater/Mahnkopf, S. 242, 243.

20 Altvater/Mahnkopf, S. 244.

1 Antrag »Reform der internationalen Finanzarchitektur«: BT-Dr 14/9359 vom 11. Juni 2002, S. 1.

2 BT-Dr 14/9359, S. 2, 3.

3 Vgl.: Peter Wahl/Peter Waldow, *Tobin Steuer: Kapital braucht Kontrolle*, Hamburg 2002.

4 BT-Dr 14/9359, S. 6, 7, 8.

5 Vgl.: Einsetzungsbeschluss des Deutschen Bundestages vom 14. Dezember 1999 (BT-Dr 14/2350).

6 Zwischenbericht: BT-Dr 14/6910.

7 BT-Dr 14/9200. Der »Schlussbericht der Enquete-Kommission Globalisierung der Weltwirtschaft« wurde vom Deutschen Bundestag herausgegeben und ist auch im Verlag Leske + Budrich, Opladen, im Jahre 2002 veröffentlicht worden (ISBN 3-8100-3657-9). Die Seitenangaben zu den nachfolgenden Zitaten sind der von der Bundeszentrale für politische Bildung verbreiteten Berichtsfassung (»Schlussbericht«) entnommen.

8 Schlussbericht, S. 64.

9 Schlussbericht, S. 65.

10 Schlussbericht, S. 66.

11 Schlussbericht, S. 67.

12 Vgl.: Robert F. J. Harnischmacher, Internationale Geldwäsche am Beispiel von Offshore-Zentren, *Kriminalistik 2002*, S. 655 ff.

13 Schlussbericht, S. 79.

14 Schlussbericht, S. 80.

15 Schlussbericht, S. 81, 82.

16 Ernest Backes/Denis Robert, *Das Schweigen des Geldes – Die Clearstream-Affäre*, Zürich 2003, S. 17.

17 Backes/Robert, S. 20

18 Backes/Robert, S. 22, 23.

19 Backes/Robert, S. 183.

20 Backes/Robert, S. 183, 184.

21 Backes/Robert, S. 186.

22 Backes/Robert, S. 197.

23 Backes/Robert, S. 196.

24 Backes/Robert, S. 202

25 Backes/Robert, S. 203.

26 Backes/Robert, S. 204.

27 Backes/Robert, S. 205

28 Backes/Robert, S. 206.

29 Backes/Robert, S. 207.

30 BT-Dr 15/930 vom 7. Mai 2003.

Die Wölfe fressen nicht aus der Hand

1 Wolfgang Hafner, *Im Schatten der Derivate*, Frankfurt a. M. 2002, S. 45. Vgl. auch: Christoph Hus, Click-Options – »Spielhöllen des Kapitals«, in: *Die Zeit Nr. 44* vom 24. Oktober 2002, S. 39.

2 Hafner, S. 46.

3 Hafner, S. 47.

4 Vgl. die Beispiele bei Hafner, S. 78 ff.

5 Zitiert nach Hafner, S. 72.

6 Zutreffend: Hafner.

7 Hafner, S. 77.

8 Beispiele bei Hafner, S. 91 ff.

9 Norbert Kuls, Von Optionen und Weintrauben, in: *Frankfurter Allgemeine Zeitung Nr. 96* vom 25. April 2003, S. 23.

10 Die gesammelten Einsichten von Kanza sind unter der Überschrift »Mit Trading wird keiner reich« nachzulesen: *Frankfurter Allgemeine Sonntagszeitung Nr. 21* vom 25. Mai 2003, S. 45. Vgl. auch: *Frankfurter Allgemeine Sonntagszeitung Nr. 17* vom 27. April 2003, S. 45 (»Geldanlage ohne Grenzen«).

11 Michael Busack, Hedge Funds legen im März leicht zu, in: *Financial Times Deutschland* vom 23. April 2003, S. 19.

12 Hafner, S. 171.

13 Hafner, S. 173.

14 Hafner, S. 174.

15 Hafner, S. 175.

16 Hafner, S. 189.

17 Hafner, S. 191 ff.

18 Hafner, S. 196 ff. Vgl. auch: Hetzer, Geldwäsche im Internet, *Kriminalistik 2002*, S. 123 ff.

19 Hafner, S. 199.

20 Andreas Oldag, US-Börsenaufsicht plant strengere Kontrolle von Hedge-Funds, in: *Süddeutsche Zeitung Nr. 54* vom 6. März 2003, S. 26.

21 Udo Rettberg, Aufbruch in das neue Zeitalter der Hedge Funds, in: *Handelsblatt Nr. 89* vom 9. Mai 2003, S. B 5.

22 Martin Hesse, Eichel will Finanzplatz Deutschland stärken, in: *Süddeutsche Zeitung Nr. 54* vom 6. März 2002, S. 26.

23 Hans Eichel, Das Vertrauen der Anleger in den deutschen Finanzmarkt muss wiederhergestellt werden, in: *Frankfurter Allgemeine Zeitung Nr. 56* vom 7. März 2003, S. 20.

24 Eichel.

25 Hanno Beck, Hedgefonds für alle?, in: *Frankfurter Allgemeine Zeitung Nr. 53* vom 4. März 2003, S. 21.

26 Beck.

27 Zitiert nach Ingo Narat, Geldverwalter glauben an Hedge-Funds, in: *Handelsblatt Nr. 51* vom 13. März 2002, S. 26.

28 Zitiert nach *Handelsblatt Nr. 89* vom 9. Mai 2003, S. B 5.

Die Juristen wissen alles besser

1 Thomas Fischer, Die Bilanz der Geldwäscheverfolgung ist jämmerlich, in: *Frankfurter Allgemeine Zeitung Nr. 240* vom 16. Oktober 2002, S. 19.

2 Hetzer, Geldwäsche im Schnittpunkt von Wirtschaft und Kriminalität. *Zeitschrift für Zölle und Verbrauchssteuern* 1993, S. 258, 263.

3 Presidents' Commission on Organized Crime, Interim Report to the President an the Attorney General, The Cash Connection: Organized Crime, Financial Institutions and Money Laundering (1984), zitiert nach Aranson/Bouker/Hannan, *American Criminal Law Review, Vol. 31*, 1994, Nr. 3, S. 721.

4 AblEG Nr. L 344/76 vom 28. Dezember 2001. Vgl. dazu: Hetzer, Europäische Impulse zur Geldwäsche, *Kriminalistik 1999*, S. 788 ff.

5 Herbert Tröndle/Thomas Fischer, Strafgesetzbuch, München, 51. Aufl. 2003, § 261, Rdn. 3 a.

6 Tröndle/Fischer, Rdn. 4 b. Differenzierter: Hetzer, Neue Dimension der Geldwäschebekämpfung, *Kriminalistik 2002*, S. 642 ff.; ders., Quantensprung in der Geldwäschebekämpfung, *Deutsche Steuer-Zeitung 2002*, S. 175 ff.

7 Tröndle/Fischer, Rdn. 4c.

8 Für Deutschland wird ein Betrag zwischen 30 bis 70 Milliarden Euro angesetzt.

9 Hetzer, Systemgrenzen der Geldwäschebekämpfung?, *Zeitschrift für Rechtspolitik 1999*, S. 245, 246.

10 Tröndle/Fischer.

11 Hetzer, Geldwäsche und Steuerhinterziehung, *Wertpapier-Mitteilungen 1999*, S. 1306, 1313 f.

12 Tröndle/Fischer, Rdn. 4 d.

13 Tröndle/Fischer, Rdnrn. 32 ff.

14 Tröndle/Fischer.

15 Wolfgang Hafner, *Im Schatten der Derivate*, Frankfurt a. M. 2002, S. 9.

16 Hafner, S. 9, 10.

17 Hafner, S. 11.

18 Hafner, S. 12.

19 Hafner, S. 13.

20 Zutreffend: Hafner, S. 14.

21 Hafner, S. 19.

22 Nachweise bei Hafner, S. 20.

23 Inzwischen gibt es natürlich die unvermeidlichen Mutmaßungen über vorhandenes Wissen und die üblichen Verschwörungstheorien: Nils Minkmar, in: *Frankfurter Allgemeine Sonntagszeitung Nr. 20* vom 19. Mai 2002, S. 23.

24 Hafner, S. 21.

25 Hetzer, Beute – Honorar – Geldwäsche, *der kriminalist 2001*, S. 452 ff.

26 Hetzer, Der Geruch des Geldes – Ziel, Inhalt und Wirkung der Gesetze gegen Geldwäsche, *Neue Juristische Wochenschrift 1993*, S. 3298 ff.

27 Günter Kohlmann, Steuerstrafrecht, Köln, Lfg. 30 (Oktober 2002), § 370 a AO, Rdn. 1.

28 Michael Streck, *Neue Juristische Wochenschrift 2002*, Heft 25, Editorial.

29 Kohlmann, Rdn. 4.

30 Kohlmann.

31 Kohlmann.

32 Kohlmann.

33 Vgl. die Nachweise bei Wolfgang Joecks, in: Klaus Franzen/Brigitte Gast/Wolfgang Joecks, *Steuerstrafrecht*, München, 5. Aufl. 2003, § 370 a AO, Rdn. 3.

34 Hetzer, Organisierte Kriminalität, Geldwäsche und Steuerhinterziehung, *der kriminalist 2001*, S. 23 ff.

35 Hetzer, Der Geruch des Geldes, S. 3298, 3299.

36 Das Gesetz wurde am 27. Dezember 2001 verkündet: BGBl I, S. 3922 ff.

37 Ausführlich: BT-Dr 14/7471.

38 Franz Salditt, *Strafverteidiger 2002*, S. 214, 217.

39 Salditt, S. 218.

40 Salditt, S. 219.

41 BT-Dr 14/6883.

42 BT-Dr 14/8286.

43 BT-Dr 14/8887, S. 2.

44 Vgl. dazu: Hetzer, Geldwäsche und Strafverteidigung, *Zeitschrift für Wirtschaft Steuer Strafrecht 2000*, S. 281 ff.; ders., Rechtsanwälte oder Geldwäscher?, *Die Kriminalpolizei 2001*, S. 81 ff.

45 BT-Dr 14/8887, S. 24.

46 BT-Dr 14/9631. Vgl. auch: BT-Dr 14/8286; 14/9343; BR-Dr 351/02; Plenarprotokoll der 246. Sitzung vom 28. Juni 2002 des Deutschen Bundestages, 24856 A; Art. 7 Nr. 4 (§ 370 a AO) und Art. 8 (§ 261 I 3 StGB) – BGBl I 2002, 2715, 2722.

47 Hinrich Rüping, Das Verbrechen der Steuerhinterziehung, *Deutsches Steuerrecht 2002*, S. 1417, 1418.

48 Hetzer, Wirtschaftsform Organisierte Kriminalität, *Zeitschrift für Wirtschaft Steuer Strafrecht 1999*, S. 126 ff.

49 BT-Dr 13/8651, S. 17.

50 Vgl. dazu: Hetzer, Beweisprobleme bei Geldwäschebekämpfung und Gewinnabschöpfung, *Zeitschrift für Zölle und Verbrauchsteuern 2001*, S. 7 ff.

Das Ende führt zum Anfang

1 Insgesamt: Johann-Günther König, *Finanzkriminalität – Geldwäsche, Insidergeschäfte, Spekulation,* Frankfurt a. M., 1. Aufl. 2003, S. 158 ff.

2 Ausführlich: Norbert Mappes-Niediek, *Balkan-Mafia, Staaten in der Hand des Verbrechens – Eine Gefahr für Europa,* Berlin 2003.

3 Reinhard Veser, Falsche Patrioten und echte Schwierigkeiten, in: *Frankfurter Allgemeine Zeitung Nr. 98* vom 28. April 2003, S. 12.

4 Interview mit Zivkovic: »Kosovo ist Teil Serbiens«, in: *Der Spiegel Nr. 21* vom 19. Mai 2003, S. 126 ff.

5 Vgl.: Hetzer, Globalisierung und Innere Sicherheit, in: *Aus Politik und Zeitgeschichte,* Beilage zur Wochenzeitung *Das Parlament* vom 27. Januar 2003, B5/2003, S. 27 ff.

6 Joachim Jahn, In der Krise profitieren Anwälte von der Insolvenzberatung, in: *Frankfurter Allgemeine Zeitung Nr. 108* vom 10. Mai 2003, S. 18.

7 Vgl. insgesamt: Oldag, Bereicherung und Raffgier, in: *Süddeutsche Zeitung Nr. 113* vom 17./18. Mai 2003, S. 21.

8 Vgl.: *Frankfurter Allgemeine Zeitung Nr. 114* vom 17. Mai 2003, S. 21.

9 BVerfGE 100, 313 ff. = *Neue Juristische Wochenschrift 2000,* S. 55 ff.

10 Zitiert nach: Michael Hilbig/Herbert Reinke-Nobbe/Tanja Treser, Das Russland-Haus, in: *Focus Nr. 21* vom 19. Mai 2003, S. 48.

11 Vgl. insgesamt: Beat Balzli, Spuren in den Kreml?, in: *Der Spiegel Nr. 21* vom 19. Mai 2003, S. 104 f.

12 Ausführlich: Viviane Forrester, *Die Diktatur des Profits,* München 2001.

13 Hetzer, Organisierte Kriminalität und Korruption, in: *Aus Politik und Zeitgeschichte,* Beilage zur Wochenzeitung *Das Parlament* vom 3. August 2002, B32-33/2001, S. 30, 38.

Bernard Lewis
Die politische Sprache des Islam
Aus dem Amerikanischen von
Susanne Enderwitz
eva TB 103, 258 Seiten

Michael Lüders
Das Lächeln des Propheten
Eine arabische Reise
eva TB 110, 254 Seiten

Özay Mehmet
Fundamentalismus und Nationalstaat
Der Islam und die Moderne
Aus dem Englischen von Uwe Ahrens
Broschur, 355 Seiten

Alexander Meschnig / Mathias Stuhr
www.revolution.de
Die Kultur der New Economy
Broschur, 272 Seiten

Maria Mies
Globalisierung von unten
Der Kampf gegen die Herrschaft der Konzerne
Broschur, 255 Seiten

Maria Mies / Claudia von Werlhof (Hg.)
Lizenz zum Plündern
Das multilaterale Abkommen über Investitionen »MAI«
eva TB 244, 248 Seiten

Joseph Nye
Das Paradox der amerikanischen Macht
Warum die einzige Supermacht der Welt Verbündete braucht
Aus dem Amerikanischen von
Bernhard Jendricke u. a.
Geb. mit Schutzumschlag, 220 Seiten

Bernd Oswald
Europa
eva wissen 3000
Broschur, 96 Seiten

Edward Peters
Folter
Geschichte der Peinlichen Befragung
Aus dem Amerikanischen von
Jobst-Christian Rojahn
Mit einem Vorwort von
Kurt Groenewold
eva TB 245, 264 Seiten

Ulrich Pfeiffer
Deutschland
Entwicklungspolitik für ein entwickeltes Land
Geb. mit Schutzumschlag, 339 Seiten

Jedediah Purdy
Das Elend der Ironie
Aus dem Amerikanischen von
Holger Fliessbach
Geb. mit Schutzumschlag, 213 Seiten

Globale Supergesellschaft – Imperium – Softpower

Jedediah Purdy
Das ist Amerika
*Freiheit, Geschäft und Gewalt in
der globalisierten Welt*
Aus dem Amerikanischen von Ilse Utz
Geb. mit Schutzumschlag, 369 Seiten

Stefan Reinecke (Hg.)
Die neue NATO
*Vom Verteidigungsbündnis zur
Interventionsmacht?*
Broschur, 163 Seiten

Juliane Roloff
Demographischer Faktor
eva wissen 3000
Broschur, 96 Seiten

Thomas Schroedter
Globalisierung
eva wissen 3000
Broschur, 96 Seiten

Christiane Schulzki-Haddouti
Datenjagd im Internet
Eine Anleitung zur Selbstverteidigung
Broschur, 270 Seiten

Mark Terkessidis
Migranten
eva wissen 3000
Broschur, 96 Seiten

Sibylle Tönnies
Cosmopolis Now
Auf dem Weg zum Weltstaat
Broschur, 150 Seiten

Gore Vidal
Ewiger Krieg für ewigen Frieden
*Wie Amerika den Hass erntet,
den es gesät hat*
Aus dem Amerikanischen von
Bernhard Jendricke u.a.
Broschur, 132 Seiten

Gore Vidal
Bocksgesang
*Antworten auf Fragen vor und nach
dem 11. September*
Aus dem Amerikanischen von
Bernhard Jendricke u.a.
Broschur, 121 Seiten

Michael Walzer
Erklärte Kriege – Kriegserklärungen
Aus dem Amerikanischen von
Christiana Goldmann
Mit einem Vorwort von
Otto Kallscheuer
Broschur, 184 Seiten

 Anregungen und Kritik, Lob und Tadel erreichen uns unter
www.europaeische-verlagsanstalt.de
oder per Post: Europäische Verlagsanstalt, Bei den Mühren 70, 20457 Hamburg